Werner Kutscha

In der Heimat gefangen

Meiner Familie und meiner Heimat

Werner Kutscha

In der Heimat gefangen

Eine Kindheit
zwischen Flucht und Vertreibung

rosenheimer

Besuchen Sie uns im Internet:
www.rosenheimer.com

2. Auflage

Titelfotos:
Oben: Privatbesitz des Autors
Unten: SV-Bilderdienst
Satz: Buch-Werkstatt GmbH, Bad Aibling
Druck und Bindung: CPI Moravia Books
Printed in Czech Republic

ISBN 978-3-475-53717-2

Ich sitze auf der Terrasse unseres Hauses, das ich mir in der schönsten Gegend Deutschlands gebaut habe, in der Pfalz. Man hat sie die Toskana Deutschlands genannt. Natürlich wird die Toskana von der herrlichen mediterranen Sonne noch mehr verwöhnt. Dafür ist unsere Pfalz im Sommer grüner und üppiger und wird nur selten einmal dürr. Eine liebliche Landschaft mit sanften, bewaldeten Bergen und kleinen Hügeln, unzähligen Weinbergen und fröhlichen Menschen. Sie ist nicht unbedingt heiter, aber auch nicht schwermütig. Sie erscheint idyllisch und stellenweise nahezu unberührt. Unzählige Wege und Pfade durchziehen Wälder und Weinberge, eine Landschaft für Wanderer.

Bis auf die Weinberge ähnelt sie mit den schmucken, oft lang gezogenen Dörfern sehr meiner ehemaligen Heimat. Habe ich ehemalig gesagt? Ja, richtig, ehemalig. Die Pfalz ist meine zweite, meine Wahlheimat geworden. Doch was heißt hier Wahlheimat? Ich habe sie mir nicht wirklich gewählt. Die Wogen des Lebens haben mich einfach hier angeschwemmt. Aber ich habe dieses Stück Erde als meine neue Heimat angenommen – und lieben gelernt.

Es ist etwas Merkwürdiges mit der Heimat. Sie muss nicht unbedingt schön sein, aber sie ist für denjenigen, der in ihr aufgewachsen ist, immer wunderbar wie eine geliebte Frau. Sicher, in einer Zeit, die von Schnelllebigkeit, Bewegung und schrumpfenden Entfernungen geprägt ist, verliert dieser Begriff an Gehalt, er erfüllt einen nicht mehr mit so viel Wehmut wie in früheren Tagen. Für denjenigen jedoch, der seine Heimat verloren hat, sprießt die Bedeutung dieses Wortes wieder aus dem Boden wie ein junger Trieb nach warmem Regen.

Mein ursprüngliches Heimatdorf Dornhennersdorf existiert nicht mehr. Es lag im sächsischen Teil der Oberlausitz, ganz im Südosten – und damit jenseits der Neiße, sodass es nach dem Zweiten Weltkrieg an Polen fiel. Auch zwei Nachbardörfer sind zum großen Teil verschwunden.

Es ist ein schöner Sommerabend. Die Sonne versinkt hinter den Pfälzer Bergen und taucht sie in ein herrliches Abendrot. Das Kaminfeuer glimmt nur noch leicht, bald wird es ganz erloschen sein. Ich bin nun alt, so wie der heutige Tag. In der Jugend hielt ich mich beinahe für unsterblich, aber jetzt im Alter weiß ich natürlich, wie schnell das Leben vorbeigeht. Und so weiß ich auch den Wert der Zeit besser zu schätzen – auch und gerade den der vergangenen Zeit.

Ich lege also doch noch einmal ein paar Holzscheite auf und krame ein altes Tagebuch hervor. Dann gieße ich mir ein Glas Wein ein (Pfälzer natürlich!), zünde in der beginnenden Dämmerung eine Kerze an und beginne zu blättern. Es ist nicht so ein schönes Tagebuch, wie man es Kindern gerne gibt, wie es sich früher junge Mädchen gegenseitig mit einer Widmung geschenkt haben. Es ist nicht in Leinen gebunden, nicht abschließbar, um sich der Neugierde anderer zu entziehen. Es besteht lediglich aus losen, zerknitterten Blättern, auf denen ich mir als Junge spontane und entsprechend ungeordnete Notizen gemacht habe. Gestochene Formulierungen auf Bütten hätten zu diesen Erlebnissen und Eingeständnissen eines vom Leben geschüttelten Buben auch wahrlich nicht gepasst.

Ich lese von *dem* großen Ereignis in meiner Jugend, dem Tag der Ausweisung, dem Tag der Tage. Und plötzlich kommen mir Fragen: Habe ich das wirklich so geschrieben und so empfunden? Oder war es nicht doch noch viel eindrucksvoller, intensiver? Ein paar vereinzelte Worte rufen ganze Erinnerungsblöcke in mir wach, und ich versuche sie nachträglich zu ordnen. Liebevoll? Nein! Manchmal mit einem dankbaren Lächeln, sehr selten mit einem Lachen, allzu oft mit Schmerz und Entsetzen.

Da stehen die meist hastig hingekritzelten, manchmal nur flüchtigen Stichworte, die ich jetzt mit den plötzlich sprudelnden Erinnerungen ergänze. Unvermittelt ist alles wieder da, ganz konkret und doch unbegreiflich. Ich spüre, dass sich damals etwas in meine noch junge und leicht verletzliche Seele eingebrannt hat. Es ist wie eine über lange Zeit vergessene Narbe, die sich jetzt wieder schmerzhaft bemerkbar macht.

Der Kamin knistert und duftet. Manchmal unterbreche ich meine Lektüre und lasse den Blick auf die allmählich im Nachthimmel versinkenden Berge der Hardt mit dem Trifels schweifen. Dabei ist mir, als würden immer wieder kleine Lichter aufleuchten, die wie meine Erinnerungen aus dem Dunkel der Vergangenheit aufglimmen und das Grau der Asche noch einmal mit ihrem geheimnisvollen roten Schein beleben …

Der Tag
22. Juni 1945, früher Morgen

Die ersten Sonnenstrahlen des Tages fielen auf mein Gesicht und weckten mich auf.

Ein herrlicher, ein wunderschöner Tag brach an! Wirklich! Wirklich?

Ja, es schien so. Nach Wochen der Verzweiflung und Angst vielleicht endlich wieder ein Tag, an dem es besser werden würde. Verglichen mit dem, was gerade hinter uns lag, konnte es ja nur noch besser werden, dachte ich.

Lange Zeit war der Krieg für uns Kinder etwas Unwirkliches, zumindest extrem Fernes geblieben, lebten wir doch in einem kleinen Dorf in der Nähe einer industriell bedeutungslosen Kleinstadt. Es gab keine Fliegerangriffe, keine Bomben, auch keinen Hunger. Das war besonders wichtig: Wir hungerten nicht. Das haben wir erst später gelernt … Mein Vater war Landarzt, und manche Bauern zahlten das Honorar lieber in Naturalien wie Kartoffeln, Mehl oder Federvieh. Den Krieg gab es nur in Form von Nachrichten. Wir hörten von zerstörten Großstädten, von Gefallenen, auch aus dem eigenen Dorf. Gewiss, das war furchtbar, und die Erwachsenen machten ernste Gesichter, aber was wussten wir Schuljungen schon vom Tod?

Wir hatten an den Sieg zu glauben. Bei jeder Sportveranstaltung trichterten uns niederrangige Vertreter des Regimes mit wild fuchtelnden Gesten ihre Parolen von Sieg und Heldentum ein. Helden sollten wir alle werden, wie die Vorbilder in der Geschichte und den Heldensagen, und in der Schule lasen wir in schönem Versmaß den unsinnigen Spruch des Römers Horaz:

»Dulce et decorum est pro patria mori ...« – »Süß und ehrenvoll ist es, für das Vaterland zu sterben.«

Er war nicht dafür gestorben!

Wir auch nicht! Bei uns war nichts passiert. Was sollte schon passieren? Der Krieg tobte woanders.

In den letzten Kriegstagen legte sich jedoch der erste Schatten auf unsere jungen, noch zarten Gemüter. Drohende Gewitterwolken zogen auf. Man hörte vom so genannten Sandberg aus den fernen, grollenden Geschützdonner der immer näher kommenden Front. Sie war ja Ende April 1945 nur noch 30 Kilometer entfernt! Es klang, wie wenn schwere Balken von einem Wagen abgeladen wurden. Ja, da wurde schweres Gut abgeladen: Tod und Verderben! Wirklich bewusst war mir das allerdings nicht. Natürlich, dort tobte ein Kampf, aber im Kampf galt: »Tod den Feinden!« Das hörten wir ja täglich. Dass der Tod auch uns treffen könnte, daran dachten wir Jungen nicht. Der Geschützdonner konnte ja nur den Feinden gelten. Und die würden wir doch besiegen! Ja, so naiv wurden wir in der Schule und in der »Hitlerjugend« erzogen. Die Eltern hielten zwar vorsichtig dagegen, aber laut aussprechen durften sie das nicht.

Einmal ging mein Vater mit mir nachts auf den Sandberg. Er sagte kein Wort, legte seinen Arm um meine Schultern und schaute auf die im Dunkeln dahinjagenden Wolken. Was mag er wohl gedacht haben? Er wusste immerhin, was das unaufhörliche Geräusch zu bedeuten hatte. Und ich? Ich konnte mir keine Vorstellung machen, aber eine unheimliche Ahnung begann in mir aufzusteigen. Irgendetwas Furchtbares musste es sein, da sich da unaufhaltsam auf uns zu bewegte, das spürte ich allemal.

Dann der unvergessliche Donnerschlag: die letzten beiden Tage vor dem Kriegsende. Plötzlich tauchten Tiefflieger auf und schossen auf alles, was sich bewegte. Es bewegten sich nur Zivilisten, alte Männer, Frauen und Kinder. Man jagte sie geradezu und schoss auf sie. Man traf sie! Es gab Verwundete. Im benachbarten Dorf Reichenau wurden schnell noch ein paar Bomben abgeworfen. Militärische Einrichtungen, von einigen lächerlichen, nicht geschlossenen Panzersperren abgesehen, gab es nicht. Und die wurden von den Bomben auch nicht getroffen. Dafür kam ein Kind ums Leben.

Dann zog die russische Armee durch das Dorf, lauter vom erbarmungslosen Kampf gezeichnete Soldaten, gewöhnt an tausendfaches Sterben und Töten. Sie waren gefühllos, ohne Mitleid und Erbarmen, Soldaten, die immense Entbehrungen hinter sich hatten und denen Eigentumsrechte anderer nichts mehr bedeuteten. Entsetzlich! Es geschahen furchtbare Dinge. Ich sah viele Frauen weinen. Menschen schrien vergeblich um Hilfe. Es waren unbeschreibliche Schreie! Frauen und Mädchen wurden vergewaltigt und dabei oft so schwer verletzt, dass einige von ihnen starben, und ihre Männer, Brüder und Väter wurden brutal zusammengeschlagen, angeschossen, erschossen.

Mein Vater, praktischer Arzt und Geburtshelfer, hatte plötzlich Verwundete zu versorgen. Ausgerechnet jetzt, wo doch der Krieg gerade zu Ende gegangen war! Ich sah Schwerverletzte, denen mein Vater nicht mehr helfen konnte. »Muss ich sterben? Ist der Tod schon da?«, hatte einer gesagt, dem das Blut aus einer hässlichen Brustwunde quoll. Mein Vater antwortete: »Er ist noch nicht da, aber er steht vor der Tür.« Der Arme lächelte einen Moment fast froh: »Noch nicht?« Er versuchte die Hand meines Vaters zu fassen, doch dann fiel sein Kopf auf die Seite ... Die Tür war aufgegangen, er war lautlos hereingekommen, der Tod. Später sagte mein Vater zu mir: »Man darf als Arzt den Patienten nicht belügen, aber ihm auch nie die Hoffnung nehmen.« Ich habe das nie vergessen ...

Es war entsetzlich! Verzweiflung machte sich unter den Menschen breit, und es gab einige Selbstmordversuche. Die grausamen Erlebnisse dieser Tage sollten mich noch lange verfolgen und nachts in schweren Träumen heimsuchen.

Wir aber, wir hatten Glück in jenen Tagen. Natürlich wurden wir alle bedroht, bestohlen und ausgeplündert, eine meiner Schwestern entging nur knapp einer Vergewaltigung. Aber sonst stieß unserer Familie nichts zu.

Gegen Ende Mai zogen die Russen ab und wurden durch polnisches Militär ersetzt. Damit nahmen die Vergewaltigungen und Plünderungen ein Ende. Es hieß, die Polen seien menschlicher, und die Schreckensherrschaft sei vorüber. Würde das Leben jetzt wieder erträglich werden? Die Mädchen und jungen Frauen hatten sich wochenlang in Scheunen versteckt, halb wahnsinnig vor Angst. Wir hatten sie nachts heimlich mit Essen und Trinken versorgt. Jetzt krochen sie wieder hervor, dreckig und übel riechend, aber froh, dass ihnen nichts passiert war, froh, dass sie wieder ans Tageslicht konnten. Worüber man sich in der Not doch freuen kann!

Wir atmeten auf, wenn auch ein wenig misstrauisch. Ein wenig? Nein, sehr! Trotzdem, das Leben schien sich etwas zu normalisieren. Die Bauern gingen wieder auf die Felder. Es gab wieder Lebensmittelzuteilungen. »Na also, es wird ja!«, rief man sich mit verhaltenem Optimismus zu. Auch die polnischen Soldaten grüßte man freundlich.

War das der Frieden? Auch von ihm hatte ich keine rechte Vorstellung (und das sollte auch noch lange Zeit so bleiben). Aber heute, am 22. Juni 1945, schien die Sonne! Und wie sie schien!

Ich, der gerade 14-Jährige, sprang aus dem Bett und schaute aus dem Dachfenster der kleinen Mansarde, in der bis kurz vor Kriegsende unser Dienstmädchen geschlafen hatte – jetzt gab es kein Dienstmädchen mehr, und so konnte ich das Zimmer beziehen. Herrlich! Hier war ich für mich in meinem kleinen Reich. Hoch oben, kurz vor dem Himmel! Wenig elterliche Kontrollen. Kindliche Freiheit. Ich hatte vorher mit einer meiner Schwestern in einem Zimmer geschlafen. Jetzt hatte ich ein Zimmer für mich! Mein ganz persönliches Zimmer! Ich konnte nun abends lesen, so lange ich wollte. Und das tat ich auch!

Und morgens konnte ich über das ganze Dorf sehen.

Im Morgendunst verschwamm der ferne, große Wald, der Tschau, wie er genannt wurde, der bis ins heutige Tschechien reichte. Hier hatten wir in den Ferien Heidelbeeren gesammelt und natürlich auch gegessen. (Vom tödlichen Fuchsbandwurm und seinen Eiern auf den Beeren wusste man damals noch nichts.)

Anders als die meisten Wälder, wie wir sie heute in Deutschland kennen, war »unser« Wald urwüchsig, durchzogen von ungepflegten Wegen, aus denen sich dicke Wurzeln erhoben, über die einst schon die Gendarmen bei der Verfolgung des legendären Räuberhauptmanns Karasek gestolpert sein mögen. Verbrecher hin oder her, für uns Jungs war Karasek ein Held, und wir spielten im Tschau leidenschaftlich gern Räuber und Gendarm. (Natürlich wollte jeder am liebsten Räuber sein.)

Für uns war das ein Urwald, etwas geheimnisvoll mit seinem langen, zarten Gras und hohem, weichen Moos, auf dem man herrlich barfuß laufen konnte, mit einem Bach, auf dem wir Papierschiffchen fahren ließen, wenn wir in der Nähe Kühe hüteten. Grenzenlos und fast ein wenig verzaubert erschien uns dieser Wald.

Ein Sommertag begann, zum Träumen geschaffen.

Irgendwo wieherte ein Pferd, bellte ein Hund. Auf den Steinen am Rande unserer Hofeinfahrt räkelte sich die Nachbarskatze. Das Dorf erwachte langsam, wie ein verschlafenes Kind, nichts Böses ahnend. Es begann schon warm zu werden. Die Vögel zwitscherten. Lerchen stiegen jubilierend von den nahe gelegenen Feldern auf.

Ich sah hinüber zu den Nachbarn, wie wenn ich ahnte, dass ich sie für lange Zeit nicht mehr sehen würde.

Rechts der Friedrichbauer, ein kleines Gehöft mit zehn Kühen, zwei Pferden, ein paar Schweinen, Hühnern und einigen Gänsen, mit vier Kindern und vielen Schulden. Sogar ein Teich gehörte zu dem Anwesen: Wenn er im Winter zugefroren war, liefen wir darauf Schlittschuh und spielten eine Art Hockey.

Mit dem Sohn Reinhold war ich in die Volksschule gegangen: vier Jahre lang sechsmal die Woche ein gemeinsamer 45-minütiger Fußmarsch ins benachbarte Seitendorf. Gestern noch hatte ich mit ihm über die Schule geplaudert.

Links der Heidrichbauer, eher ein Bäuerchen mit Stall und Wohnung im gleichen Haus, keine Pferde, ein paar Hühner, vier Ziegen, vier Kinder. Die drei Kühe der Heidrichs mussten abwechselnd die Fuhrwerke ziehen. Das kleine Haus wurde zum Teil durch unsere große Linde verdeckt, die jetzt blühte und einen wunderbaren Duft verströmte.

Weiter hinten, etwas abseits von der Straße, das kleine Gut vom Altmannbauer. Er hatte zwei Pferde, sieben Kühe, vier Schweine, viele Hühner – und zehn Kinder. Ich kannte sie alle und habe viel mit ihnen gespielt. Wir verstanden uns gut, hatten höchstens einmal die üblichen kleinen Reibereien unter Kindern.

Mit diesen Menschen hatte ich eine unbeschwerte, ja, sorgenlose Kindheit verbracht, und nicht im Geringsten verspürte ich den Wunsch, dass sich an dem Leben in Dornhennersdorf etwas ändern sollte. Hier war es schön. Hier gehörten wir hin.

Und heute schien die Sonne, ein Symbol der Hoffnung nach schrecklicher Zeit.

Ein neuer Tag brach an. Wir ahnten ja nichts!

Einige Stunden später würden alle sagen: Ein verfluchter Tag! Unvergesslich und verflucht! Nichts würde mehr stimmen. Kein Altmannbauer, kein Heidrichbauer, keine Freunde, keine Sonne mehr ...

22. Juni 1945, 7.30 Uhr

Wirklich 7.30 Uhr? Ja doch! Die russischen Soldaten hatten uns zwar alle Taschen- und Armbanduhren weggenommen, aber die große Standuhr im so genannten Herrenzimmer war noch da. Die war ihnen wohl zu schwer gewesen. Sie funktionierte immer noch und schlug alle halbe Stunde mit ihrem dunklen Ton. Es war ein herrlich warmer Ton, der heute wohl in kaum noch einem Haus zu hören ist. Er sagte uns voll klingend 7.30 Uhr.

Wir frühstückten im Wintergarten. Unsere Mutter, energisch und temperamentvoll, saß mit Blick über die Wiese zum Nachbarn. Sie liebte Ordnung und Sauberkeit und wusste diese, ohne viel zu fragen, rasch durchzusetzen. Dabei konnte ihr freilich bei uns Kindern auch ab und zu mal die Hand ausrutschen. Aber sie hatte Humor und Verständnis für unsere kindlichen Dummheiten – die sie leider auch stets mit untrüglicher Nase zu wittern pflegte. Mit Blick zum Garten bis zu den großen Pappeln saß unser Vater. Er war hoch gebildet, etwas streng, aber einfühlsam. Er sah es als seine Aufgabe an, seine Kinder zu kraftvollen, furchtlosen und fleißigen Menschen zu erziehen. Ich war allerdings etwas zart geraten, und mit dem Fleiß, na ja, das war so eine Sache. Er besaß einen staubtrockenen Humor, mit dem er seine Umgebung immer wieder überraschen konnte.

Die restlichen Plätze an dem runden Tische besetzten meine beiden Schwestern Hanne und Gisela und ich, der Jüngste, der sozusagen von allen erzogen wurde. Ich war ihr geliebter kleiner Bruder. Wenn ich von den Eltern getadelt wurde oder wenn sogar eine Prügelstrafe drohte, dann setzten sie sich für mich nach Kräften ein. Oft ging es so weit, dass sie für mich weinten und damit die versprochene Ohrfeige verhinderten. Ich muss sogar zugeben, dass ich dadurch ein bisschen verzogen war. Alle gaben sie Acht, dass mir nichts passierte, besonders die acht Jahre ältere Hanne. Wenn ich aufs Fahrrad stieg, wäre Hanne am liebsten vorausgefahren, um alle Steine aus dem Weg zu räumen, damit der Kleine sich nicht wehtäte …

Gisela war sechs Jahre älter als ich, gefühlsbetont und temperamentvoll. Sie war schon eher bereit, mit mir etwas anzustellen. Und das taten wir auch! So manche kleine Schandtat wussten wir hinter Unschuldsgesichtern lange zu verbergen – Gisela übrigens noch deutlich besser als ich.

Kurz, wir waren eine gute Familie mit der damals üblichen, etwas strengen Erziehung, aber voll echter Herzlichkeit.

Meine Mutter begann das Frühstück mit Messer und Gabel, wie es sich gehörte. Ich stopfte hungrig die erste Hälfte eines Brötchens in mich hinein, wie es sich nicht gehörte, und kaute geräuschvoll mit offenem Mund, wie es sich ebenfalls nicht gehörte. Das kam natürlich gar nicht gut an. »Werner, iss bitte anständig!«, sagte eine deutlich mahnende, mir gut bekannte

Stimme, während meine Schwestern wie üblich grinsten, was mich wiederum nicht weiter berührte.

Abgesehen von solchen Kleinigkeiten war alles friedlich.

Hanne sah in den strahlenden Tag hinaus. »Herrlich«, sagte sie, »wundervoll, diese Sonne!« Vati sah kurz auf, und er sagte, ich weiß nicht warum, aber er sagte: »Unter der leuchtenden Sonne gedeiht auch das Böse, das Unschöne, das Hässliche.« Ich erschrak, und mir lief es kalt den Rücken hinunter.

Da passierte es, das Entsetzliche, das bis heute für mich Unbegreifliche.

Der verfluchte Teil des Tages begann.

Draußen knallten einige Gewehrschüsse. Eine raue Stimme brüllte aus einer Art Megafon: »Alle Deutschen mussen sofort Dorf verlassen. Mitnehmen nur, was zu tragen möglich. Alle Wertsachen da lassen! Schnell, schnell, dowei, los, los!« Wir waren plötzlich still und bleich. Das konnte doch nur ein Scherz sein, ein übler Scherz! Vielleicht ein paar betrunkene Soldaten! Aber am frühen Morgen? Wieder ertönten einige Schüsse. Wieder krächzte und kläffte eine Stimme: »Alle Deutschen raus, raus, auch Alte und Kranke, schnell, sonst wir schießen tot, niemand hier bleiben, alle raus, raus, sofort!« Und das wurde mehrmals wiederholt.

Das klang nun nicht mehr nach einem Scherz. Wie auf Kommando sahen wir zum Fenster hinaus. Hinter unserem Garten standen plötzlich polnische Soldaten und bewaffnete Miliz. Verflucht! Das war Wirklichkeit, brutale Wirklichkeit! Wieder krächzte die Stimme: »Deutsche raus, schnell, schnell, sonst ...!«

Erneut wurde geschossen. Einige schrille Schreie! Gellende Hilferufe waren zu hören. Hunde bellten. Nach erneuten Schüssen bellten sie nicht mehr.

Wir sprangen auf. Eine Kaffeetasse fiel um. Niemand achtete darauf. Meine Mutter schrie mit zitternder Stimme: »Das ist doch, das ist doch, das kann doch nicht wahr sein ... die können doch nicht ... nein, nein!« Wir rannten aus dem Haus, auf die Straße. Dann blieben wir abrupt stehen.

Da kamen sie schon, die ersten »Vertriebenen«.

Ein endlos erscheinender Zug schleppte sich dahin, Koffer, Kisten und Rucksäcke tragende Menschen, ein paar kleine Leiterwagen dazwischen, schweigend, die Köpfe gesenkt, ein Albtraum! Daneben gingen bewaffnete Miliz und einige Soldaten, von denen ab und zu einer etwas Unverständliches grölte. Dazwischen aber hörte man immer wieder: »Schnell, schnell, schnell, niemand stehen bleiben, sonst wir schießen.« Wieder ein paar Schüsse! »Mein Gott, mein Gott, hilf uns doch!«, schrie irgendjemand. Ich stand hilflos am Straßengraben.

Da sah ich unter den Milizlern einen ehemaligen Zwangsarbeiter. Er war beim Friedrichbauer tätig gewesen. Er hatte in der Familie mitgelebt, so wie die Familienmitglieder gegessen und wie sie gearbeitet, im spartanisch eingerichteten, aber eigenen Zimmer geschlafen. Niemand hatte ihn schikaniert. Es war ihm gut gegangen. Nun, er wurde für seine Arbeit nicht bezahlt. Das war Unrecht, aber sonst lebte er wie der Bauer. Er hatte etwas Deutsch von uns und wir Kinder etwas Polnisch von ihm gelernt. Für unsere Dummheiten hatte er immer Verständnis gehabt und oft geholfen, sie zu vertuschen. Wir kannten uns seit über einem Jahr gut. »Wladek«, rief ich laut, »Hallo Wladek, was ist denn los, was machen die mit uns, hilf uns doch! Das kann doch alles nicht stimmen!«

War ich naiv! Er sah mich traurig an aus seinem etwas groben, unrasierten Gesicht, blickte sich scheu um und flüsterte in gebrochenem Deutsch: »Du ruhig sein, ganz still sein, kann nichts machen, ihr mussen gehen. Ich nicht durfen freundelich zu euch sein. Deutsche Mensch, Nazi, böse Mensch! Ich nicht durfen sagen, dass ihr gute Mensch. Du gehen schnell weg von mir, ganz schnell! Du verstehen!?« Wieder sah er sich scheu um. Ich stolperte völlig verblüfft zurück. So war das also! Man durfte gar nicht freundlich zu uns sein. Er schaute noch einmal traurig lächelnd zu mir herüber und schüttelte den Kopf. Hatte er Tränen in den Augen?

Und sie zogen an uns vorbei mit fassungslosen Gesichtern. Manche weinten still. Einige alte Leute schlurften mühsam dahin, auf einen Stock gestützt, versuchten etwas zu tragen. Kinder, keine fröhlich springenden Kinder, alle in Reih und Glied, die kleinen Hände an den viel zu schweren Rucksack gekrallt.

Das konnte doch nicht wahr sein! Aber doch, doch, das war alles wahr!

Es waren Leute aus dem letzten Dorf vor der tschechischen Grenze. Viele kannte ich, besonders die Kinder. Ich sah in kleine, verweinte Gesichter mit schmutzigen Nasen, die niemand mehr abputzte. Die runden Kindergesichter waren eckig geworden vor Angst und Anstrengung. Die Gesichter der Alten waren faltig, starr und eingefallen, nass von Tränen. Keiner sagte etwas.

Da, ein Freund! Ich schrie aus Leibeskräften: »Williiiii!« Er schaute mich im Vorbeigehen an und sagte leise, wie wenn nur ich es hören sollte, in unserem quirlenden, warmen Lausitzer Dialekt meinen Vornamen: »Werner«. Es klang wie eine Frage. Dann ging er weiter mit glasigen Augen, müde, viel zu müde, um mir noch etwas zu sagen. Er schleppte einen großen Koffer und einen schweren Rucksack, auf den noch ein paar Kochtöpfe aufgebunden waren. Er musste schon eine Dreiviertelstunde unterwegs sein. »Williii«, schrie ich nochmals. Er hörte mich offenbar nicht. Er begriff anscheinend nichts mehr. Er zog einfach weiter. Er schien die Umwelt vergessen zu haben. Er ging wie in Trance, einfach die Straße weiter, unsere altbekannte, staubige, stille Straße.

Immer wieder Gebrüll, scheußlich! Immer wieder knallten Schüsse, um die Leute voranzutreiben. Oder wollten die Soldaten nur ihre Macht und vielleicht ihr wiedererlangtes Selbstbewusstsein nach dem gewonnenen Krieg zeigen? Jedenfalls wechselten Einzelschüsse und Salven einander ständig ab, wie ich es den ganzen Krieg über nicht gehört hatte. Für uns war wohl doch noch kein Friede!

Meine Mutter stand fassungslos neben mir. Dann wirbelte sie plötzlich herum und schrie gellend: »Wir müssen packen!! Sie werden auch uns gleich aus dem Haus jagen! Schnell!!« Die Vorbeiziehenden schauten sie an, wie wenn sie sagen wollten: »Hast du 's jetzt auch begriffen?« Aber in Wirklichkeit hatten nur sie begriffen. Wir anderen standen einfach da und blickten auf das Unbegreifliche. Da zog ein Dorf an uns vorbei, einfach so. Wohin? In eine ungewisse Zukunft.

Mein Gott, packen, was? Was war denn wichtig? Was war für den Augenblick wichtig, was für später? Kleidung, Papiere, Kochtöpfe, Besteck, Bettzeug? Wohin damit? Noch Jahre später habe ich gemerkt, was man hätte packen sollen ... Es war ja keine Zeit, in Ruhe zu überlegen. War man überhaupt fähig zu überlegen? Manche hatten in der Angst und Eile, einen drohenden Soldaten im Rücken, vergessen, ihre Zeugnisse, Ausweise und sonstigen wichtigen Papiere mitzunehmen. Sie hatten später große Schwierigkeiten, ihre deutsche Staatsangehörigkeit nachzuweisen. Die Behörden konnten da bemerkenswert uneinsichtig und verständnislos sein. Jeder vernünftige Mensch würde doch zuerst an die Papiere denken! Na, so etwas! So hörte man dann. Aber vernünftig? Was und wer war denn jetzt vernünftig?

Wer hatte schon einmal sorgfältig gepackt mit einer Maschinenpistole im Rücken, einem Fußtritt im Hintern? Was konnte man in solchen Augenblicken schon sorgfältig überlegen? Übrigens, welche Papiere? Die mit dem Nachweis »arischer« Abstammung? Mit dem Hakenkreuz-Stempel des Deutschen Reiches? Manche Leute hatten in der Angst vor den Russen alles, was mit nationalsozialistischen Symbolen versehen war, weggeworfen oder zumindest so gut versteckt, dass sie es in der Eile nicht finden konnten. Was hatte man nicht alles versteckt! Was wurde im Augenblick höchster Panik nicht alles vergessen! Dann hob man rasch den schweren Koffer und riss den Griff ab und den Koffer auf. Mein Gott! Jetzt schnell umpacken in einen Pappkarton mit Bindfaden, und der Soldat drohte mit der Waffe! Ach, wo war denn ein Karton, der Bindfaden? Da blieb manches am Boden unbeachtet liegen ... Wichtiges? Und plötzlich war es auch egal, alles egal. Lass doch liegen ...

Hoch zu Ross galoppierte plötzlich ein Offizier heran, der Zug wich erschreckt zur Seite. Zumindest versuchte er das. Einige Kinder stürzten dabei über abgestellte Koffer und schrien. Doch wen störte das? Sie mussten eben wieder aufstehen, und zwar schnell und ohne Widerrede!

An unserer Hofeinfahrt riss er das Tier mit einem Ruck herum, sodass Schaum vom Maul spritzte. Er sah sich suchend um. Dann drängte er uns in die Hofeinfahrt zurück. »Mowisz po polsku, jestes lekarz – sprichst du Polnisch, bist du Arzt?«, brüllte er meinen Vater an. Mein Vater bejahte misstrauisch. »Dann du hier bleiben«, sagte er kurz, schob uns weiter in die Einfahrt zurück und blieb, die Reitpeitsche in der Hand, mit tänzelndem Pferd vor uns stehen.

Was hatte das nun zu bedeuten?

Meine Mutter stammelte fassungslos: »Was soll das alles? Warum jagen Sie die Leute raus?« »Du Schnauze halten!«, raunzte er sie an und spielte mit der Reitpeitsche. Mein Gott, »Schnauze« hatte er gesagt, das zu meiner Mutter, dieser wohl erzogenen Frau aus gutem Hause! Mir war klar, das würde sie sich nicht gefallen lassen. Sie trat einen Schritt vor und setzte energiegeladen zu einer Entgegnung an. Mein Vater hatte das befürchtet und zischte mit knirschenden Zähnen: »Sei still!«

Er wusste, was »Schnauze halten« hieß. Er hatte zwei Weltkriege mitgemacht. Und er hatte gelernt, im rechten Moment zu schweigen. Meine Mutter jedoch dachte nicht daran, still zu sein, und schon gar nicht, »die Schnauze zu halten«. Sie schrie mit geballter Faust, ihre gute Erziehung vergessend: »Was macht ihr elenden Schweinekerle mit uns? Wir haben euch nichts getan! Ihr habt kein Recht, die Leute aus dem Haus zu jagen!« Ach Gott, »Recht« hatte sie gesagt. Dieses Wort war schon lange bis zur Unkenntlichkeit verstümmelt worden.

Der Offizier schaute sie einen Augenblick fast nachdenklich an, dann grinste er und erklärte ihr die derzeitige Bedeutung von »Recht«: »Ihr alle Nazi, ihr Krieg verloren.« »Das ist eine gemeine Lüge! Wir sind keine Nazis, wir sind vielmehr ...«, schrie meine Mutter. Sie kam nicht weiter, denn mein Vater hielt ihr den Mund zu, nahm sie am Arm und zog sie zur Seite. Dabei schaute er mich unendlich traurig an und flüsterte mir auf Lateinisch zu: »Vae victis. Sei still, mein Sohn, jetzt gilt: Vae victis.« Ja, vae victis, wehe den Besiegten, so hatte zynisch der Gallier Brennus den besiegten Römern zugerufen, als er sie beim Abwiegen der Goldmenge betrog, die Rom für den Abzug der Feinde zu zahlen hatte. Für Sekunden dachte ich daran, wie mein Vater mir beim Latein, gerade bei dieser Stelle, geholfen hatte. Damals wusste ich noch nicht, dass auch das alles für immer vorbei sein würde, er würde mir bald nie mehr helfen können. Das Leben würde uns bald weit auseinander treiben. Denn in diesem Moment schickte sich jemand an, einen mächtigen, hässlichen Strich unter mein bisheriges Leben zu ziehen.

Plötzlich hörten wir Schreie, Angstschreie! Soldaten trieben die Leute aus den Häusern, die sie nicht verlassen wollten. Wie Vieh auf die Weide, dachte ich, oder zur Schlachtbank? Ich sah mit Entsetzen, dass sie auch mit den Gewehrkolben zuschlugen und mit den Füßen traten. Nein, schlimmer als Vieh, korrigierte ich mich; denn das Vieh traktierten die Bauern nicht mit Gewehrkolben, sie traten es auch nicht. Die Menschen hier aber wurden mit Gebrüll und Flüchen aus ihren Häusern getrieben. Sie waren ab jetzt »Vertriebene«! Das wurde ihnen auf diese Weise nachdrücklich beigebracht. Manche rannten vor Angst und verloren dabei die hastig zusammengebundenen Sachen. Überladene Koffer platzten auf, Kleider fielen in den Schmutz. Die Leute mussten sie liegen lassen; denn die Soldaten duldeten kein Stehenbleiben und trieben alle rücksichtslos weiter.

Jetzt zogen auch unsere Nachbarn an uns vorbei. Sie hatten ihr Leben lang gespart, manche Schulden mühselig abbezahlt, und nun sollten sie alles verlieren! Da, die Bäuerin Altmann, die Mutter von zehn Kindern. Tränen rollten über das von Sorgen gezeichnete Gesicht, ihre faltigen Lippen zuckten, als sie meine Mutter sah. Da fielen sich die beiden Frauen um den Hals. So etwas hätte es früher nie gegeben. Aber in der Not! Es wurde bitterlich geweint. Und es war niemand da, der trösten konnte. Es gab nur Not, Angst und Entsetzen.

»Werden wir uns einmal wiedersehen, Frau Doktor?«, flüsterte sie.

Nein, sie würden sich nie wieder sehen.

Ein Soldat drohte mit dem Gewehrkolben. Die beiden Frauen fuhren auseinander. Die Bäuerin rannte erschrocken los. Der Soldat entsicherte und legte sein

Gewehr an, lachte meinem Vater zu und brüllte: »Soll iiich schießen, panie doktorze?« Er schwankte bedenklich. Mir blieb das Herz fast stehen. Mein sonst so selbstbeherrschter Vater sprang blitzartig auf ihn zu, schrie dabei (ich hatte ihn noch nie so schreien hören) »nieeee, neieieiein, nicht« und schlug den Lauf des Gewehres nach oben. Der Schuss krachte in die Luft. Der Soldat schaute meinen Vater mit vom Alkohol geröteten Augen verdutzt an und spuckte ihm vor die Füße. Dann lachte er hämisch und hob erneut das Gewehr, dieses Mal auf meinen Vater gerichtet, und brüllte etwas Unverständliches. Er ließ den Lauf erst wieder sinken, als der Offizier auf dem Pferd einschritt und laut fluchte: »Nie! Kurwa mat!« Er hob drohend die Reitpeitsche. Da machte der Soldat eine wegwerfende Handbewegung und knurrte voll Verachtung und wohl auch voll Hass: »Niemcy, Deutsche«, und ging vor sich hin brummelnd weg.

Ja, deutsch, das stand für Verachtung und Wertlosigkeit; und anscheinend war es auch die Rechtfertigung für Unrecht.

Was für einen Fluch hatte ich da eben gehört? Nun, wir hatten natürlich auch Schimpfwörter, kräftige und gemeine Flüche. Ich kannte sie alle und benutzte sie auch, ganz zum Leidwesen meiner Mutter. Aber so etwas hatte ich noch nicht gehört! »Kurwa mat«, das musste irgendetwas mit »Hure« zu tun haben. Später fragte ich Polen nach der Übersetzung, aber sie gaben mir immer nur verlegen lächelnd zu verstehen, das sei nicht ins Deutsche zu übersetzen. Ich dachte, es könne vielleicht heißen: »Deine Mutter ist eine Hure.« Aber es muss noch viel schlimmer sein. Wie dem auch sei, in diesem Moment war mir auch ohne genaues Wissen klar, dass es sich um eine scheußliche Beschimpfung handeln musste. Und so schien sie mir für den Soldaten gerade recht. Ich wiederholte sie also laut, fast innig, und schaute dabei dem schießwütigen Soldaten nach. Der Offizier auf dem Pferd hörte mich offenbar und drehte sein Pferd zu mir herüber. Er sah mich erstaunt grinsend an und sagte dann anerkennend: »Dobrze, dobrze, jak polak gut, gut, wie ein Pole.«

»Blöder Hund«, dachte ich, »ein Pole wäre das Letzte, was ich sein wollte.« Aber er hatte meinen Vater gerettet, deshalb sagte ich deutlich vernehmbar: »Danke!« Zu meiner Verblüffung legte der Offizier die Hand grüßend an die Mütze, verbeugte sich leicht und lachte mir zu.

Jetzt kamen die Altmann-Kinder, alle zehn mit einem alten Kinderwagen voll Kleider, Tragetaschen, übervollen Schulranzen und Bettlaken, in denen Sachen eingeschlagen waren. Koffer besaßen sie ja keine. Wozu auch? Urlaub hatten sie nie gehabt. Sie hatten immer nur gearbeitet, natürlich auch in den Schulferien. Da konnten die Kinder dann besonders viel auf dem Feld mithelfen (und auch ich hatte mich manchmal angeschlossen). Jetzt schleppte die Jüngste, die fünfjährige Hilda, einen Rucksack so groß wie sie selbst, in der einen Hand eine Milchkanne, in der anderen eine alte, abgenutzte Puppe. Sie sah mich nicht vor lauter Aufregung und tippelte mit von der Anstrengung hochrotem Kopf hinter ihrer ältesten Schwester her.

Dann erblickte ich Cilli, so alt wie ich, meine Freundin aus der Volksschule.

Wir hatten bei uns zusammen im Sandkasten und auf den Wiesen gespielt, bei Altmanns Kühe gehütet und, wenn wir dabei Durst bekamen, uns gegenseitig die Milch direkt vom Euter in den Mund gespritzt. »Pfui Teufel, ihr Ferkel«, hätte meine Mutter gesagt. Aber sie wusste das ja nicht. Warum hätte sie es auch wissen sollen?

Seit ich ins Gymnasium ging, hatten wir uns seltener gesehen. Aber unsere gemeinsamen Kindheitserlebnisse verbanden uns weiterhin, und wir verstanden uns fast wortlos. Aber was sollte jetzt geschehen?

Cilli blieb schweigend stehen, schaute geradeaus, als wäre ich gar nicht da. Die Tränen rollten lautlos über ihr Gesicht. So hilflos weinend war sie auch am ersten Schultag dagestanden, als sie sich nicht neben mich setzen durfte. Jungen und Mädchen mussten damals ja getrennt sitzen! Aber ich hätte nichts dagegen gehabt. Sie war doch gar keines von den »blöden« Mädchen. Sie war doch die Cilli!

Dann schaute sie doch noch zu mir herüber. Ich wusste damals nicht, dass ich sie nie wiedersehen würde. Ich glaube, sie wusste es. Es war ein unbeschreiblicher Blick, den ich nicht vergessen kann. Wie gelähmt stand ich da. Ich glaube, sie hatte viel mehr begriffen als ich. Sie machte einen Schritt auf mich zu, stellte die Tasche ab, streckte beide Hände aus und wollte etwas sagen. Was, das habe ich nie erfahren. Denn sofort sprang einer der Soldaten brüllend auf sie zu und holte mit seinem Gewehr aus: »Los, los, dawaj, dawaj, du wissen, stehen bleiben verbotten, los, los, schnell, schnell Kurwa ...« Sie schreckte auf wie ein Reh, schrie gellend: »Nein! Nein! Nicht hauen«, riss die Tasche hoch und hastete in den endlosen Zug, ohne sich noch einmal umzudrehen. Eine Katze rannte hinter ihr her.

Ich stand hilflos da und sah ihr nach. Wahrscheinlich sah ich meiner entschwindenden Kindheit nach. Die Erlebnisse der Vertreibung machten uns Kinder schlagartig älter: nicht alt genug, um alles zu begreifen, aber doch alt genug, um das Entsetzen zu spüren.

Cilli war einfach aus meinem Leben verschwunden. Für immer.

Zum Schluss stolperte ihr jüngerer, geistig leicht behinderter Bruder Karl hinter den anderen her, einige Sachen in ein großes Handtuch eingewickelt, das er auf dem Rücken trug. Ein einfacher, treuer Kerl mit etwas zu großem Kopf. Er sollte einige Monate später sterben, in einem kleinen Zimmer, eng mit anderen zusammengepfercht. Vor Heimweh, hat man gesagt, vor Heimweh sei er gestorben, er habe sich einfach nicht mehr zurechtgefunden … Kann man vor Heimweh sterben? Heute vielleicht nicht mehr, aber damals …? Damals war vieles möglich, was man heute nicht mehr versteht.

Der winzige Bauernhof, das kleine Dorf, die paar Felder, der Wald dahinter, das war alles für diese einfachen, armen, liebenswerten Menschen, ihre Welt! Mehr kannten sie nicht! Mehr brauchten sie auch nicht! Und das gab es für sie nun nicht mehr, besonders für ihn nicht. Konnte man daran sterben? Er wurde wie eine dürre Pflanze aus dem Boden gerissen. Und die Wurzeln waren stecken geblieben.

Ja, die Altmanns! Bisher waren sie arm, aber doch zufrieden gewesen, jetzt waren sie bettelarm, unverdient bettelarm! Oft hatten sie gemeinsam aus einer

Schüssel gegessen und dabei gelacht, ich mit. Mein Gott, die große Blechschüssel! Sie hatten sie auf dem Tisch stehen lassen! Ich fand sie später halb voll mit Mehlsuppe und einigen Löffeln darin. Es musste ja alles so schnell gehen.

Der berittene Offizier drängte uns erneut in die Hofeinfahrt zurück, da wir wieder auf die Straße getreten waren.

Meine Schwester Gisela fiel plötzlich meiner Mutter um den Hals und stammelte schluchzend: »Ich kann nicht hier bleiben, alle, alle gehen! Ich will auch ...« Ihr blieb das Wort im Munde stecken. Dann riss sie sich los und rannte zu unserem Haus. Wir folgten ihr zögernd. Da blieb sie wieder stehen. »Mir ist himmelangst«, schrie sie, »ich geh, hier sind wir gefangen und allein! Nein, nein, nein, ich bleibe nicht!« Sie schaute uns verzweifelt an. Mein Vater stand wortlos da. Was mag er gedacht haben? Was weiß ein Kind schon, was Eltern fühlen, wenn es sie plötzlich verlässt? Noch dazu ins Ungewisse verlässt!? Damals war ich wie versteinert, unfähig zu überlegen, ein einziger unbegreiflicher Schmerz. Wirklich ein Schmerz? Ich fühlte doch gar nichts.

Wir standen alle unschlüssig und stumm da. Sollten wir Gisela gehen lassen? Mutti schüttelte den Kopf. Schließlich sagte mein Vater leise: »Wenn du allein weggehst, ist das ein Risiko, aber was ist jetzt kein Risiko? Vielleicht hast du Recht. Wer weiß, was hier auf uns zukommt. Pack den Leiterwagen. Geh zu Schöners[1] nach Hirschfelde. Grüß sie von uns. Bleib dort,

1 Der Name wurde geändert.

bis du Arbeit gefunden hast. Vielleicht kann dir der Kreisarzt in Zittau dabei helfen. Bist ja eine Medizinstudentin, sozusagen fast Kollegin.« Dabei leuchteten seine Augen kurz und stolz auf. Dann senkte sich der Schatten wieder über sein Gesicht. Er drückte meine Schwester an sich und sagte hart, und man spürte dabei die Angst um sein Kind: »Und wenn dir einer was tun will, dann hau ihm in die Fresse, immer in die Fresse, und tritt ihm ans Schienbein.« Dann wandte er sich rasch ab.

Mit gesenkten Köpfen gingen wir ins Haus. Meine Mutter weinte laut, als sie ein paar Sachen zusammenpackte. Plötzlich hielt sie inne: »Mein Gott, sie kann doch unmöglich so viel schleppen! Wo sollen denn nur die Kleider hin?« Ja, wohin? Aber schließlich hatte sie eine Idee: »Dann zieh eben drei Kleider übereinander und noch einen Pullover darüber, egal wie du aussiehst.«

So tat sie es. Meine hübsche Schwester sah jetzt recht pummelig aus, wie ein prall gefüllter Sack, von Taille und Mode keine Spur, der Busen hemmungslos zusammengequetscht. Der grüne Pullover biss sich fürchterlich mit dem blauen Kleid. Trotz der traurigen Situation konnte ich mich bei diesem Anblick eines spöttischen, brüderlichen Grinsens nicht erwehren. Gisela streckte mir kurz die Zunge raus. Nun, auch diese herzhafte, geschwisterliche Neckerei würde mir fehlen. Dann war der kleine Heiterkeitsanflug sofort wieder vorbei. Gisela weinte. Hanne stand mit versteinerter Miene da. Ab und zu zuckte es in ihrem bleichen Gesicht. Ich hatte ein würgendes Gefühl im Hals. »Ach Scheiße«, sagte ich zu Gisela. Normalerweise hätte mich meine Mutter bei diesem Wort gerügt. Jetzt nickte sie still.

»So, und jetzt packen wir noch den großen Koffer«, sagte Mutti, »den tun wir auf den Leiterwagen.« Hanne zuckte zusammen und wurde blass: »Ja, den Leiterwagen, den Leiterwagen«, sagte sie stockend, »verflucht noch mal, den, den, den habe ich vorhin Heidrichs gegeben. Bei dem ihren war doch ein Rad gebrochen, als sie ihn voll beladen hatten! Wie hätten sie denn alles schleppen sollen?!« »Herrje! Kind! Du, du! Wie kannst du nur …? Was, was sollen wir jetzt machen!?«, rief meine Mutter verzweifelt, aber dann winkte sie resigniert ab und sagte: »Ist ja auch schon egal! Ist ja alles egal!« Doch Hanne sprang auf: »Nein! Ich besorge einen! Ich weiß schon, wo!« Und sie lief davon. Wenige Minuten später kam sie mit einem nassen Wägelchen herangeeilt. »Der stand bei Frau Neumann herum. Sie ist schon weg. Sie ist mit einem anderen Wagen gegangen. Den hat sie dagelassen, wahrscheinlich, weil er so ausgetrocknet war. Ich habe ihn deshalb tüchtig mit Wasser übergossen, damit er nicht auseinander fällt«, meinte sie ein wenig unsicher. »Hoffentlich hat es was genutzt«, sagte unsere Mutter lakonisch. Sie betrachtete das Ding misstrauisch: »Na ja, er wird schon halten! Bis Hirschfelde wird er halten.«

Wir umarmten Gisela alle gleichzeitig. »Verflucht«, dachte ich, »soll sie wirklich gehen? Allein sein, ganz allein sein?« Das schien mir eine unmögliche Vorstellung. Ich war noch nie allein gewesen. Ich konnte noch nicht wissen, dass ich vier Monate später auch allein sein würde, ganz allein. »Wollt ihr nicht auch gehen?

Was wird aus euch, wenn ihr bleibt? Wann seh'n wir uns wieder?«, schluchzte Gisela plötzlich. Niemand konnte antworten. Es wollte auch niemand.

Meine Mutter umarmte sie nochmals, küsste sie und machte ihr ein Kreuz auf die Stirn, ein Kreuz voll Vertrauen, aber auch voller Hilflosigkeit. Die Eltern konnten nicht mehr helfen, nur noch der Herrgott! Wie immer wusste unsere Mutter in schwierigen Situationen den Herrgott auf ihrer Seite! »Ja aber, wo war der Herrgott«, dachte ich verzweifelt, »wie konnte er das alles mit ansehen? Warum half er uns nicht? Nicht ein bisschen?« Wieder dieses »Warum«! Oder hatte er uns doch ein bisschen geholfen? Hätte es noch schlimmer kommen können? Nicht auszudenken!

»Du brauchst ja Geld«, sagte mein Vater plötzlich und holte aus der Brieftasche ein Bündel Scheine. Er sah sie unschlüssig an. »Verstecke es gut«, murmelte er dann ein wenig unsicher. Ich sah, wie sie es unter den Büstenhalter schob. Mein Gott, das hielt sie für sicher! Natürlich, sie war eben gut erzogen. Wer sollte schon hinter den Büstenhalter schauen?

Hanne, die immer recht eigenwillig auf ihre Freiheit bedacht gewesen war und deswegen öfter Streit mit meinen Eltern hatte, sagte kurz und ein wenig hart: »Ich bleibe hier, hier in der Familie, in meinem Dorf.« Sie war schon immer eine Patriotin gewesen. Niemand sagte etwas dazu. Schließlich wussten wir ja nicht einmal, ob wir froh darüber sein sollten, dass wir bleiben mussten.

Mein Vater wandte sich rasch um, nahm seine Tochter an der einen und den Leiterwagen an der anderen Hand, ging an dem Offizier vorbei, ohne sich um dessen Proteste und die drohende Reitpeitsche zu kümmern, und reihte Gisela ein in den entsetzlichen, immer noch sich dahinschleppenden Zug.

Haben wir gewunken? Gerufen? Geschrien? Geweint? Sicherlich, sicherlich! Aber ich weiß es nicht mehr. Ich habe es damals schon nicht mehr wahrgenommen. Es war einfach zu viel, ich war unfähig, das alles aufzunehmen. Es war alles so entsetzlich, dass ich nichts mehr spürte. Ich erinnere mich nur noch, wie ich meiner Schwester nachgeschaut habe, wie sie weinend die Hand zum Abschied hob. Mein Gott, das konnte doch alles nicht wahr sein! Aber es war wahr.

Der Zug ging weiter. Manche der alten Leute jammerten und schwankten, wollten sich hinsetzen, um ein wenig auszuruhen. Die Soldaten trieben sie mit Gebrüll wieder auf die Beine. Ab und zu schossen sie in die Luft. Es sah aus wie eine moderne Sklaventreiberei.

Da fiel jemand hin, ein kleines, zitterndes Mädchen. Ein Fußtritt brachte es mit einem Aufschrei wieder auf die Beine. Ein alter Mann warf seinen Rucksack weg. Ein jüngerer, der schon einen Rucksack auf dem Rücken hatte, hob ihn auf und hängte ihn sich vor die Brust. Der Alte lächelte kurz, aber er war wohl zu müde, um zu danken, und schlurfte mühselig weiter.

Da ging eine junge Frau vorbei. Sie hatte sich trotz der sommerlichen Wärme einen Mantel übergezogen, wohl weil er nicht mehr in den Rucksack oder in den Koffer gepasst hatte, den sie kaum noch tragen konnte. Sie schwitzte natürlich und knöpfte sich keuchend die Bluse auf. Das hätte sie nicht tun sollen; denn jetzt kam ein goldenes, an einer Halskette hängendes Medaillon zum Vorschein. Dies sah einer der begleitenden Soldaten. Er sprang auf sie zu und riss ihr das Schmuckstück vom Hals. Die Frau schrie entsetzt auf. Neben ihr ging ein Mann, dessen Namen ich nicht aufgeschrieben habe und nicht mehr weiß. Ich nenne ihn Rainer. Er hatte den linken Arm im Krieg verloren. Ein erfahrener Frontsoldat mit vielen Auszeichnungen, Stalingradkämpfer. Er war wegen seiner Verwundung damals noch ausgeflogen worden. Die beiden hatten in den nächsten Tagen heiraten wollen. Nun würde wohl nichts daraus werden.

Bei dem Aufschrei seiner Braut wirbelte er herum und stieß mit dem verbliebenen Arm wie zufällig den Polen vor die Brust, sodass dieser zurücktaumelte und beinahe gestürzt wäre. Mein Gott, was würde nun geschehen? Das Medaillon in der Linken, riss der Pole schreiend mit der Rechten seine Waffe hoch. Zielen war bei der kurzen Entfernung nicht notwendig. Der Schuss krachte, und der Einarmige lag am Boden. Die Umstehenden schrien empört auf. Der Pole brüllte dagegen und schoss mehrmals wütend in die Luft.

Dann war es plötzlich totenstill. Niemand ging weiter. Einige Männer drängten sich nach vorn. Nein! Das war jetzt zu viel gewesen. Die müden, verzweifelten Gesichter der überwiegend alten Männer waren hart und entschlossen geworden. Ich sah gespannte Backenmuskeln und wütend geballte Fäuste, einige mit Küchenmessern! Verflucht! Was jetzt!? Der Soldat wich erschrocken einige Schritte zurück, die Waffe drohend angelegt. Die Situation war extrem gespannt. Die Luft schien zu knistern. Schließlich hatte der Pole unseren Rainer erschossen.

Hatte er?

Nein, ein Schrei der Erleichterung! Nein, Rainer hob langsam den Kopf. Er war nicht getroffen worden! Er hatte sich blitzschnell zu Boden geworfen, eine im Kriege 1000-mal geübte Reaktion! Das hatte ihm das Leben gerettet. Die junge Frau weinte vor Freude. Die geballten Fäuste entspannten sich wieder. Es war wohl um Sekundenbruchteile gegangen! Es war wie ein Wunder! Rainer stand langsam auf und sah dem Soldaten ruhig ins Gesicht.

Auch dieser wirkte erleichtert und sah ihn geradezu bewundernd an: »Du guttes Soldat gewesen, was?« Er stieß ihm die Waffe in Richtung des fehlenden Armes und sagte: »Eh, andere Polen dich besser getroffen!« Rainer schüttelte den Kopf: »Es waren nicht die Polen, es waren die Russen.« Der Pole nickte zufrieden: »Du nicht gegen Polen kämpfen, nie? Das gutt! Das särr gutt! Also du weitergehen!« Rainer schüttelte wieder den Kopf: »Gib ihr doch das Ding wieder. Es ist ein Bild ihrer Mutter darin! Bild von matka. Du doch haben zu Hause auch matka!« Und er hielt ihm bittend seine Hand hin. Die Ruhe dieses Mannes war bewundernswert. Kaum dem Tode entronnen, sprach er, wie wenn nichts geschehen wäre. »Du Soldat, du Schnauze halten«, zischte der Pole, »sonst ...«, und er hob wieder drohend seine Waffe.

»Ich weiß, ich weiß, du gut schießen, du guter Soldat, aber du haben doch auch eine Mutter! Mein Gott! Gib doch wenigstens das Bild, was da drin ist! Es hat doch gar keinen Wert für dich!«, sagte Rainer müde.

Ich weiß nicht, ob er verstanden wurde. Neben ihm stand ein Milizler, ein ehemaliger Zwangsarbeiter, der besser Deutsch verstand als der Soldat. Er sagte etwas zu ihm, der ihm daraufhin das Medaillon gab. Der Milizler öffnete es und holte das Bild einer alten Frau heraus. Der Soldat schlug ihm auf den Arm, sodass das Bild auf die Erde fiel, und entriss ihm das Medaillon.

Die junge Frau bückte sich schnell, hob das Bild auf, küsste es und steckte es in eine Tasche. Der Einarmige nickte dem Milizler dankbar zu: »Danke, vielen Dank! Du bist ein guter Mann!« Dann legte er seiner Braut den Arm um die Schultern und zog sie mit sich fort. Er hatte in den harten Kriegsjahren gelernt und wusste, wann man verloren hatte, wann man aufhören musste.

Der Pole blieb unzufrieden stehen und knurrte: »Deutsch!«

Ich fühlte mich plötzlich so müde und setzte mich ins Gras.

Da sah ich ein paar Meter weiter Herrn Kalkritz[2]. Ich mochte ihn nicht; denn als er einmal bei uns zum Mittagessen war, hat er mir die letzten Zwetschgenknödel weggegessen, und das war ausgerechnet meine Lieblingsspeise. Wovon doch kindliche Zuneigung abhängen kann!

Dieser Mann hatte wegen seiner sozialdemokratischen Gesinnung und seiner mutigen Äußerungen gegen den Nationalsozialismus im Gefängnis gesessen und seine beruflichen Möglichkeiten verloren. Ein aufrechter, geradliniger Mann. Er hatte wohl jetzt auf seine große Stunde gehofft, nachdem er nach seiner Entlassung jahrelang bescheidenst hatte leben müssen, immer in Angst, erneut verhaftet zu werden. Seine

2 Der Name wurde geändert.

Tochter hatte damals etwas länger mit einem Kriegsgefangenen gesprochen, was nicht verborgen geblieben war. Da hieß es: »Die hat was mit dem!« Kurz darauf wurden ihr die Haare abgeschnitten, und man trieb sie mit der Peitsche durch das Dorf. Herr Kalkritz musste zusehen.

Er war still und einsam geworden. Aber jetzt musste doch seine Chance kommen! Jetzt musste sich sein Leid auszahlen, so mag er wohl gedacht haben. Daher ging er, als er sein Haus verlassen sollte, zu einem der Soldaten und erzählte ihm von seiner Vergangenheit, vom Gefängnis, von der Folter der Nazis, wohl in der Hoffnung, hier bleiben zu können, sein antifaschistisches und sozialistisches Reich aufbauen zu können. Doch der Soldat lachte nur höhnisch: »Du nicht Nazi? Warum du dann hier und nicht in Moskau? Dowei, dowei, los, los.« Dann grinste er und gab ihm einen Tritt in den Hintern, sodass der arme Herr Kalkritz kopfüber auf die Straße stürzte. Da lag er im Dreck mit seiner Weltanschauung, für die er gelitten hatte. Auch die Nazis hatten ihn damals getreten und geschlagen, auch da hatte er öfter im Dreck gelegen, auch auf unserer alten Dorfstraße. Sie hatten es mir erzählt, die damals dabeigestanden hatten, und auch die anderen, die durch ein Fenster zugeschaut hatten; keiner hatte den Mut gehabt, etwas dagegen zu sagen. Hätte es ihm geholfen?

Nun lag er wieder am Boden. Er war doch wirklich kein Nazi! Verflucht, hatte ich gedacht, manche Menschen werden immer wieder getreten, egal was sie machen oder sagen. Ich wollte ihm jetzt helfen aufzustehen, aber er schüttelte traurig lächelnd den Kopf, als der Soldat mich anbrüllte. Er stützte sich auf seine blutenden Hände und stand etwas schwerfällig auf. Er hatte schon immer allein aufstehen müssen, immer wieder!

Herr Kalkritz nahm seinen Rucksack wieder auf und nickte mir freundlich zu. »Den muss ich wie immer allein tragen«, murmelte er. Ich dachte an die Zwetschgenknödel und schämte mich ein wenig. Dann ging er weiter, ein hagerer, großer Mann. Die Gesichtshaut spannte sich über die Backenknochen. Die scharf gebogene Nase erinnerte an den Schnabel eines Raubvogels. Ein Adler, dachte ich. Aber wie weit war er davon entfernt! Er mochte wohl die Kühnheit eines Adlers haben, aber es war ihm nie gelungen, hoch zu fliegen, sich über andere zu erheben. Nie war er hochgestiegen. Immer wieder hatte er einen großen Start versucht. Stets hatte ihn ein unbegreiflicher Schlag oder ein Tritt zurückgestoßen. Was hat ihn immer wieder zum Aufstehen gebracht, welche Kraft?

Ich schaute ihm bedrückt nach. Doch da sah ich, wie eine Frau auf einem Handwagen halb liegend vorbeigezogen wurde. Sie war so erschreckend blass und hatte blaue Flecken im Gesicht und an den Armen.

Mein Vater ging zu ihr. »Geht es Ihnen nicht gut?«, fragte er, dann biss er sich auf die Lippen, wohl weil ihn die Naivität dieser ärztlichen Routinefrage erschreckte. Sie sah langsam zu ihm auf, schaute ihn eine Weile stumm an, dann flüsterte sie: »Mein Vater ist eben gestorben, vor Schreck, als sie ihn aus dem Haus treiben wollten. Er war doch so herzkrank! Er ist einfach umgefallen, einfach umgefallen, ohne ein Wort, als ihm einer die Pistole auf die Brust setzte! Da lag er nun so vor mir. Ich wollte ihm helfen, ich wollte, ich wollte … Ich weiß nicht, was ich alles wollte, vielleicht nur ihn noch einmal streicheln, vielleicht nur … Ach Gott! Sie haben mich einfach gezwungen zu gehen. Sie haben mich von ihm weggeprügelt und getreten. Hätten sie mich doch erschlagen! So habe ich ihn einfach so liegen lassen müssen. Er liegt noch dort. Mein Gott! Er liegt noch dort! Wo werden sie ihn verscharren? Vielleicht gar nicht? Das hat er nicht verdient! Könnt ihr ihn nicht beerdigen? Ihr wisst doch, wo wir wohnen! Mein armer Vater!«

Ihre Stimme war immer schriller geworden. Sie packte meinen Vater laut weinend mit beiden Händen am Arm und schüttelte ihn. Wir nickten stumm. Dann wandte sie sich von uns ab, streckte sich plötzlich und schrie markerschütternd auf wie ein verwundetes Tier: »Lasst mich doch auch verrecken! Ihr Schweine! Ihr, ihr Hunde …« Die Stimme überschlug sich. Ein Mann zog wortlos den Wagen weiter. Ich hörte sie noch lange schreien, unmenschlich schreien. Verdammt!

Wir haben den Verstorbenen später nicht mehr gefunden. Im Garten sahen wir einen kleinen Hügel mit einem winzigen Kreuz aus Zweigen. Irgendjemand hatte ihn also doch begraben. Ich glaubte, wieder die Schreie der Frau zu hören, sah ihr bleiches Gesicht, als ich vor dem Hügel stand …

Doch das war Tage später. Jetzt stand ich weiter am Straßenrand und sah immer noch der totenblassen Frau nach. Schließlich konnte ich sie nicht mehr hören.

Ich fragte mich plötzlich: »Warum schreien wir nicht? Das ist doch das Einzige, was wir noch können!« Da brach es mit einem Male in mir auf. Das ganze Geschehen wurde mir in seiner Entsetzlichkeit voll bewusst. Die überreizten Nerven gaben nach! Ich hielt mich am Gartenzaun fest und schrie laut und gellend, kein Wort, nur einen unendlichen Schrei. Mein Vater sah mich entsetzt an. Einer der vorbeiziehenden Dorfbuben schaute hilflos und traurig zu mir. Dann verzerrte sich auch sein Gesicht, und er wandte sich ab. Jetzt schrie auch er. Plötzlich schrien noch andere. Dann immer mehr, dann schrien alle. Ein Dorf schrie zum Himmel! Grässlich! Ja, hier wurde geschrien, geschrien, gequält aufgeschrien, aber die Welt hat es nicht gehört …

Der Offizier auf dem Pferd vor unserer Hofeinfahrt brüllte wütend: »Czycho byc, Ruhe!«, aber so laut konnte er gar nicht brüllen. Wir schrien ihn mühelos nieder. Sein Pferd wurde unruhig. Er hatte alle Mühe, es zu halten. Er versuchte erneut, dagegen anzuschreien. Aber was war schon sein zorniges Gebrüll gegen unseren Aufschrei? Da gab er wütend ein paar Schüsse ab, hoch in die Luft, dann dicht über die Köpfe, schließlich ganz dicht darüber hinweg, dann kurz vor ein paar Füße in den Boden. Auf einmal waren alle still, grauenhaft still …

Der lange Zug stand. Einige Sekunden geschah nichts. Dann ging das Pferd mit allen vieren in die Höhe, setzte zum Galopp an, er riss es brutal zurück. Inzwischen brüllten einige Soldaten, einige schossen über die Menge, einige traktierten die Leute mit Fußtritten und stießen mit den Gewehrkolben: »Weiter, weiter!«

Einzelne Schmerzensschreie, ein paar unbeantwortete Hilferufe …

Dann hörte man wieder nichts als knirschende Schritte, quietschende Handwagen, stöhnende Menschen.

Ich drehte mich zitternd um zu meinem Vater. Ich war es doch gewöhnt, in höchster Not zum Vater aufzuschauen, zu dem unerschütterlichen Vater. Doch jetzt war alles anders. Da war nichts mehr unerschütterlich. Mein Gott, ich sah, nein, ich glaubte zu sehen, dass mein Vater weinte. Das hatte ich noch nie erlebt. Er nahm mich wortlos an der Hand und ging etwas vor mir und leicht gebeugt zu unserem Haus. Ich sah noch einmal verstohlen zu ihm auf. Hatte er wirklich geweint? Ich sah keine Tränen mehr, nur seine Augen, seine tiefblauen Augen wirkten grau, leblos wie kalter Stahl.

Nachmittags war die Straße leer, das Dorf auch. Wir waren allein. Und die Sonne schien! War das die Sonne, unsere Sonne? Ich drehte ihr den Rücken zu und ging noch einmal ein Stückchen die Dorfstraße entlang. Warum? Einfach nur so. Da lagen einige verlorene Sachen. Ein Schuh, wahrscheinlich vom Leiterwagen gefallen. Aus dem Straßengraben ragte ein aufgeplatzter Koffer. Der Griff war abgerissen. Wer hätte ihn noch tragen können? Ich ging wieder nach Hause. Ich bildete mir ein, dass kein Vogel mehr zwitscherte. Oder war es wirklich so?

Es war eine bedrückende Leere. Auch die Soldaten waren weg. Wir saßen im Wohnzimmer. Keiner sagte ein Wort. Haben wir lange so gesessen? Die Gedanken kreisten immer um das eben Erlebte. Die Zeit schien stillzustehen. Schließlich sagte meine Mutter mit einer Stimme, wie ich sie noch nie gehört hatte: »Hugo, was soll nun werden? Das kann doch nicht so bleiben, die werden doch alle bald zurückkommen, vielleicht in ein paar Wochen? Das alles muss doch baldigst wieder vorbei sein!« Mein Vater nickte nur. Er wusste auch nichts Besseres zu sagen. Was sollte er auch sagen? Er wusste ja nicht, dass die Jahre vorbeigehen würden, auch das Leben, ohne dass die Menschen aus dieser Gegend wieder zurückkehren würden. An das Wort »nie« wagte doch niemand zu glauben, auch nach Jahren noch nicht.

Er wusste ja nicht, dass vieles noch schlimmer werden würde. Oder wusste er es doch? Wir standen auf und sahen auf die leere Straße. Dann sagte er plötzlich: »Ja, mein Junge, da sind wohl die schönen Jahre vorbei, aber dass es gleich so kommt! Auch wir werden alles verlassen müssen.« Er schwieg eine Weile, und dann schien er zu sich selbst zu sprechen: »Es waren schöne Jahre, trotz manch schlimmer Erlebnisse immer wieder schöne Jahre, jetzt aber ... Nein, es gibt kein vollkommenes Glück, aber es gibt ganz sicher ein vollkommenes Unglück. Heute hat es zugeschlagen, oder« – seine Stimme zitterte plötzlich – »oder hat es uns zunächst nur einmal angeschaut? Was kann noch kommen? Wer weiß?« Dann war er still und drückte mich an sich. Es gab ja auch nichts zu sagen.

22. Juni 1945, abends

Langsam ging die Sonne unter. Ein herrliches Abendrot, hätten wir früher gesagt, ein herrliches Abendrot, das morgen einen schönen Tag verspricht! Aber was hätte in dieser Situation ein schöner Tag sein sollen? Würde es jemals wieder einen schönen Tag geben? Mir erschien das Abendrot fast falsch und heuchlerisch. Es war zum ersten Male nicht schön.

Meine praktisch veranlagte Mutter sagte: »Also Kinder, wir müssen was essen.« Dabei erschrak sie: »Ja, für heute haben wir noch was, für morgen wird's auch noch reichen, aber dann ...« Sie sah uns besorgt an: »Kein Bäcker mehr, kein Fleischer, kein Kaufladen ..., die Kartoffeln gehen auch zu Ende.« Dann wandte sie sich plötzlich energisch mir zu: »Dann geh morgen und sieh nach, ob bei den Bauern etwas zum Essen rumliegt! Vielleicht«, fügte sie hoffnungsvoll hinzu, »vielleicht ist ja auch noch jemand da!? Na klar, Mensch, vielleicht sind wir gar nicht alleine! Wir haben doch noch gar nicht nachgeschaut!« Für einen Moment wirkte sie sogar fröhlich. Doch dann sagte sie bedrückt: »Heute vor drei Jahren, genau heute vor drei Jahren haben sie August umgebracht, weil er sich so für die Polen eingesetzt hatte! Für diese Polen, diese christlichen, katholischen Polen ...« Sie schwieg und dachte wohl an damals.

Ich lege meine Notizen kurz zur Seite und denke daran, was meine Mutter mir von Onkel August erzählt hatte. Ich hatte ihn noch gut in Erinnerung, August Froehlich diesen aufrechten, unbeugsamen Mann, vor dem ich wegen seiner gewissen Strenge immer Respekt gehabt hatte. Er kannte keine Kompromisse – das war für ein Kind nicht immer angenehm –, aber er war trotzdem ausgesprochen gütig. Er war katholischer Priester und verbrachte des Öfteren seine Ferien bei uns in Dornhennersdorf. Dann marschierte er jeden Tag in das benachbarte Seitendorf und las dort in der Kirche die heilige Messe. Onkel August war der Bruder meiner Mutter. Zum Schluss hatte er eine Pfarrei in Rathenow bei Berlin; zu seinen dortigen Aufgaben gehörte auch die seelsorgerische Betreuung eines Lagers mit polnischen Zwangsarbeiterinnen. Er stritt sich mit den Nazi-Behörden, weil sie ihm nicht erlaubten, dort Gottesdienste abzuhalten. Er setzte sich aber darüber hinweg und hielt trotzdem im Lager Messen. Daraufhin schickte man Spitzel auch in die Gottesdienste in seiner Pfarrkirche und protokollierte seine Predigten. Und er konnte sehr eindringlich und geradezu drastisch predigen, für jedermann verständlich, natürlich auch für die Gestapo! Schließlich verbot man ihm auch, den Lagerinsassen die Beichte abzunehmen. Und da erteilte er dort kurzerhand während der Messe allen Anwesenden eine Generalabsolution. Es war klar, dass man so einen Mann nicht lange ungeschoren lassen würde. Man wartete nur auf eine Gelegenheit. Und sie kam!

Als einige Frauen, es waren wohl Schwangere, nicht mehr voll arbeiten konnten, schlug man sie zusammen. Er kam gerade dazu. Er, der baumlange und athletische ehemalige Weltkriegsoffizier, sprang dazwischen und verhinderte weitere Misshandlungen. Man steckte ihn deshalb für einige Monate ins Gefängnis. Er litt darunter und hielt das für ehrenrührig. Man ließ ihn diese »Schande« auch spüren. Irgendjemand hat ihn sogar als »Zuchthäusler« bezeichnet.

Ehre hin oder her, kaum hatte man ihn entlassen, trat er erneut für diese Frauen und ihre religiösen Belange ein. Er protestierte mündlich und schriftlich.

Daraufhin besuchten ihn zwei Gestapobeamte, sprachen mit ihm über die Behandlung der Zwangsarbeiterinnen und gaben sich verständnisvoll. Er, dem man im Ersten Weltkrieg durch den Oberkiefer geschossen und ein Bajonett in den Bauch gerammt hatte, kannte keine Furcht und sagte, was er von den Zuständen im Lager hielt, erzählte von christlicher Nächstenliebe, die für jeden Menschen gelte, auch für Polen. Außerdem hätte ja der Führer in einer seiner letzten Reden gesagt, dass er ein religiöser Mensch sei, der an die Vorsehung glaube. Nun, ein religiöser Mensch hätte doch eine Verantwortung für seine Mitmenschen. Das würde der Führer doch sicher auch so sehen! Die Gestapobeamten lächelten und verabschiedeten sich freundlichst von ihm.

Am 28. Juli 1941 brachte man ihn ins Gefängnis nach Potsdam und von dort ins KZ Buchenwald in die Strafkompanie. Auf einer Seite seines Breviers, das er in Potsdam zurücklassen musste, fand man die Notiz: »Lebt wohl! Morgen früh komme ich weg. KZ. Ich vertraue auf Gott. Vertraut auch, seid nicht klein! Gott weiß, was er will! Ich komme wieder ... Grüßt mir meine Schwester und alle anderen ... Kopf hoch! Auf Wiedersehen.«

In Buchenwald log man ihm vor, er könne wegen seines schlechten Allgemeinzustandes nicht entlassen werden und müsse daher zur »Erholung« ins KZ Dachau. Meine Mutter erhielt noch einige zensierte Briefe von ihm. Manche Stellen waren zur Unleserlichkeit geschwärzt oder herausgeschnitten. Er hatte mit meiner Mutter verabredet: »Wenn ich schreibe, die Daumen zeigen nach unten, dann geht es mir schlecht.« In seinem vorletzten Brief aus Dachau stand: »Wir haben jetzt viel zu arbeiten und müssen zu neuem Schaffen die Finger krumm machen …« Was mag er gelitten haben? Die letzte Nachricht, die er am 30. Mai 1942 mit schon völlig veränderten Schriftzügen seiner Schwester zuschicken konnte, war nur noch Abschied: »Seid nicht traurig um mich!«

Am 22. Juni 1942 starb er, zum Skelett abgemagert, im KZ Dachau.

Der Tod wurde meiner Mutter wie eine Aktennotiz ohne Nennung der Todesursache mitgeteilt.

War er naiv gewesen, so naiv, gegen dieses Regime anzutreten und sich noch dazu für Nichtdeutsche einzusetzen? Nein! Ihm waren alle Menschen vor Gott gleich, Deutsche wie Polen. Er war der Überzeugung, es müsse Menschen geben, die den Mut hätten, die Wahrheit, die ganze Wahrheit zu sagen, auch wenn es wehtun könne. Ihm hat es wehgetan! Sehr wehgetan, bis zum bitteren Ende wehgetan! Ich meine, die katholische Kirche sollte ihn selig sprechen.

Man hat meinen Onkel offenbar verhungern lassen. Schließlich war er tot zusammengebrochen. Man schnitt ihm den Kopf ab, stellte diesen in einem Plastikkragen auf einen Tisch und setzte ihm einen Lorbeerkranz auf.

Meine Mutter wurde zur Identifizierung geladen. Ein SS-Offizier begleitete sie und stieß sie weiter, als sie stehen blieb, während eine Gruppe von Häftlingen vorbeimarschierte und das Lied singen musste: »Lore, Lore, Lore, schön sind die Mädchen …« Trotzdem glaubte sie, unter ihnen unseren ehemaligen Kaplan aus Seitendorf erkannt zu haben.

Man führte sie in einen kleinen, abgedunkelten Raum. Da sah sie es: Das bis zur Unkenntlichkeit abgemagerte Gesicht ihres Bruders war über und über mit Geschwüren bedeckt. Meine Mutter, die ihren Bruder, nein den Kopf ihres Bruders, nur noch an der alten, von seiner Kriegsverletzung herrührenden Narbe im Gesicht erkannte, stammelte: »Mein Gott! Mein Gott! Warum denn das?! Nein! Das kann nicht wahr sein! Ach Gott, das ist er, mein Bruder, mein armer Bruder.« Dann sagte sie zähneknirschend zu dem daneben stehenden SS-Offizier: »Auch er war ein Offizier.« Der SS-Offizier erwiderte kalt: »Warum war er dann hier?« Meine Mutter antwortete müde: »Er war eben nicht wie Sie.«

Das war nicht gut gewesen. Man handelte rasch, verbot meiner Mutter die Rückfahrt und sperrte sie in einen zellenähnlichen Raum. Nach stundenlangem Warten holte man sie wegen Beleidigung eines Offiziers und antinationalsozialistischer Äußerung zum Verhör. Dabei begegnete sie auf der Treppe einem früheren Bekannten, der inzwischen einen hohen SS-Rang hatte. So erschrocken sie über diese Tatsache war, so war dieser Mann doch ihr Glück. Er erkannte sie und fragte verblüfft: »Das darf doch nicht wahr sein, Frau Kutscha, was wollen Sie denn hier?« »Wollen? Ich will nach Hause! Ich habe nichts verbrochen«, sagte sie verzweifelt, »ich habe nur gesagt …« Er winkte ab: »Seien Sie lieber still! Ich sehe schon, das ist etwas für mich. Das ist kein Routinefall.« Dann übernahm er kurzerhand den »Fall« und schickte den sie begleitenden Wärter mit einer kurzen Handbewegung weg und brachte meine Mutter in sein mit dem Führerbild geschmücktes Zimmer. Es gelang ihm, sich in den Vorgang einzuschalten und die Äußerung meiner Mutter als lächerlich hinzustellen und mit einem zwar weibischen, aber verständlichen Gefühlsschock oder Ähnlichem zu erklären, auf keinen Fall sei eine Beleidigung des Offiziers oder des Nationalsozialismus beabsichtigt gewesen.

Daraufhin händigte man ihr einige mit Blut getränkte Kleidungsstücke ihres Bruders aus, stumme, letzte Zeugen seines Leidens. Man zwang sie zu unterschreiben, dass sie niemandem von dem hier Gesehenen erzählen würde, im anderen Falle habe sie mit ernsten Konsequenzen zu rechnen, und schickte sie glücklicherweise wieder nach Hause.

Ich habe diesen mutigen Mann, der meine Mutter gerettet hat, nicht gekannt und nie mehr etwas von ihm gehört. Aber ich bin ihm heute noch dankbar. Damals konnten wir ihm leider nicht zeigen, wie wir empfanden. Hoffentlich hat man ihm diese gute Tat später angerechnet. Sie war ja für ihn ein nicht gerade kleines Risiko. Meine Mutter soll nach ihrer Rückkehr grimmig zu meinem Vater gesagt haben: »Gut, dass es unter Schweinen manchmal Menschen gibt.«

Man schickte eine Urne (»August Froehlich, die Aschenreste«, wie man mitteilte) nach Berlin. Eine offizielle Beerdigung und Trauerbegleitung wurde verboten. Aber es kamen Hunderte, stumm protestierende Menschen! Hätten sie schreien sollen? Hätten sie protestieren sollen? Wozu? Wem hätte das genützt? Man wagte aber zu spielen: »Selig, die Verfolgung leiden …«

An all die Geschehnisse mag meine Mutter gedacht

haben, als sie so sinnend vor sich hinsah. Ja, das waren damals schlimme Tage gewesen. Es durfte nicht darüber gesprochen werden; denn die Schwester eines »KZlers« zu sein ... Erst gegen Kriegsende hat sie uns alles erzählt.

Vor einigen Monaten erhielt ich die Mitteilung, dass ihm die polnische Gemeinde in der Kirche des ehemalig deutschen Dramburg, in der er einst Kaplan gewesen war, eine Gedenktafel in Deutsch und Polnisch aufgestellt habe ... In Berlin wurde inzwischen eine Straße nach ihm benannt. Schade, dass meine Mutter das nicht mehr erlebt hat.

Ich lese bedrückt weiter.

»Ein Unglückstag«, sagte meine Mutter schließlich mit brüchiger Stimme: »Wo mag Gisela jetzt sein?« Niemand antwortete. Wir aßen schweigend. Jeder hing seinen Gedanken nach. Ja, wo mochten nun alle sein? Mein Vater sagte unvermittelt: »Na, was denkst du, Gisela wird sicher bei Schöners untergekommen sein, sicher. Da brauchen wir uns keine Sorgen zu machen. Mein alter Freund Felix! Seine Frau wird an unsere Freundschaft und an vergangene, schöne Tage denken und sich gut um Gisela kümmern. Daran zweifle ich keinen Moment.«

Dr. Felix Schöner war ein Freund meines Vaters gewesen. An Wochenenden hatten sie sich getroffen, zusammen mit dem Apotheker Skat gespielt, philosophiert, aber auch besorgt über die Entwicklung im nationalsozialistischen Deutschland gesprochen und über die Ohnmacht, etwas dagegen zu tun. Wie ohnmächtig man war, bekamen sie bald selbst zu spüren. Völlig unerwartet bekam Dr. Schöner eine Depression.

Die Nazis steckten ihn, ohne lange zu warten, in eine Irrenanstalt in Schweidnitz. Mein Vater durfte ihn einige Male in der geschlossenen Anstalt besuchen. Dr. Schöner hatte sich jedes Mal wie ein Kind darüber gefreut. Er war kein Irrer! Doch er wurde nach kurzer Zeit im Rahmen der »Euthanasie« umgebracht. Ein depressiver Mensch passte nicht in die »Volksgemeinschaft«. »Unwertes« Leben! Natürlich wurde die Todesursache nicht bekannt gegeben. Er sei eben »am Herzen« gestorben. Nur so durfte man seinen Tod uns Kindern erklären.

Mit Frau Schöner hatten wir auch weiterhin gute Freundschaft. Ich war zusammen mit ihrem Sohn Peter ins Gymnasium in Zittau gegangen und hatte oft mit ihm im Garten der Schöners oder bei uns zu Hause Indianer gespielt. Ja klar, Gisela würde bei Schöners sicher und gut unterkommen, natürlich, dachten wir und beruhigten uns bei diesem Gedanken. Wir wussten ja nicht, dass sie von Frau Schöner abgewiesen wurde mit der Begründung, sie hätte schon jemanden aufgenommen.

Gisela musste dann mit dem Leiterwagen weiterziehen, weiter in die nächste Stadt, nach Zittau, um dort um Aufnahme zu bitten. Eine Familie Vogt, mit der wir weniger eng befreundet waren, nahm sie dort auf. Frau Vogt hatte zum Fenster hinausgeschaut und Gisela vorbeiziehen sehen. Ob sie die leise Bitte in den müden Augen sah? Nun, Gisela war nicht auf den Mund gefallen und wird sie wohl auch gefragt haben. Jedenfalls begriff Frau Vogt sofort und zögerte nicht: »Komm, Kind«, rief sie der Zwanzigjährigen zu. »Komm zu uns!« Vier Monate später würden diese

Vogts auch mich für fast drei Jahre aufnehmen. Ich hatte sie bis dahin gar nicht gekannt, doch sie nahmen mich trotzdem auf. Ich war damals in der Pubertät, also sicher nicht ganz leicht zu haben und wohl durch die harten Erlebnisse auch ein wenig wildwüchsig. Aber die Vogts hatten drei erwachsene Söhne (einer war gefallen). Sie verstanden es also, mit einem Jungen wie mir umzugehen, ihn zu leiten und (ich denke schon, dass es so war) auch zu erdulden. Ich glaube, ich habe es ihnen nie gebührend gedankt.

Mein Vater lächelte bei dem trügerischen Gedanken, dass seine Tochter sicher gut untergekommen sei. Er holte eine Flasche Danziger Goldwasser aus dem Schrank, goss seiner Frau und Hanne (immerhin 22 Jahre alt) ein flaches Likörgläschen voll, und mir sogar auch ein halbes, obwohl ich mit meinen 14 Jahren dafür eigentlich noch viel zu jung war. Für mich war das ein Zeichen, dass man mich inzwischen für ein bisschen erwachsen hielt! Mit etwas gezwungener Fröhlichkeit sagte er dann: »Auf uns alle, auch auf Gisela und Schöners! Schön, dass man noch Freunde hat in diesen Zeiten!« … Später würde er sagen: »Freunde in der Not …«

Wie wir so dasaßen und sinnierten, drängte sich unser Hund zwischen uns.

Ach ja, unser Hund, unser Seppl, wir hatten ihn unter dem Druck der Ereignisse vernachlässigt und fast vergessen! Er hatte offensichtlich Hunger. Wir behaupteten, er sei ein Spitz, in Wirklichkeit war er eine Mischung, sozusagen aus vieler Herren Länder. Schwarz mit weißer Brust, kleine Schlappohren, etwas zu hohe Beine, aber mit Ringelschwanz. Wir fanden ihn schön! Womit sich mal wieder zeigte, dass Schönheit ein relativer Begriff ist. Seppl war wild und aggressiv wie ein Wolfshund, und unsere Versicherung hat so manches Mal dafür bezahlen müssen! Auf jeden Fall war er robust, nie krank und konnte – wenn er nur genügend Hunger hatte – alles fressen, in der Not auch trockenes Brot.

Fremde teilte er in zwei Kategorien ein: Die einen bellte er an, bis sie auf einem Stuhl in unserem Hause saßen, die anderen, die ihm anscheinend unsympathischer waren, ließ er auch im Sitzen nicht in Ruhe. Soldaten hasste er wie die Pest. Als die Rote Armee einmarschierte, drang ein kleiner, dickbäuchiger Mongole in unser Haus ein und wollte über meine Mutter herfallen. Mutter schrie wie am Spieß, Seppl bellte, was er konnte, und sprang den Soldaten derart wütend kläffend an und biss ihn in die Wade, dass dieser seine Gelüste verlor und schleunigst das Haus verließ. Wir verschlossen blitzschnell die Tür. Draußen schnappte sich der Soldat sein Gewehr (er hatte es glücklicherweise an die Hauswand gelehnt, wohl um bei seinem Vorhaben nicht behindert zu sein) und ballerte laut fluchend drauflos, vielleicht um sein angekratztes Selbstbewusstsein wieder aufzupolieren. Ein paar Schüsse krachten in unsere Haustür, einige Scheiben barsten. Wahrscheinlich wäre er zurückgekommen und hätte die Tür eingeschlagen. Doch da kam uns der Zufall zu Hilfe. Durch die Schüsse aufgeschreckt, ging sein kleines Panjepferd mit allen vieren in die Höhe, so dass es ihn mitriss und er es erst in einiger Entfernung zum Stehen bringen konnte. Er hatte sichtlich Mühe aufzusteigen. Kaum hatte er seinen dicken Bauch auf dem

Pferd platziert, galoppierte es schon wild davon. Gott sei Dank! Wir waren ihn los. Unser Seppl war bei den Schüssen unter einen Tisch gesprungen. Das war denn doch zu viel für ihn gewesen! Jetzt kam er ein wenig verlegen und schweifwedelnd hervor und schmiegte sich an sein Frauchen. Er war der Held des Tages und bekam das letzte Stückchen Wurst.

Ein Psychologe sagte mir später einmal, die Menschen liebten ihre Haustiere, besonders Hunde, deshalb so, weil diese ihr Herrchen bedingungslos liebten. Nun, unser Seppl zeigte keine bedingungslose Liebe. Er wollte verwöhnt werden, dann war er auch freundlich. Und erstaunlicherweise gingen wir ziemlich oft auf seine Bedingungen ein. Er ließ es uns aber auch umgehend spüren, wenn er unzufrieden war! Vor mir hatte er übrigens grundsätzlich wenig Respekt. Einmal hat er mich sogar gebissen. Mein Vater warf ihn dafür in das Nachbarzimmer. Das hat er verstanden und kein zweites Mal zugebissen. Fortan knurrte er mich höchstens noch an, was ich ihm dann aber gleichtat.

Ja, diesen Seppl hatten wir vergessen! Meine Mutter machte ein schuldbewusstes Gesicht und eilte in die Küche, um ihm etwas zu fressen zu geben. »Den Schinken und den Rest Presssack gibst du ihm aber nicht!«, rief ihr mein Vater noch nach. Ich nehme an, sie hat sich nicht daran gehalten.

Wir gingen schlafen, das heißt, wir legten uns in die Betten. Von Schlafen konnte indes keine Rede sein, denn die Kühe der Nachbarn brüllten. Im Schulaufsatz hätte ich wohl schreiben müssen: »Die Kühe muhten.« Das war vornehmer; aber sie muhten nur kurze Zeit. Dann brüllten sie. Ungeduldig, schließlich zornig und dauernd. Warum wohl? Ganz einfach, sie waren nicht gefüttert worden, und niemand hatte sie gemolken. Sie hatten Hunger, und die vollen Euter schmerzten. Mein Vater kam in mein Zimmer. »Kannst du auch nicht schlafen? Das ist ja fürchterlich! Wie kriegen wir nur die Biester ruhig?«, fragte er stirnrunzelnd. Das imponierte mir ungeheuer, dass mein Vater mich um Rat fragte. Doch meine Mutter kam mir zuvor, sie stand im wehenden Nachthemd hinter meinem Vater: »Mensch, Junge, du kannst doch melken! Geh doch und melke die Kühe! Sonst tun wir kein Auge zu«, rief sie energisch. Das sah ich sofort ein. Außerdem sah ich darin eine willkommene Ablenkung, um den entsetzlichen Tag für kurze Zeit vergessen zu können.

Ich sprang aus dem Bett und rannte im Schlafanzug zu unserem nächstgelegenen Nachbarn, zum Heidrichbauer. Die Türen waren nicht verschlossen. Warum hätten sie das auch sein sollen? Für einen Moment spürte ich ein würgendes Gefühl im Hals, ich dachte an den vergangenen Tag. Doch dann riss ich die Stalltür auf.

Die Kühe drehten wie auf Kommando ihre Köpfe zu mir. Ich hatte den Eindruck, sie lächelten mir dankbar zu. »So ein Quatsch«, dachte ich sofort, »das geht ja nicht.« Schließlich wusste ich bereits aus dem Biologieunterricht, dass Tiere keine mimische Muskulatur besitzen. Also, wie sollten sie lächeln? Trotzdem, sie lächelten in der trüben Stallbeleuchtung, sie kannten mich schließlich, und ich kannte sie alle mit Namen. Ich holte mir einen Melkschemel und einen Eimer. »Ho, Emma, geh bissel rüber, Emma!« Ich klatschte der Ersten aufs Hinterteil. Sie ging bereitwillig etwas zur Seite und los ging's.

Welcher Junge kann heute noch melken? Die Technik will gelernt sein. Wenn man es ungeschickt anstellt, kann es Ärger geben: Entweder gibt die Kuh die Milch nicht her, oder sie zieht dem Melker eines mit dem Schwanz über, was durchaus unangenehm sein kann. Bei mir ging an diesem Abend aber alles glatt. Sicher war ich nicht so geschickt wie die Bäuerin, aber die Kuh war bestimmt froh, den lästigen Druck im Euter losgeworden zu sein.

Die zweite Kuh habe ich dann einfach auf den Boden gemolken; was hätten wir auch mit der vielen Milch anfangen sollen? In diesem Moment dachte ich nicht daran, dass jenseits der Grenze die Leute viel Geld für etwas Milch zahlten und dass auch ich mich später einmal nach einem Glas Milch sehnen würde. Es hätte ja auch nichts genützt, und so floss die Milch auf den Boden zwischen die Kuhexkremente, die dadurch auch nicht besser rochen. Dann ließ ich die Kühe ins Freie. Sie brüllten jetzt nicht mehr und begannen sofort genüsslich zu grasen.

»Gut gemacht, mein Junge«, sagte meine Mutter, als ich zurückkam und die Kühe still waren. »Aber zum Donnerwetter, das ist nicht zum Aushalten! Du stinkst ja fürchterlich nach Mist und Stall, pfui Teufel!« »Du wirst lachen, aber da war ich auch eben«, erwiderte ich trocken. Ich war natürlich barfuß in den Stall gegangen, und dort war überdies den ganzen Tag nicht gemistet worden. Das hatte zur Folge, dass nun einige »Kleinigkeiten« an meinen Füßen klebten, die meiner Mutter optisch und geruchsmäßig missfielen.

»Gut«, sagte ich ergeben, »ich wasche mich freiwillig.« Dann konnten wir alle schlafen, obwohl meine Schwester Hanne behauptete, ich stänke immer noch. Ich antwortete mit der passenden »Freundlichkeit« unter Geschwistern: »Das liegt an deiner Nase, halte dir eben das Ding zu oder rieche woanders hin!« Wir lachten. Oh, das tat gut!

Konnte man nach einem solchen Tag wirklich schlafen? In einem leeren Dorf? Es war gespenstisch: einst so vertraut und jetzt nur noch leer und tot. Ja, alles war tot. Der nächtliche Schrei eines Uhus oder Käuzchens durchbrach die Stille und unterstrich nur noch auf unheimliche Weise die Einsamkeit, in der wir uns plötzlich befanden. Schrecklich war auch das Geheul der alleingelassenen Hunde. Und dennoch vergingen diese Gefühle allmählich: Ich war einfach viel zu müde und erschöpft, um noch länger in die Nacht hinauszulauschen. Nach diesem Tag vergaß ich auch meine intensive religiöse Erziehung, die mir meine Mutter hatte angedeihen lassen, und ließ das obligatorische Nachtgebet viel kürzer ausfallen als sonst. Dafür war es umso inniger: »Herrgott mach doch bitte alles wieder, wie es war, bitte!« Dann fiel ich in einen tiefen Schlaf.

Leider erfüllte der liebe Gott diesen auch später immer wieder von ganzem Herzen vorgetragenen Wunsch nicht. Aber er ließ uns die Hoffnung! Er ließ sie uns, bis wir reif waren zu verzichten, bis wir alt genug waren zu begreifen, dass unsere Wünsche im großen Weltenplan viel zu klein und unbedeutend waren, um Gehör zu finden.

Der Tag danach

Im Schlaf war alles in Ordnung gewesen. Aber nächsten Tag stand die Wahrheit wieder erbarmungslos vor der Tür. Ich sah zu meinem Mansardenfenster hinaus. Die Sonne schien. Schön! Schön? Nein, heute nicht schön! Zwar glitzerte der Tau auf den Wiesen, duftende Sommerluft drang in meine Nase, und die Pappeln schwankten leicht im Wind. Aber es war still, und das war nicht die morgendliche Ruhe vor dem Erwachen des Dorfes. Es war ja niemand mehr da, der da draußen noch erwachen sollte!

Ich zog rasch Hemd und Hose an, ohne mich zu waschen (meine Mutter hat es nicht gemerkt!), und wollte wie immer schnell die Treppe hinunter und in den Garten rennen. Da sah ich, dass meine Eltern schon im Wohnzimmer saßen, nicht im Esszimmer. Sie hatten ja keinen Appetit. Sie schauten bedrückend ernst. »Guten Morgen, Junge«, sagte meine Mutter leise. Sie sah müde aus, viel älter als gestern. »Bist du schon wach? Setz dich zu uns! Wir haben uns gerade gefragt: Wird es uns jetzt besser oder schlechter gehen als den anderen, als Friedrichs und Heidrichs, als …?« Sie sah verloren in die Ferne. »Warum haben die Polen uns eigentlich hier behalten?«, fragte sie nach einer Weile. Mein Vater schaute zum Fenster hinaus, so als ginge ihn das Ganze nichts an.

Plötzlich wandte er sich um und sagte bitter: »Jedenfalls nicht aus Nächstenliebe. Die Polen haben zu wenig Ärzte. Wahrscheinlich wollen sie einen hier behalten. Einer von den Zwangsarbeitern wird ihnen gesagt haben, wer hier Arzt ist. Wenn sie mich nicht mehr brauchen, werden sie auch uns davonjagen.« Er hatte wohl Recht. Ich sah zum Heidrichbauer hinüber, zum Altmannbauer, zum Friedrichbauer. Alles schien so leer, nein, nein, es war leer. »Wann kommen sie wieder? Wann?«, fragte ich.

Diese Frage haben wir noch oft gestellt, selbst dann noch, als sie schon längst unsinnig geworden war. Meine Mutter seufzte tief. Noch ehe sie antworten konnte, brüllten plötzlich wieder Kühe, wie auf ein Kommando. Diesmal waren es die der anderen Nachbarn. Ungeduldig, laut, fast böse. Dabei rasselten sie mit ihren Ketten.

»Die hat niemand gefüttert«, sagte mein Vater, und dann lachte er auf einmal. »Los, geh, gib ihnen Futter!« Das war für mich kein Problem. Ich hatte oft beim Füttern geholfen. Da wusste ich Bescheid! Besser als bei Latein und Mathematik! Klar, das würde ich gleich erledigen. Ich hatte doch erst neulich mit Bruno und Karl, als der Bauer und die Bäuerin noch auf dem Feld waren ... Plötzlich hielt ich inne: Ja, Herrgott noch einmal, natürlich, Bruno und Karl! Wo mochten die denn jetzt sein? Da war sie wieder, die Wirklichkeit!

Bedrückt schaute ich zum Fenster hinaus. Doch dann überlegte ich, wie ich das mit dem Füttern wohl machen sollte. »Füttern hat keinen Sinn«, sagte ich laut und kam mir dabei recht klug vor. »Ich kann nicht täglich alle Viecher füttern. Da bin ich wochenlang beschäftigt. Am besten ist es, wenn ich sie alle freilasse. Die sollen sich ihr Futter selber suchen! Wenn die Leute dann wiederkommen, müssen wir eben alle Kühe wieder einfangen.«

Dann rannte ich hinüber zum Altmannbauer. Die

Haustür war offen wie immer. In unserem Dorf schloss man tagsüber selten die Türen ab. Wer sollte schon etwas stehlen? Man kannte sich. Wir Kinder klauten Äpfel und Birnen, wenn es ging, auch Erdbeeren. Auch da kannte man sich! Es gab ein ungeschriebenes Gesetz, bei wem man nicht klauen durfte: bei den Freunden. Mit denen und bei denen klaute man nur gemeinsam, dann allerdings auch im eigenen Garten.

Ich ließ also alle Tiere frei, bis auf einige Hühner; denn wir wollten natürlich Eier haben. Beim Posseltbauer machte ich mich vorsichtig auch an den Dorfbullen ran, den manche Dorfbewohner scherzhaft den »Bürgermeister« genannt hatten, zum Leidwesen des echten Bürgermeisters natürlich. Der hungrige »Bürgermeister« schnaubte, sah mich mit seinen leicht blutunterlaufenen Augen misstrauisch an und bewegte sich unruhig mit klirrender Kette hin und her. Meine beruhigenden Worte nahm er nicht sonderlich zur Kenntnis. Es war wirklich nicht ungefährlich, an seiner Kette zu hantieren, ein kurzer Schritt seitwärts, und er hätte mich an die Wand gequetscht. Endlich war er frei. Ich sprang rasch nach hinten. Er trottete zur Stalltür, drehte sich kurz um und sah mich noch einmal grimmig an, wie wenn er mir sagen wollte: »Klar, hier habe ich das Sagen.« Ich nickte ihm bestätigend zu. Später bin ich ihm nochmals auf der Dorfstraße begegnet. Er hatte sich quer gestellt und mich offensichtlich erwartet. Nach einer kurzen Betrachtung war es ihm wohl klar, dass ich kein ernst zu nehmender Gegner und erst recht kein Konkurrent war. So ließ er mich brummend passieren.

Ich ging weiter zu Gäbler-Julchen, unserem Friedensrichter (ein Ehrenamt – ich weiß nicht, ob er jemals gerichtet hat). Wir hatten jedenfalls wenig Respekt vor ihm. Wenn ich damals schon gewusst hätte, dass Julchen von Julius kam und dass der berühmte Cäsar auch Julius hieß und dass das Geschlecht der Julier …, dann wäre ich vielleicht respektvoller mit ihm umgegangen. Ich hatte keine Ahnung, womit er seinen Lebensunterhalt verdiente. Aber jeder wusste, dass Gäbler-Julchen nicht nur eine größere Anzahl von Ziegen und einige Schafe besaß und dass deren strenger Geruch über seinem ganzen Haus lag, sondern dass er diesen »Duft« auch selbst angenommen hatte. Man konnte ihn sozusagen schon von weitem wittern. Einmal war er zu uns gekommen, um zu telefonieren, weil er selbst kein Telefon besaß. Da stand er also in unserem Flur und dünstete sein eindringliches Ziegenaroma aus. Just in diesem Moment kam meine bekanntlich sehr geruchsempfindliche Mutter nach Hause und rief entsetzt: »Wieso stinkt es hier so grausam nach Ziege? Das ist ja nicht zum Aushalten!«

Ich sprang ihr entgegen und versuchte verzweifelt mit fuchtelnden Armen und bedeutsam verzerrtem Gesicht, sie zum Schweigen zu bringen, und flüsterte: »Mensch! Julchennnn!« Sie stand aber völlig auf der Leitung und rief mit unverminderter Lautstärke: »Ja, du hast Recht, Junge, es stinkt hier wie bei Julchen.« »Erde, öffne dich!«, dachte ich. Und meine Mutter wäre wohl am liebsten gleich in so einem Erdspalt verschwunden, als sie jetzt endlich sah, wen wir zu Gast hatten! Sonst nie um Worte verlegen, stotterte sie los: »Äääh, ich wollte sagen, ääh … ich meine … ich hätte nur … na ja …« Es war zwecklos, in dieser Situation konnte einfach nichts Gescheites aus ihr herauskommen! So hilflos und mit knallrotem Kopf hatte ich meine Mutter noch nie erlebt! Ich sah in Julchens Augen ein kurzes Funkeln. Aber er war ja, er war ja unser Friedensrichter! Also verzog er seinen breitlippigen Mund zu einem noch breiteren Lächeln und genoss sichtlich die Situation. Dann ging er freundlich auf meine Mutter zu und quittierte das Stammeln: »Ich weiß, meine Ziegen, aber sie haben eben ihren Geruch wie wir Menschen den unsrigen!« Meine um Fassung ringende Mutter atmete flach. »Jaja, natürlich, es ist ja auch gar nicht so schlimm«, log sie. Julchen lächelte scheinbar verständnisvoll, nickte meiner zurückweichenden Mutter höflich zu und ging. Die Duftwolke ließ er da. Mutter riss umgehend mehrere Fenster auf, atmete geräuschvoll tief durch und sagte grimmig: »Lach nicht so blöd!« Ich hatte ihr dazu reichlichen Anlass gegeben. Jetzt musste ich mich anschicken, flink unter der mir zugedachten Ohrfeige hinwegzutauchen.

Diese Szene kam mir unwillkürlich in den Sinn, als ich Julchens Stalltür öffnete. Beißender Gestank schlug mir entgegen und verwandelte das leichte Schmunzeln auf meinen Lippen umgehend in eine vom Ekel gezeichnete Grimasse. Die Ausdünstungen nahmen mir fast den Atem.

Tapfer ging ich dennoch in den Stall, in den »Stinksalon«, wie wir spöttisch sagten. Zunächst melkte ich auch diese armen Tiere. Die Milch ließ ich freilich da, weil meine Eltern Ziegenmilch hassten, wohl eben des Geruchs wegen. Mir fiel ein Schaf auf, das keine Milch, aber merkwürdig verschmierte Zitzen hatte. Später sah ich den Grund: Das anscheinend intelligentere Tier lehnte sich an eine Wand, hob ein Hinterbein und melkte sich mit seinem Maul selbst. Was es nicht alles gibt!

Ich ließ auch diese Tiere frei, einschließlich des Zuchtbocks, des Superstinkers, der mich misstrauisch anstarrte. Er war wohl brunftig. Jedenfalls stank er entsetzlich! Kaum war er frei, ging er in Angriffsstellung über, das heißt er stellte sich auf die Hinterbeine, hielt den Kopf leicht schräg und gesenkt, um sich dann auf mich herabfallen zu lassen, in der Art, wie Böcke in der Brunftzeit miteinander zu kämpfen pflegen. Zumindest versuchte er es. Ich kannte aber dieses Gebaren und sprang rasch zur Seite. Ungerührt setzte er zum nächsten Angriff an. Was wollte er bloß von mir? Schließlich war ich kein Konkurrent, oder stank ich etwa ebenso wie er? Ich warf ihm eine Ladung Stroh auf den Kopf und rannte davon, er hinterher. Als er dann aber seine Ziegendamen von mir unbelästigt sah, beruhigte er sich wieder und ließ mich schließlich in Frieden. Oder vielleicht stank ich doch nicht genug! Ich hielt es für besser, der Sache nicht weiter auf den Grund zu gehen, und verließ schleunigst das Reich von Gäbler-Julchen. Das fürchterliche Gemecker und Geblöke der befreiten Tiere schallte mir noch lange nach.

So lief ich weiter durch das gespenstisch leere Dorf. Ich ging auch in die leeren Wohnungen. Die meisten kannte ich ja. Ich weiß nicht, warum ich das tat. Trieb mich die Erinnerung? Vielleicht hoffte ich, noch jemand zu sehen.

Ich kam wieder zu Altmanns und ging nun in deren bescheidene Wohnung. Ja, da stand tatsächlich noch das angefangene Frühstück mit der halb leeren Mehlsuppenschüssel auf dem Tisch. Man hatte die Leute einfach weggejagt. Dicke Fliegen saßen auf den angebissenen Marmeladen- und Schmalzbroten. Widerlich! Verschüttete Milch war bis unter den Tisch gelaufen und gab einen säuerlichen Duft ab. Am Fußboden lagen ein paar anscheinend in der Hetze vergessene Kleidungsstücke, ein paar Handtücher und die Scherben einer Tasse. Die Küchenschranktür stand weit offen. Alles roch nach Elend, und das war es auch: Elend, Elend …

In den Schlafzimmern waren die Betten nicht gemacht. Natürlich! Wie hätte man auch in der Eile die Betten machen sollen? Und warum? Das war alles unwichtig geworden. Auf manchem Plumeau hatten es sich Hunde oder Katzen bequem gemacht. Ein alter Kater streckte mir fauchend seine Krallen entgegen. Aus diesem Bett wollte er nicht mehr heraus!

Da war die Wohnstube. Das einzige Zimmer, in dem man tagsüber lebte, aß und trank, lachte und weinte. Die Kinder machten dort Schularbeiten. Da stand das große Sofa (Kompie im Dialekt genannt, wohl von Kanapee abgeleitet), auf das sich die Kinder legten, wenn sie körperliche oder auch seelische Schmerzen hatten. Als ich mich so umschaute, hörte ich plötzlich schlurfende Schritte auf dem Flur. Was war das? Waren sie zurückgekommen?

Ich stieß hastig die etwas wurmstichige Holztür auf: Da stand der uralte Großvater Altmann! War er uralt? Für einen 14-Jährigen sind alle Menschen über 40 schon alt und die über 70 bereits uralt. Ich kann es also nicht genau sagen. Er grinste mich jedenfalls verschmitzt an: »Ich bie dogliebn, ich will abn doheeme starbn«, murmelte er in unserem Dialekt, den ich zum Leidwesen meiner Mutter perfekt beherrschte und auch meist sprach. (Bei meinen Eltern und in der Schule sprach ich Hochdeutsch. Ich glaubte das jedenfalls. Ja, unser schöner Oberlausitzer Dialekt mit dem unnachahmlichen »ERR«! Wir rollten das ERR wie die Amerikaner. Man sagte uns spöttisch nach, wir würden diesen Laut quirlen und imitierte uns, indem man sagte, wir »kuwirlten« es. Gelegentlich bezeichnete man uns deshalb auch als »Oberlausitzer Edelroller«.)

Der alte Altmann hatte allerdings nur unseren Dialekt richtig gelernt, während er mit dem Hochdeutschen so seine Probleme hatte. Aber er wusste ja auch, dass ich ihn problemlos verstand. Nun sah er mich also unverwandt an und berichtete mit leicht zittriger Stimme, dass er sich zunächst einige Stunden lang versteckt habe. Auch jetzt traue er sich nur vorsichtig heraus. Nun, Verstecke gab es in unserem alten Bauernhof wahrlich genug. Und so hatten natürlich auch noch andere versucht, unbemerkt hier zu bleiben. Doch sie wurden alle bald entdeckt, und dann erging es ihnen nicht gerade gut. Sie wurden wie Vieh aus ihren Verstecken herausgetrieben und meist auch geschlagen.

Er aber hatte Glück gehabt (wirklich Glück?). Die Polen hatten wohl nicht eigens nach ihm gesucht, nachdem sie gesehen hatten, dass eine Großfamilie von zwölf Leuten den Hof verließ. Nun hatte er Hunger und Durst. Ich brachte ihm einen Topf Milch. Davon hatte ich ja wahrlich genug. Nur das Brot wurde knapp. Ich fragte ihn, ob ich hier vielleicht etwas Mehl finden könne. Im Keller müsse noch ein Sack Roggenmehl stehen, entgegnete er. Dann fragte er spöttisch, ob ich denn Brot backen wolle. Zugegeben, das konnte ich nicht, aber meiner Mutter traute ich es schon zu. In praktischen Dingen war sie unschlagbar. Außerdem dachte ich, dass sie als Tochter eines Mehlgroßhändlers sicherlich auch in der Lage sein müsste, Brot zu backen. Das sagte ich mit Stolz dem Alten. Daraufhin schlurfte er mit mir in den Keller.

Tatsächlich, da stand ein voller Sack! Aber wie lange würde das reichen? Egal, zunächst hatten wir Mehl! Na, und irgendwie würden wir Brot backen. Ich fand auch noch ein Fass mit Sauerkraut. Oh, frisches rohes Sauerkraut schmeckte mir gut! Obwohl ich wusste, dass es unsere einfachen Bauern oft mit den Füßen einstampften. (Die Füße waren hinterher blitzsauber!) Rohes Sauerkraut! Einmal hatte ich davon zu viel gegessen. »Überfressen«, behaupteten mcine Schwestern. Auf jeden Fall gab ich diese Köstlichkeit ziemlich elend durch alle Öffnungen wieder von mir. Geschadet hat es mir aber offenbar nicht. Ich esse es heute noch gern! Ein Schüsselchen rohes Sauerkraut vor dem Mittagessen, hmm eine feine Sache!

Ich freute mich also auf das frische rohe Sauerkraut. Daneben lag noch ein Sack voll mit Roggenkörnern. Aber wie könnten die gemahlen werden? Nun, zunächst hatten wir eben das Mehl! Wir gingen weiter im Licht einer trüben Birne. Großartig, da lagen noch zentnerweise Kartoffeln! Also in den nächsten Tagen würden wir nicht verhungern! Wir gingen beruhigt nach oben.

Der Alte setzte sich auf einen Hackklotz im Hof, schlürfte die Milch, tunkte den letzten harten Kanten Brot in die Milch und kaute daran. »Tu 's Pfard ne vergassn!« (»Vergiss das Pferd nicht!«), murmelte er dabei. Ich hatte vor einigen Tagen gesehen, wie der Bauer eine Flüssigkeit auf eine Wunde an der Hinterhand des Pferdes goss. Aber wo war die Tiermedizin? Der Alte wusste es nicht. Ich fand sie schließlich in der Futterkammer. Es war nur noch ein Pferd da. Das zweite hatten die Russen schon vor einiger Zeit abgeholt.

Der Großvater ging ein paar Schritte hin und her, setzte sich auf die alte Holzbank neben der Haustür, stopfte sich seine gebogene Pfeife und sah still in die blauen Tabakswolken, die sich allmählich in der Luft zerstreuten. So hatte er hier früher oft gesessen, vor sich hin träumend, wohl von der Jugend, oder er war in Gedanken beim Krieg, beim Ersten Weltkrieg ... Er war wie immer wortkarg. Ich fragte ihn, ob er nicht lieber mit zu uns kommen wolle wegen des Essens. Er schüttelte nur den Kopf und blieb still sitzen. Er wollte einfach allein sein auf seiner alten Bank. Ein paar Tränen rollten die zerfurchten Wangen hinab. Ja, abends hatten wir hier mit den Alten manchmal müde, aber zufrieden neben der Haustür gesessen. Die Frauen hatten gesungen: »'s is Feieromd, das Tagwerk is vollbracht.« Da wurde vielleicht der eine oder andere Ton nicht perfekt getroffen, aber es kam von Herzen und klang einfach wunderschön. Der Großvater hatte das genossen und immer still zugehört. Würden sie jemals wieder singen?

Da saß er nun, der letzte Oberlausitzer in unserem Dorf.

Ich ging also zum Stall, um das Pferd zu versorgen. Auch das hatte ich gelernt. Außerdem kannte ich das Tier gut von der Feldarbeit. Wir Kinder waren immer ganz stolz, wenn wir einmal ein Pferd am Zügel führen durften. Eine ganz besondere Ehre war es, wenn wir einmal aufsitzen durften.

Ich sprach es also wie gewohnt beruhigend an und goss ihm etwas von der Lösung auf die Wunde. Doch mit meinen tierpflegerischen Fähigkeiten war es wohl doch noch nicht so weit her: Jedenfalls ging das arme Pferd bei meiner Behandlung mit allen vieren in die Höhe – und ich vor Schreck ebenso. Sofort sprang ich außer Reichweite. Doch nach einer kleinen Pause schob ich mich wieder vorsichtig heran und gab ihm Hafer. Das tat unser beider Nerven gut.

Einige Tage später brauchte ich es dann nicht mehr zu versorgen. Die Polen hatten es geholt.

Ich brachte Großvater Altmann die nächsten Tage immer etwas zu essen. Er strich mir dann jedes Mal über den Kopf und sagte: »Bist a gutter Jung.«

Eines Tages fand ich ihn nicht mehr. Hatten die Polen ihn bei ihren Kontrollgängen entdeckt? Ich rannte erschrocken nach Hause: »Mutti, der alte Altmann ist nicht mehr da!« Meine Mutter nickte traurig: »Gestern haben ihn zwei Soldaten gesehen, als er auf der alten Holzbank neben der Haustür saß. Er hat das aber rechtzeitig gemerkt und sich schnell in der Scheune versteckt. Die Soldaten haben nach einer Weile aufgehört, ihn zu suchen. Sie haben sich zwei Hühner genommen und sind wieder gegangen. Er kam dann zu uns und sagte, dass er sich für ein paar Tage verstecken wolle. Wenn du ihm das Essen bringst, sollst du vor der Scheune laut rufen: »Is ees doaheeme? (»Ist jemand zu Hause?«) Das würde bestimmt kein Pole rufen oder verstehen. Meine Mutter lachte: »Der alte Fuchs!«

So ging alles ganz gut. Aber später fand man ihn doch. Ich musste mit ansehen, wie sie ihn auf einen Holzwagen setzten und ihn unter verzweifelten Schreien rücksichtslos aus seinem Hof karrten. Immer wieder rief er: »Lusst mich ock doaheeme starbn! 's gieht suwiesu nimmie lang! Lusst mich ock …« (»Lasst mich doch zu Hause sterben! Es geht sowieso nicht mehr lange! Lasst mich doch!«)

Sie ließen ihn nicht.

Wir hörten erst viele Wochen später von ihm. Er sei in irgendeinem Heim abgeladen worden. Kein Mensch habe ihn dort gekannt. Er habe nichts mehr gegessen und getrunken, nichts mehr gesprochen und sei überhaupt nicht mehr aufgestanden. Nach einigen Tagen habe man ihn tot auf der Matratze gefunden, in der Hand ein vergilbtes Bild von seinen Enkelkindern, wie sie lachend auf einem Heuhaufen saßen. Sein letzter Wunsch war nicht in Erfüllung gegangen, zu Hause zu sterben. Fremd und allein musste er aus dem Leben scheiden; seine Familie war in einem anderen Lager, irgendwo weit weg. Ob ihm in dem Heim wohl noch einmal ein Junge eine Milch gebracht hat?

Der neue Alltag

Mein Vater sah nachdenklich aus dem Wohnzimmerfenster (es war noch die Zeit, bevor sie Großvater Altmann gefunden hatten): »Ja, nun werden wir wohl leben wie die ersten Siedler, die nach Amerika gingen. Ganz auf uns allein gestellt. Ein paar fremde Menschen, Feinde? Jedenfalls werden wir uns gegenseitig nicht über den Weg trauen. Das wird an die Nerven gehen! Aber grübeln hat keinen Sinn! Also, was ist zu tun?«

»Wir brauchen Brot und Butter«, sagte meine Mutter, »und auch Kartoffeln. Junge, sieh dich um, ob du was findest.« Bisher hatten wir kaum ans Essen gedacht. Der Appetit war uns gründlich vergangen. Jetzt aber meldete sich allmählich der natürliche Hunger. Ja, wo sollte ich etwas zu essen finden? Ich ging einfach los und stöberte in den Speisekammern der leeren Häuser herum. Ich fand angeschnittenes Brot, etwas Schmalz, einige Stück Butter und trug alles stolz nach Hause. Ich kam mir plötzlich wichtig vor. Ich war nicht mehr der kleine Junge, den keiner ernst nahm. Man brauchte mich! Ich bemerkte dabei, dass ich durch den Umgang mit meinen Freunden, den Bauernkindern, eine Menge über das einfache Leben erfahren hatte. Und in der nächsten Zeit würde ich noch mehr dazulernen, gezwungenermaßen. Bald würde ich mich mit dem Leben in der Not so auskennen, als hätte ich es noch nie anders gekannt. Jedenfalls wären meine Eltern gewiss nicht in fremde Speisekammern eingedrungen. »Das ist doch keine Lösung, einfach in fremden Häusern nach Essen zu suchen. Außerdem wird in einigen Tagen sowieso alles verdorben sein«, sagte mein Vater, »wir müssen selbst Brot backen!« »Und Hühner schlachten«, fügte ich hinzu. Das konnte ich.

Mein Vater sah mich nachdenklich an: »Das reicht aber noch nicht. Woher bekommen wir Mehl, Butter, Salz, Zucker?« Außerdem waren ihm als Sohn eines Fleischers Fleisch und Wurst besonders wichtig, daher fügte er rasch noch hinzu: »Und anderes Fleisch, Wurst und Schinken! Wir können doch nicht ständig Hühner essen.«

Das war natürlich ein großes Problem mit dem anderen Fleisch! Es gab zwar noch Kaninchen. Aber die zu schlachten hatte ich nicht gelernt. Außerdem, diese niedlichen Tiere zu töten? Nein, das wollte ich nicht. An das Schlachten von Schweinen war überhaupt nicht zu denken. Und Wurst oder Schinken machen, das konnte in unserer Familie niemand. Aber wir hatten noch etwas anderes zu essen. Voller Stolz holte ich den Mehlsack und eine Schüssel Sauerkraut von Altmanns hervor.

Meine Mutter strahlte. »Junge, du bist gut!« Mit Mehl ließ sich viel anfangen. Sie setzte etwas Roggenmehl mit Wasser an, ließ das einige Zeit stehen und bekam so einen Sauerteig, mit dem sie Brot buk, das recht gut schmeckte. Vielleicht würden wir es heute nicht mehr mögen, aber damals schmeckte es wirklich! Und ehrlich gesagt: Selbst wenn es nicht geschmeckt hätte, nach einiger Zeit hätten wir es doch gegessen!

Mutter wusste auch ein köstliches Gericht mit diesem Sauerteig und Stampfkartoffeln zuzubereiten: den so genannten Zur (das Z haben wir zischend ausgesprochen wie das J bei Journal, in einem modernen schlesischen Kochbuch fand ich es wohl deshalb mit einem J geschrieben statt mit einem Z), ein nahrhaftes Essen, das die Bergarbeiter in Oberschlesien gern aßen. Wenn man grobe Bauernbratwürste oder Krakauer hatte, schnitt man diese in die sämige Flüssigkeit. *Wenn* ...! Wir hatten keine. Aber Hunger. Ohne Wurst war dieses Gericht ein beliebtes Karfreitagsessen. Uns schmeckte es so aber auch an normalen Werktagen! Nur Großvater Altmann hatten wir damit nicht zufrieden stellen können. Es entsprach nicht seinen alten Oberlausitzer Gewohnheiten, es war für ihn »polnischer Fraß«. So etwas sagte er aber nur zu mir und aß es trotzdem. Wortlos! Denn er hatte ja Hunger und daher keine Wahl; außerdem hatte er von klein auf gelernt: »Was auf den Tisch kommt ...« Er ließ mich sogar meiner Mutter seinen besonderen Dank ausrichten. Ich musste innerlich lachen!

Meine Mutter konnte überhaupt sehr gut kochen. Wenn auch mein Vater wegen des Fleischmangels ein wenig missmutig war, so konnte er doch nicht umhin, ihre Küche zu loben. Sie hatte eine Menge uralter, aber wirklich leckerer Rezepte im Kopf. In Notzeiten wie diesen verstand sie es, mit ihrem Erfahrungsschatz geradezu aus nichts etwas zu machen! Leider haben meine Schwestern so manches dieser kostbaren Rezepte vergessen, auch das von den herrlichen Weihnachts-Pfefferkuchen, was ich für geradezu unverzeihlich halte. Ich habe mir deshalb vorgenommen, wenigstens unser Rezept vom Zur der Nachwelt zu erhalten. Inzwischen ist es mir (und insbesondere meiner Frau, die einen vorzüglichen Zur zubereitet) sogar gelungen, einige meiner Pfälzer Freunde, eingeschworene Liebhaber von Saumagen, für dieses Gericht zu begeistern:

Zur oder Jur

50-100 g Sauerteig
50 g Roggenschrotmehl (oder Weizenmehl)
Kümmel, Salz
75 g Räucherspeck
1 Zwiebel
1 Tasse Sauerkrautwasser

Den Sauerteig mit dem Mehl und 1/8 bis 1/4 l lauwarmem Wasser verrühren, mit einem Tuch zudecken und am warmen Ofen gehen lassen. Den Teig in 1½ l kochendes Wasser einrühren. Kurz aufkochen lassen und mit Kümmel und Salz abschmecken. Speck und Zwiebel in Würfel geschnitten glasig dünsten und mit dem Sauerkrautwasser in die Suppe geben. Die sämige Suppe wird über frisch gestampfte Kartoffeln gegossen. Dazu kann man Würstchen servieren.

»Gut, gut«, sagte meine Mutter, als wir uns ihr Brot aus dem Roggenmehl von Altmanns schmecken ließen, »aber es fehlt uns noch an vielen Dingen, wie Salz und Zucker, allerlei Gewürze, Schmalz oder irgendwelches Fett, Butter, Marmelade, eben einfach alles, was wir immer im Laden von unserer Frau Schwarzbach gekauft haben.« Sie stutzte plötzlich: »Frau Schwarzbach, Frau Schwarzbach, natürlich, Junge! Na, da geh doch einfach zu Schwarzbachs und schau, was es da gibt, vielleicht noch gibt!« Mein Vater schüttelte den Kopf: »Nein, nein, das wäre Plünderung!« Meine Mutter sah ihn verständnislos an: »Plünderung? Du bist wohl ...« Sie warf einen Seitenblick auf mich und hielt es wohl wegen meiner Anwesenheit für besser, den Satz nicht zu Ende zu sprechen. Doch immerhin fuhr sie fort: »Zum Donnerwetter, wir müssen leben! Was können wir denn dafür, dass hier niemand mehr ist, der unser Geld annehmen kann?« Dann fügte sie etwas sanfter an: »Wenn es dich beruhigt, können wir ja alles abwiegen und aufschreiben und später bezahlen, falls Frau Schwarzbach zurückkommt. Wenn wir es nicht holen, wird alles verderben oder es werden andere holen, die bestimmt nichts bezahlen.« Sie schaute uns energisch an. Mein Vater nickte schließlich nachdenklich: »Ja, ja, Kläre, Du hast sicher Recht, in dieser Situation ... Natürlich hast du Recht! Mein Gott, wie ist doch alles durcheinander geraten!«

Also zog ich erwartungsvoll und unternehmungslustig mit einer großen Tasche los. Frau Schwarzbachs Laden war das, was wir heute einen Tante-Emma-Laden nennen würden. Da gab es 1000 Dinge, von den Lebensmitteln über Parfüm und Seife bis zu Socken und Schulheften. Und so dufteten diese auch – und die kleine, etwas mollige Verkäuferin: Über alles wusste die temperamentvolle Frau Schwarzbach Bescheid, und alles wusste sie geradezu betörend anzupreisen. Wer einmal im Laden war, konnte ihren freundlichen Verkaufskünsten nur mühsam widerstehen. Man erzählte sich, dass einmal ein Mann Heringe zum Mittagessen holen sollte. Sie hatte keine Heringe, aber das machte gar nichts. Nach längerem Gespräch kam er dann schließlich mit einem Streuselkuchen und einem Paar Socken nach Hause. Wie würden die Italiener sagen? »Se non e vero, é bene trovato.« (»Wenn es nicht wahr ist, so ist es doch gut erfunden.«)

Das kleine, schmucke Fachwerkhaus mit dem Lädchen war nur einige hundert Meter von uns entfernt, direkt an der ehemaligen Bushaltestelle. Der Laden bestand nur aus einem großen Zimmer mit einem kleineren Abstellraum. Als ich ankam, stand die Haustür weit offen. Dahinter reines Chaos! Da lag alles Mögliche am Boden: zerbrochene Gläser mit Marmelade, ein paar Gurken, Heringe, aufgerissene Säckchen und verschüttetes Mehl, dazwischen Papiertüten, Papierservietten, Taschentücher, Brief- und Toilettenpapier und alte Tücher. Über allem schwebte ein unappetitlicher, süßsaurer Duft. Offensichtlich waren da schon Leute gewesen, die sicher nicht die Absicht gehabt hatten, zumindest später etwas zu bezahlen.

»Oje! Der sorgfältigen und reinlichen Frau Schwarzbach würden die Haare zu Berge stehen, wenn sie das sehen würde«, dachte ich. Nun, ich war zwar nicht gerade ordentlich, sah aber dennoch nicht ein, warum man so herumschweinern musste, wenn man sich etwas holte.

Im Hintergrund hörte ich merkwürdige Geräusche im Laden. Da! Dort stand ein polnischer Soldat. Er war gerade am Einpacken. War er das Ferkel gewesen? Er war über meine Anwesenheit offensichtlich gar nicht erfreut und starrte mich finster an, als hätte er meine Gedanken gelesen. Dann fluchte er und grollte irgendetwas Unverständliches. Ich verstand ihn nicht. Als ich nicht antwortete, knallte er mir seine Faust vor die Brust. Warum eigentlich? Hatte er Angst, ich könnte ihm etwas wegnehmen? Oder hatte er ein schlechtes Gewissen? Nun, ich überlegte nicht lange, sondern verschwand wie der Blitz und wartete hinter der Gartenmauer, bis er gegangen war. Dann schlich ich etwas vorsichtiger wieder hinein.

Na, da war trotz meiner offensichtlich erfolgreichen Vorgänger noch etwas da! Ich packte ein, was ich schleppen konnte; denn wer weiß, was morgen noch da wäre. Ich ergatterte ein Glas Heringe, Gurken, ein paar Gewürze und Salz, Hartwurst und einen Schinken. Wunderbar! Zum Schluss entdeckte ich den schönen, bauchigen Glasbehälter, aus dem Frau Schwarzbach uns Jungen nach dem Einkauf ein oder zwei Bonbons (mehr nicht!) zu geben pflegte. Oh, da waren noch einige drin! Ich überlegte kurz: Lebensnotwendig waren die Bonbons ja nicht. Ach was, dachte ich, wenn sie auch nicht notwendig seien, so erhöhten sie doch die Lebensqualität beträchtlich, zumindest die meinige, und stopfte mir eine Tasche voll und steckte eines gleich in den Mund. Wann hatte ich zum letzten Mal Bonbons gelutscht? Und welcher Junge in meinem Alter wäre bei dieser Versuchung standhaft geblieben?

Mutter war begeistert. Jetzt konnte sie uns wenigstens für eine Weile versorgen. Das tat sie gern, und sie kochte ausgezeichnet. Übrigens wog sie tatsächlich die ersten Male ab und schrieb genau auf, was ich gebracht hatte. Aber dann wussten wir, dass niemand mehr kommen und nach einer Bezahlung fragen würde. Wie hätten wir uns gefreut, wenn die kleine, gutmütige Frau Schwarzbach eines Tages doch noch gekommen wäre! Wir hätten gern bezahlt!

Diese Sorge um das Essen, um das tägliche Brot, hatte für meine Eltern auch etwas Gutes: Sie wurden von der bizarren Wirklichkeit abgelenkt, in der sie leben mussten. Nun galt es, die nackte Existenz zu sichern. Damit waren sie während der nächsten Tage vollauf beschäftigt, ohne dass größere Ereignisse eintraten.

Immer auf der Suche nach neuen Nahrungsquellen sagte ich eines Morgens unternehmungslustig: »Ich geh mal auf Erkundung, mal sehn, wie 's in Seitendorf aussieht.« Und ich rannte los, barfuß natürlich, so ging es schneller. Meine Fußsohlen hatten eine so starke Hornhaut ausgebildet, dass ich problemlos über ein Stoppelfeld rennen konnte. Ich kam schließlich auf meinem früheren Schulweg in unser Nachbardorf Seitendorf. Ich kannte alle Umwege, die man im Sommer über die blühenden Wiesen machen konnte. Hier hatte ich einmal meiner Mutter Blumen gepflückt. Als ich diese strahlend zu Hause vorzeigte, hatte unser Dienstmädchen gesagt: »Was willst du mit dem Karnickelfutter?« Nicht jeder weiß eine warme Kinderseele zu verstehen!

Unzählige Erinnerungen kamen hoch. Doch sie waren sofort wieder verflogen, als ich die leeren Häuser am Straßenrand sah. Offene Türen, einige Fenster eingeschlagen. Die eigenartigen Dachfenster der alten Fachwerkhäuser hatten mir immer gefallen. Wie müde Augen waren sie mir vorgekommen. Ich liebte diese müden Augen. Doch jetzt war es mir, als seien sie tot, als hätte man nur vergessen, die Lider zu schließen.

Tote Augen! Das war nicht mehr das vertraute Dorf. Das waren entseelte Häuser. Da sagte niemand mehr einem vorbeieilenden Schulkind fröhlich »guten Morgen«.

Da sprang mir kein alter Schulkamerad mehr entgegen.

Aber doch, da wurde ich plötzlich begrüßt! Da liefen winselnd und schweifwedelnd einige Hunde auf mich zu. Endlich sahen sie wieder einen Menschen. Und sie erkannten mich! Sicher waren sie schon lange nicht mehr gestreichelt worden. Alle miteinander waren sie struppig und verwahrlost. Sie hatten nichts mehr zu fressen bekommen und sahen mich erwartungsvoll an. Ich hatte aber nichts. Da liefen sie einfach alle mit; denn wo Menschen sind, da gibt es wohl irgendwann auch etwas zu fressen. So ging ich weiter, hinter mir eine jaulende Hundehorde. Ich hatte keine Angst vor Hunden, bestimmt nicht. Trotzdem fühlte ich mich nicht mehr wohl. Ich allein mit einer ganzen Hundeschar! Das war mir dann doch unheimlich.

Sollte ich noch weitergehen? Da war doch niemand mehr. Was wollte ich hier eigentlich? Ich ging an den Häusern vorbei, in denen meine ehemaligen Schulkameraden gewohnt hatten. Sollte ich doch einmal hineingehen? Aus einem Haus kamen mir einige Gänse und zwei Ziegen entgegen. Der Eingang war voll mit irgendwelchem Abfall. Es stank scheußlich. Im Wohnzimmer saßen einige Hühner auf dem Tisch, der voll mit deren Kot bedeckt war. Auch die Exkremente von Katzen waren dabei. Die stinken bekanntlich entsetzlich. Auf dem Boden eine Urinlache und ein Kuhfladen, in einer Ecke verschimmelte Essensreste, die Lampe war von der Decke heruntergerissen, eine Fensterscheibe zerschlagen. Eine Schar Schmeißfliegen fühlte sich in ihrer Ruhe gestört und stieg brummend auf, einige Mistkäfer krabbelten eilig davon. Alles begann zu verderben. Die offene Tür schlug hilflos im Wind hin und her.

Nein, das war es nicht, wo wir gelacht, gespielt und Geburtstag gefeiert hatten, sorglos trotz Krieg. Meine Mutter hatte oft gesagt: »Kinder, wir spüren so wenig vom Krieg. Hoffentlich trifft es uns nicht eines Tages besonders hart!« Wie Recht sie doch hatte! Damals habe ich nicht viel darüber nachgedacht. Immerhin bekam ich bei diesen Worten stets ein unheimliches Gefühl. Ich musste dann an die griechischen Heldensagen denken, an die Götter, die auf das Glück der Sterblichen eifersüchtig waren und etwas für deren Glück forderten wie die Einlösung einer Schuld.

Ich schüttelte diese Gedanken ab und ging weiter.

Plötzlich kam mir laut knatternd ein Motorrad entgegen, auf dem ein polnischer Soldat saß. Er stoppte und fragte mich etwas auf Polnisch, was ich nicht verstand. Als er merkte, dass ich ein Deutscher war, bedeutete er mir mit einer energischen Handbewegung, ich solle hinter ihm aufsitzen, was ich natürlich gar nicht wollte. Ich rannte davon, so schnell wie ich konnte. Ich war in der Schule der beste Hundert-Meter-Läufer meines Jahrgangs gewesen. »Der würde mich nicht kriegen«, dachte ich selbstbewusst. Doch er ließ sich gar nicht auf einen Wettlauf ein, sondern donnerte einfach ein paar Schüsse aus seiner Kalaschnikow hinter mir her. Ich glaubte das Pfeifen der Kugeln zu hören und blieb entsetzt stehen. Er fuhr mit seinem Motorrad neben mich, grinste unfreundlich, stieß mir seine Waffe vor die Brust und gab mir mit einer erneuten mehr oder weniger einladenden Handbewegung zu verstehen, hinter ihm aufzusitzen, was ich nun tat, wenn auch widerwillig. Was blieb mir schließlich anderes übrig?

Er raste los, als wäre der Teufel hinter ihm her. Die Hundeschar blieb enttäuscht zurück. Ich hielt mich an seiner Schulter und an der Kalaschnikow fest. Das belustigte ihn offensichtlich. Er lachte vergnügt und schrie spöttisch: »Nicht schießen, kleiner Deutscher!« »Blöder Kerl«, dachte ich und schickte mich wütend an, den neu erlernten Fluch »Kurwa mat« anzubringen. Das hätte ich besser nicht tun sollen. Ich begann: »Kurwa«, doch weiter ließ er mich nicht kommen. Er bremste ruckartig, sodass ich beinahe über ihn hinweggesaust wäre. Er, ein baumlanger Kerl, stieg ab, packte mich am Hemdkragen und sah mich böse an: »Psia dusza! Du Hundeseele! Was dir fallen ein? Du niemiec (Deutscher) nie wieder sagen so zu Polak, sonst …« Ja, ja, völlig klar: »sonst …«, das kannten wir nun schon zur Genüge. Immer wenn man von uns Deutschen etwas wollte, hieß es: »Du machen, schnell machen, sonst …« Anfänglich hatten sie hinzugefügt, dass man sonst erschossen werden würde. Jetzt nahmen sie wohl an, dass wir das inzwischen schon wussten.

Er brüllte plötzlich: »Wenn du lachen, ich dir schlagen Schädel ein.« Wie bitte, hatte ich gelacht? Mir war das nicht bewusst. Bei uns Jungen vermuteten die Erwachsenen ja öfter ein spöttisches Grinsen. Na, vielleicht taten wir das ja wirklich. Zur Sicherheit nickte ich zustimmend und zog meinen Kopf vorsichtig aus der Reichweite seines Kolbens. Das gefiel ihm offensichtlich. Er lachte laut: »Du schlau, was?«

Dann brausten wir wieder los. Er hielt am ehemaligen Bürgermeisteramt, das jetzt das Schild »Kommandatura« zierte. Er zerrte mich am Hemdkragen hinter sich her, knallte mich auf einen wackligen Stuhl und sagte: »Du warten, du Strafe, du freches Deutscher. Du wohl ausgerissen? Du gehören über Grenze. Und nicht weglaufen, sonst ...«

Er knurrte noch etwas für mich Unverständliches, hob drohend die Hand und ging in das nächste Zimmer. Worauf hatte ich mich da eingelassen! Na, das konnte ja heiter werden!

Ich wollte natürlich sofort verschwinden und schlich vorsichtig den Gang entlang. An der Tür stand jedoch ein Wachsoldat, der mir wortlos grinsend seinen Gewehrkolben auf den nackten Fuß fallen ließ, als ich diesen zaghaft über die Schwelle setzte. Das war nicht angenehm. Ich hinkte sofort wieder auf meinen Stuhl zurück. Da hatte ich mir etwas Schönes eingebrockt. Aber merkwürdig: Ich hatte keine Angst. Wohl ein Vorrecht der Jugend.

Die Zeit verging. Hatte man mich vergessen oder wollte man mich einfach weich werden lassen? Wahrscheinlich doch vergessen; denn so wichtig war ein deutscher Junge sicherlich nicht. Was wollte man eigentlich von mir? Wegen meines polnischen Fluchs so ein Theater? Kaum vorstellbar! Oder war es doch ein ganz fürchterlicher Fluch?

Meine Augen wanderten durch den Gang. Überall lagen Papiere, verkrusteter Dreck und leere Flaschen herum. Es stank ziemlich. Wer sollte auch putzen? Die Soldaten gewiss nicht. Und Deutsche gab es zurzeit nicht! Ein struppiger Hund blinzelte mich aus einer Ecke verschlafen an. Dann wedelte er etwas mit dem Schwanz und trottete langsam zu mir. »Na, wenigstens ist hier einer freundlich zu mir«, dachte ich.

Aber was hatte man mit mir vor? Was sollte ich tun?

Mir ging alles Mögliche durch den Kopf. Allmählich bekam ich doch etwas Angst. Ich versuchte schließlich durch eine Hintertür abzuhauen. Ich drückte sie vorsichtig auf. Doch da stand auch ein Soldat, der mich hämisch angrinste und mir dann die Tür mit einem Fußtritt vor der Nase zuschlug. Enttäuscht ging ich wieder zu meinem wackligen Stuhl und wartete geduldig, nein ungeduldig und ein wenig beunruhigt.

Um mich abzulenken, studierte ich die Bekanntmachungen auf einem Brett an der Wand. Die meisten Anschläge in Polnisch konnte ich nicht übersetzen. Ein paar vergilbte Zettel aus der Zeit vor der Ausweisung hatten keine Bedeutung mehr. Doch halt! Da war ein Stück Papier mit einer rostigen Reißzwecke befestigt. Ich traute meinen Augen nicht, da stand der schicksalhafte Ausweisungsbefehl:

21. Juni 1945

Sonderbefehl

Laut Befehl der polnischen Regierung wird befohlen:

1. Am 22. Juni 1945 ab 8.00 bis 12.00 Uhr wird eine Umsiedlung der Deutschen Bevölkerung stattfinden.
2. Die Deutsche Bevölkerung wird in das Gebiet westlich der Fluss umgesiedelt.
3. Jeder Deutsche darf so viel mitnehmen, wie viel er tragen kann.
4. Kein Transport/Wagen, Pferde, Ochsen u. a. w./ wird erlabt.
5. Das ganze lebendiges und Tod Inventar bleibt als Eigentum der polnischen Regierung.

6. Der letzte Umsiedlungtermin läuft am 22. Juni 1945 ab.
7. Nicht ausführung des Befehls wird mit Tode bestraft.

Garnison Kommendant

Zinkowski Oberst Leutnant

Da stand er mit allen Schreibfehlern, der Ausweisungsbefehl, von dem wir alle nichts gewusst hatten. »Wehe den Besiegten, vae victis«, dachte ich wieder. Man hatte es nicht einmal für nötig gehalten, uns am Vortag zu benachrichtigen. Alle hätten etwas überlegter packen können. Aber das wollte man wohl nicht. Es sollte ja nicht viel mitgenommen werden. Wertsachen sollten dableiben! Man hatte zynisch von »Umsiedlung« geschrieben, wohl für die Geschichtsbücher. Das klang nach einem zwar befohlenen, aber relativ gesitteten Umzug von einem Dorf in ein anderes. Der wahre Charakter dieses Vorgangs kam aber dann klar in Punkt 7 zum Ausdruck: »Nichtausführung ... wird mit dem Tode bestraft.« Eine andere Form der Strafe schien man uns Deutschen gegenüber nicht zu kennen.

Ich starrte immer wieder auf den Ausweisungsbefehl an der Wand. Da hing dieses monströse Edikt und zog mich in seinen grausamen Bann. Auf diesem vergammelten Zettelchen standen, so sah ich es, Schicksale, Unglück und Not. Man hatte es hängen lassen wie einen Gehängten als eine dunkle Drohung für die anderen, besonders für die, die gegen das Hängen waren.

Das mir gut bekannte Gemeindeamt kam mir plötzlich fremd, feindlich und unheimlich vor. Mir war kalt.

Ich saß wenigstens eine Stunde. Ich wollte nach Hause und überlegte verzweifelt, wie ich doch noch verschwinden könnte. Mein Fuß, auf dem der Gewehrkolben gelandet war, tat immer noch weh. Da ging eine Tür auf: »Deutscher, du kommen«, brummte ein kleiner, dickbäuchiger Soldat und lächelte mir dabei aber erstaunlich freundlich zu. Ich traute ihm trotzdem nicht so recht, machte einen Bogen um ihn und tappte ziemlich verängstigt in das frühere Amtszimmer des Bürgermeisters. Am Schreibtisch saß ein gepflegt aussehender Offizier, der mich in gutem Deutsch ansprach (natürlich mit dem für uns etwas rau klingenden Akzent, obwohl er sicher eben nicht rau gemeint war): »Was machst du hier, wo wolltest du hin, wo sind deine Eltern, was machen sie, warum seid ihr nicht ausgewiesen? usw.« – so sprudelten die Fragen geradezu aus ihm heraus. Er lächelte fast verständnisvoll, als ich meine Antworten zögernd und zurückhaltend formulierte. »Du brauchst nicht zu lügen«, schmunzelte er, »es würde dir auch nichts nützen.«

Nachdem ich alles offensichtlich zufrieden stellend beantwortet hatte, lehnte er sich behaglich zurück, zündete sich eine Zigarette an, blies genüsslich den Rauch in die Luft und sagte: »So, so, mein Lieber! Du bist also der Sohn vom Arzt. Spielt dein Vater Schach?« Ich muss ihn mit offenem Mund angeschaut haben; denn er lachte schallend. Ich bejahte schließlich vorsichtig, obwohl ich mir nicht sicher war. Wir hatten nie Schach gespielt. »Gut, gut«, sagte er freundlich, »ich lasse dich nach Hause bringen. Sage deinem Vater, ich käme morgen gegen Abend zum Schachspielen. Und du sagst nicht mehr ›Kurwa mac‹ zu meinen Soldaten, wenn du auch vielleicht nicht …« Er brach abrupt ab und deutete mit einer Handbewegung an, dass ich hinausgehen solle.

An der Tür rief er mir zu: »Halt!« Ich blieb erschrocken stehen.

Er lachte kurz: »Sei doch nicht so ängstlich! Wir Polen sind gar nicht so schrecklich, wie du meinst! Du solltest jetzt aber einigermaßen Polnisch lernen, damit meine Soldaten dich nicht wieder für einen normalen Deutschen halten, der ausgewiesen werden muss. Welche Sprachen hast du denn in der Schule gelernt?« Ja, was hatte ich denn gelernt? Keine lebende Sprache! »Latein und Altgriechisch«, sagte ich etwas kleinlaut. Er schmunzelte: »So, so, mein Lieber! Was heißt also: Filius medici sum?« Ich war verblüfft und verhaspelte mich vor Aufregung: »Ich bin der Sohn der Medizin.« Er schüttelte missbilligend den Kopf und lachte dröhnend: »Na, so gut hast du aber nicht gelernt! Nein, nein, das heißt: Ich bin der Sohn des Arztes! Sohn der Medizin würde heißen: Filius medicinae sum. Du musst noch viel lernen, kleiner Deutscher! Aber jetzt ist erst einmal Polnisch dran! Vergiss das nicht!«

Ein wenig beschämt ging ich hinaus. Der Kerl konnte also Latein! Wenn mich mein Lateinlehrer mit meinem lächerlichen Übersetzungsfehler gehört hätte! Unmöglich für einen Schüler, der schon Cäsars Gallischen Krieg übersetzen musste! Wie blöd doch Aufregung machen kann! Aber was hatte der Kommandant zu mir gesagt? »Damit man dich nicht für einen normalen Deutschen hält, der ausgewiesen werden muss …«

»Man darf also nicht normal sein, wenn man nicht ausgewiesen werden soll«, dachte ich beim Hinausgehen, »eine verrückte Welt ist das geworden!« Ich zählte offensichtlich schon nicht mehr zu den ganz »Normalen«. Normal zu sein war offenbar von Nachteil in dieser Zeit! Wer nicht Polnisch konnte, war normal! Immerhin, es gab also auch freundliche Polen, stellte ich mit gewisser Erleichterung fest. Ich fragte mich, ob diese die »normalen« oder die »nicht normalen« Polen waren.

Draußen auf dem Flur wartete »mein Fahrer«, jetzt merkwürdigerweise freundlich lächelnd. Ich fühlte mich plötzlich sicher und sagte etwas verwegen grinsend: »Na, du alter Hurensohn?« Seine Augen funkelten kurz, aber dann drohte er lachend mit einem Zeigefinger: »Schon wieder frech, kleiner Luder?« Na, das »Luder« war jetzt fast freundschaftlich gemeint. Ich verstand nur nicht, warum er zunächst so böse reagiert hatte. Aber gut, durch unser Zusammentreffen war eine Verbindung mit dem Kommandanten geknüpft worden, die sich später als sehr wichtig, ja, sogar als lebensrettend erweisen sollte.

Mir fiel ein, dass ich ja nach Mehl, Brot und solchen Dingen hatte Ausschau halten sollen. Doch nichts hatte ich gefunden! Nur dumm herumgesessen hatte ich hier! Ich versuchte, das dem Soldaten mit meinem unterentwickelten Polnisch beizubringen. Irgendetwas muss er dann schließlich doch verstanden haben; denn er sah mich eine Weile ziemlich nachdenklich an, stieß mich etwas grob wieder auf den wackligen Stuhl, verschwand plötzlich und kam mit einer Tüte wieder, in der ein Brot und eine lange Dauerwurst waren. Er warf sie mir zu, ging mit mir aus der Kommandantur und sprang auf sein Motorrad. Ich klemmte mich auf den Rücksitz.

Meine Eltern staunten nicht schlecht, als ich per Motorrad und mit Verpflegung zurückkam. »Junge, du kommst durchs Leben«, sagte meine Mutter anerkennend. »Danke! Vielen Dank!«, rief sie dem Soldaten zu, als der sich mit einem beachtlich zackigen Gruß verabschiedete.

Aber mit dem Schachspielen schien es mein Vater nicht so zu haben. Oder hatte er nur Angst, er könne verlieren? Er verlor nämlich äußerst ungern im Spiel. »Ich kann das nicht«, sagte er kurz. »Aber ich«, lächelte meine Mutter triumphierend. »Ja wie«, sagte mein Vater etwas grimmig, »du willst mit einem von denen Schach spielen, die so brutal unsere Leute hinausgejagt haben?« Meine Mutter schaute meinen Vater merkwürdig an und lachte (ich war froh, sie wieder einmal lachen zu hören): »Du hast Recht. Aber wir müssen sehen, wie es weitergeht. Wenn wir leben wollen, müssen wir versuchen, auch mit denen da auszukommen. Wir brauchen uns ja nichts dabei zu vergeben. Mein Vater hatte einen sehr praktischen Wahlspruch: Gib dem lieben Gott eine Kerze, dem Teufel aber drei, dann kannst du besser leben. Wer weiß, wozu es gut ist, wenn wir einen einigermaßen guten Bekannten unter den Soldaten haben. Und wenn er bloß Schach spielen will! Übrigens, ganz so übel kann er nicht sein! Sieh dir an, was dein Sohn mitgebracht hat!« Und sie schaute begeistert auf Brot und Dauerwurst.

»Oho! Du denkst verdammt praktisch, aber vielleicht, nein, wahrscheinlich hast du sogar Recht«, brummelte mein Vater. Und wie sie Recht haben sollte!

Der Kommandant kam. Meine Mutter spielte mit ihm die halbe Nacht Schach und ließ ihn am Ende absichtlich gewinnen; denn nach jedem verlorenen Spiel verlangte er sofort Revanche! Er konnte auch nicht verlieren, wie die meisten Männer! Mein Vater saß schmunzelnd daneben und genoss es sichtlich, dass der andere verlor.

Nach den Partien begann man zu plaudern. Alles war so friedlich und entspannt. Schließlich bot mein Vater einen Likör an. Der Pole trank ein Gläschen, aus Höflichkeit, wie mir schien. Geschmeckt hatte es ihm offensichtlich nicht. Er stand nämlich ziemlich plötzlich auf und verschwand wortlos. Wir waren etwas verblüfft. Was hatte das zu bedeuten? Hatten wir ihn beleidigt? Das hatten wir auf keinen Fall beabsichtigt. Ich schaute ihm hinter dem Fenstervorhang nach.

Er ging rasch zu seinem Auto, in dem sein Fahrer saß. Er brüllte ihm etwas zu und kam strahlend mit einer Flasche Wodka zurück. Er schwenkte die Flasche wie eine Trophäe und sagte: »Das kann man trinken!« Meine Mutter goss jedem ein kleines, zierliches Schnapsgläschen voll. Unser Gast nahm ein Gläschen in die Hand, sodass es ganz darin verschwand, und ließ wieder sein dröhnendes Lachen ertönen: »Nu, wo ist das Glas!? Ihr Deutschen! Was versteht ihr vom Trinken! Die Russen würden über so ein kleines Löffelchen voll Wodka laut lachen. Wenn die an der Theke etwas davon bestellen, sagen sie nicht etwa: ein Gläschen bitte, sondern ›sto gramm‹, hundert Gramm. Ja, vielleicht habe ich etwas Russisches an mir! Auf jeden Fall brauchen wir andere Gläser und nicht so kleine Fingerhüte!« Meine Eltern sahen ihn verblüfft an. Ich rannte davon und kam mit drei Zahnputzgläsern wieder.

Mutti sah mich erschrocken und empört an: »Aber, Werner, was fällt dir denn ein! Du kannst doch nicht …« Unser Wodka-Kenner unterbrach sie und lachte Tränen: »Doktor, ihr Sohn gefällt mir! Er muss etwas russisches Blut in den Adern haben! Er weiß wenigstens, was ›sto gramm‹ heißt! Und das sind wirklich Gläser! Aber wie sagten Sie, wie heißt er, Werner?! Das kann man nur mit Mühe aussprechen und klingt furchtbar deutsch. Das kann ich weder ins Polnische noch ins Russische übersetzen.« Da funkelten plötzlich die Augen meiner Mutter, und sie platzte heraus: »Das war auch die Absicht!« Mein Vater schüttelte den Kopf, und der Offizier fragte verdutzt: »Warum, bitte?!«

Nun war es schon heraus, und sie erklärte mutig, dass in dem Teil Oberschlesiens, der nach dem Ersten Weltkrieg an Polen gefallenen war, die deutsche Minderheit sehr unterdrückt worden sei. So mussten unter anderem alle deutschen Namen ins Polnische übersetzt und auch so benutzt werden. Da habe sie eben nach einem nicht übersetzbaren Namen gesucht und sei so schließlich auf »Werner« gekommen, und sie fände diesen Namen schön!

Er sah sie eine Weile nachdenklich an und sagte dann auffällig langsam, fast etwas drohend: »Sie sind mutig, fast zu mutig für die heutige Zeit! Aber ich verstehe Sie ein wenig, allerdings sollten Sie Ihre Einstellung allmählich ändern.« Er zeigte ein eigenartiges, wie mir schien, gefährliches Lächeln. Doch dann machte er eine wegwerfende Handbewegung und beendete damit dieses heikle Kapitel. Mein Vater, beunruhigt über die Unvorsichtigkeit seiner Frau, atmete erleichtert auf.

Danach wurde bei einem, nein, natürlich bei mehreren Wodka (die anfänglich volle Flasche leerte sich beachtlich schnell), philosophiert und über Jesus und Lenin gesprochen. Meinem Vater machte das Gespräch sichtlich Spaß. Der Kommandant war ein überzeugter Kommunist, also auch intolerant, realistisch und illusionslos. Eine seiner Äußerungen hat mich nachhaltig beeindruckt. (Ich war natürlich nur Zuhörer.) Man war auf die Begriffe Mentalität und Charakter zu sprechen gekommen. Er beendete das Thema mit einer unwirschen Handbewegung: »Lassen wir das! Was heißt schon Charakter, guter Charakter, schlechter Charakter?! Charakterfragen sind doch letzten Endes immer Geldfragen!« Mir lief es kalt den Rücken hinunter. Jeder Charakter ist mit Geld zu formen, zu verbiegen, meinte er damit wohl. Das war harte Kost für meinen jugendlichen Idealismus! Auch mein Vater schaute ihn erstaunt an, entgegnete aber nichts.

Eine Diskussion über die Ausweisung lehnte der Offizier strikt ab. »Das haben die Politiker gemacht«, sagte er kurz. Schließlich fragte mein Vater doch noch: »Aber wissen Sie vielleicht, warum hat man dafür gerade den 22. Juni gewählt?« Er stampfte mit einem Fuß auf und knurrte unwillig, doch dann erwiderte er langsam: »Man sagt, das habe Stalin so gewollt. Das war der Tag des Überfalls der Deutschen auf die Sowjetunion, ja, ja …« Er zuckte mit den Schultern: »Vielleicht hat er das wirklich so gewollt!«

Der Kommandant war sehr belesen und lobte die deutsche Sprache und die deutschen Dichter. Er zitierte Heinrich Heine:

»Ich weiß nicht, was soll es bedeuten, es geht mir nicht aus dem Sinn, ein Märchen aus uralten Zeiten ...«

Dann fragte er mit einem etwas verächtlichen Lächeln: »Können Sie ein polnisches oder russisches Gedicht? Oder ein Lied?«

Bevor wir antworten konnten, sang er plötzlich auf Russisch die erste Strophe der »Kalinka«, die ich später in der Schule in der DDR noch lernen würde. »Kalinka, Kalinka moja ...«, eines jener typischen russischen Lieder, lang gezogene Schwermut, voll verborgener Leidenschaft. Seine Augen leuchteten, und er schlug sich dabei im Takt auf die Oberschenkel. Er schien in seinem Element zu sein und die Russen zu lieben. Merkwürdig für einen Polen!

»Was wisst ihr Deutschen von Puschkin?«, fragte er mit zusammengekniffenen Augen. Nichts oder fast nichts wussten wir, wie wir etwas beschämt zugeben mussten. Mein Vater rettete die Situation. Er kannte nämlich Dostojewski: die »Erinnerungen aus einem Totenhause« und die »Brüder Karamasow«. Er zitierte sogar Dostojewski mit einer vorsichtigen Beziehung auf unsere Situation:

»Es gibt nichts, das höher, stärker, gesünder und nützlicher für das Leben wäre als eine gute Erinnerung aus der Kindheit, aus dem Elternhaus ...« Und er fügte leise hinzu: »Auch aus der Heimat ...«

Daran muss ich auch heute noch so manches Mal denken. Damals jedenfalls war unser Besucher etwas verblüfft und hatte verstanden. Aber die Unterhaltung gefiel ihm, und er hörte nicht auf zu reden. Man streifte auch naturwissenschaftliche Themen. Da tauchte zum Beispiel das Problem auf, dass der russische Vererbungsforscher Lysenko im Gegensatz zu dem Deutschen Mendel behauptete, dass nicht nur die Gene, sondern auch Umwelteinflüsse vererbbar seien. Mein Vater als Vertreter der westlichen Schule lehnte Lysenkos Meinung völlig ab. Beide diskutierten recht heftig. Unser Kommandant klärte die Frage unvermittelt auf humorvolle Weise. Der Wodka hatte seine Zunge wohl etwas gelöst!

»Wollen wir uns nicht streiten«, sagte er. »Ich halte natürlich zu unserem, dem Sozialismus verbundenen Lysenko. Die Naturwissenschaftler sollten das weiter durch Beobachtung und Experimente klären. Nehmen wir ein Beispiel: Eine Frau bekommt ein Kind. Wenn nun das Kind ihrem Mann ähnlich sieht, hat Mendel Recht. Wenn es aber mehr ihrem Untermieter ähnlich sieht, also dem Umwelteinfluss, dann hat Lysenko Recht!« Er lachte herzhaft über seinen Witz. Mein Vater begleitete ihn. Meine Mutter hielt sich natürlich als Frau mit dem Lachen zurück. Nun, damit war das naturwissenschaftliche Problem erledigt.

Schließlich fragten wir ihn, wieso er so gut Deutsch könne. Er schwieg kurz, dann lachte er und schüttelte den Kopf: »Das spielt keine Rolle. Sie müssen nicht alles wissen. Ich kann übrigens ebenso gut Russisch.« Er sah uns dabei bedeutungsvoll und noch einmal lachend an. Viel später erfuhren wir von einem polnischen Offizier, dass er ein Mitarbeiter des KGB gewesen sein soll. Das erklärte uns seine Ansicht über

Charakterfragen. Vielleicht war er sogar Russe und hatte deshalb so gern russisch gesungen.

Nach einer Weile sagte er nachdenklich: »Wir haben einen Fehler gemacht. Wir haben keine Handwerker, keinen Bäcker und keinen Fleischer zurückbehalten, und was wir für Leute aus Galizien bekommen, wissen wir nicht. Sie haben sicher Verbindung zu Ihren Leuten. Sagen Sie denen, ein Bäcker und ein Fleischer dürfen, nein, sollen zurückkommen, vielleicht auch drei oder vier Bauern und ein Schmied.« Mein Vater schaute ihn verblüfft an: »Es kommen Polen aus Galizien?« Der Offizier zuckte mit den Achseln und sagte langsam: »Ja, die wurden dort von den Russen ausgewiesen, das heißt sie werden umgesiedelt.« Ihm war die Frage sichtlich unangenehm. Mein Vater fragte vorsichtig weiter: »Und wenn später passende Leute aus Galizien kommen, dann werden unsere Handwerker, die jetzt zurückkommen dürfen, wieder ausgewiesen?« Der Kommandant drehte sich um und schaute kurz zum Fenster hinaus: »Natürlich, wenn sie nicht eines Tages die polnische Staatsangehörigkeit annehmen. Das Gleiche gilt selbstverständlich auch für Sie. Wir schätzen tüchtige Deutsche durchaus. Das haben auch unsere Vorfahren getan. Sie wissen das sicher.« Er lächelte ein wenig verlegen.

Im Zimmer war es still geworden. Jetzt wussten wir Bescheid. Die Polen betrachteten dieses Land also schon als ihren endgültigen Besitz. Das war für uns bis dahin undenkbar. Wir glaubten es einfach nicht. Wir sollten Polen werden? Auch das schien uns undenkbar. Er merkte, dass er zu viel gesagt und uns getroffen hatte, stand abrupt auf, zuckte mit den Achseln und sagte: »Tak to na swiecie, Panie doctorze, so ist das Leben, Herr Doktor. Da kann man nichts machen. So ist es nun mal nach einem Krieg. Sicher ist nicht alles gerecht. Aber was soll's!? Wenn wir den Krieg verloren hätten …«

Dann ging er.

Bisher ganz mit der Gegenwart beschäftigt, dachten wir plötzlich an die Zukunft. Was sollte denn jetzt werden? Wir wunderten uns, dass wir bisher einfach in den Tag hinein gelebt hatten. Natürlich, wie sollte alles weitergehen? Wir waren geradezu überzeugt davon gewesen, dass alles wieder so werden würde wie früher, nein, werden musste. Die Worte des Kommandanten hatten uns gezeigt, dass wir uns gründlich getäuscht hatten! Verflucht noch einmal, das würde ja bedeuten … Wir dachten nicht zu Ende.

Mein Vater sagte unvermittelt: »Ja mein Sohn, die werden dieses Land wohl nicht mehr hergeben. Das hätten wir uns gleich denken können! Und dass wir Polen werden sollen …« Er dachte sicher an seine Zeit vor 1931 in Königshütte. Diese Stadt war 1921 nach der im Versailler Vertrag vorgeschriebenen Volksabstimmung Polen zugesprochen worden. Man hatte damals gesagt, dass diese Abstimmung zugunsten Polens manipuliert worden sei. Damals wurden viele Deutsche im abgetretenen Teil Oberschlesiens schikaniert. Wieder galt: »Wehe den Besiegten!« Mein wirklich friedlicher Vater war beim Gang auf die Toilette eines Lokals von mehreren jungen Polen zusammengeschlagen worden, weil er eben Deutscher war. Man hatte ihm die Fensterscheiben und das Schild seiner Arztpraxis mit Teer zugeschmiert und ihm schließlich die

Kassenzulassung genommen, obwohl er dafür bekannt war, dass er polnische Patienten ebenso gut behandelt hatte wie deutsche. Davon hatte er mir erzählt und mit der Bemerkung geschlossen: »Das ist eben der Beruf des Arztes, zu helfen, ohne Ansehen der Person. Die Polen scheinen das gewusst zu haben. Unter meinen Patienten waren damals auch solche gewesen, die uns Deutsche gar nicht schätzten. Sie hassten sogar die Deutschen. Und trotzdem kamen sie als Patienten. Und ich habe sie auch als solche angesehen, nicht als Polen. Nun, diese honorierten das und waren auch mir gegenüber fair. Da kann ich nicht klagen. Aber leider gab es auch andere, die waren nicht fair– und sie waren in der Mehrzahl. Aber das ist immer das Problem im Leben: Es gibt stets auch andere …«

Er schüttelte nachdenklich den Kopf: »Selbst wenn wir Polen würden, wir würden immer als Deutsche angesehen werden. Und die wird man noch viele Jahrzehnte nicht mögen. Man hat uns Deutschen eine weiße Binde vorgeschrieben, und die würden wir auch noch als Polen sozusagen unsichtbar am linken Arm tragen.«

Den Begriff »Integration« gab es natürlich schon damals. Aber wer erfüllte ihn mit Leben? Integration Deutscher in anderen Ländern? Damals eine unmögliche Vorstellung! Ich glaube, mein Vater dachte darüber auch gar nicht ernsthaft nach.

Er ging im Wohnzimmer hin und her: »Nein, noch einmal all die Schikanen wie in Oberschlesien durchmachen!? Nein! Das war doch damals schon der Grund, weshalb wir weggegangen sind. Außerdem werden sie uns den Hitler immer wieder ankreiden.

Gleichgültig, ob wir Nazis waren oder nicht. ›Deutsch‹ würde voll ausreichen, weil viele«, er lächelte traurig, »eben jene anderen, ›deutsch‹ gleichsetzen mit ›nazistisch‹.« Er blieb abrupt stehen: »Ich denke, sie werden uns zwei bis drei Jahre hier behalten. An uns Alten werden sie nicht so sehr interessiert sein. Aber was wird solange und dann aus dir, mein Sohn? Keine Schule, keine anständige Ausbildung, kein Beruf! Spätestens mit 18 werden sie dich ins Militär stecken. Was dann? Was?! Du als polnischer Offizier? Mit der Rogatka (polnische Militärmütze) auf dem Kopf? Vielleicht die Rotta singend? (So nannte man im Dialekt ein polnisches Spottlied auf die Deutschen.) Als Soldat müsstest du natürlich dein Vaterland verteidigen. Welches Vaterland? Und gegen welches?« Niemand wusste dazu etwas zu sagen.

»Wir werden uns über kurz oder lang woanders eine neue Existenz aufbauen müssen. Das wird schwierig werden in meinem Alter. Ich bin jetzt schon 57. Aber wir werden gehen müssen. Und du vielleicht schon früher, vielleicht sogar allein ... Wer weiß?« Die letzten Worte hatte er langsamer und etwas leiser zu mir gesagt. Meine Mutter unterbrach ihn plötzlich mit halb erstickter Stimme: »Also, Hugo, jetzt hör aber endlich auf! Was soll der ganze Quatsch! Sei doch nicht immer so pessimistisch! Es kann doch noch alles gut werden!« Ob sie das wirklich geglaubt hat?

Doch er sollte Recht behalten. Bald würde ich allein sein.

Die folgende Nacht wurde unruhig. Schüsse krachten immer wieder und zerrissen die Stille der Nacht, die uns in unserer Einsamkeit noch stiller als sonst erschien. Dazwischen hörte man ein paar Töne eines schwermütigen polnischen Bergliedes. Es waren, wie ich später hörte, ein paar Polen von der russischen Grenze angekommen – ebenfalls ausgewiesen, dieses Mal von den Russen. Vielleicht hatten sie Heimweh. Ja, Heimweh, das hatten damals so viele! Aufgeschreckt durch die Schüsse, bellten ein paar Hunde. Dann war es wieder still, gespenstisch still.

Dann riss uns plötzlich das Geräusch zerbrechender Äste aus dem Schlaf. Wir hörten ein merkwürdiges Getrappel und ein unruhiges Schnaufen. Dann lautes Gebrüll – von Kühen! Ich sah zum Fenster hinaus. Das gab es doch nicht! Da schob sich eine ganze Herde von Kühen in unseren Garten. Den Zaun hatten sie schon niedergetrampelt. So etwas war noch nie passiert. Was wollten sie wohl? Sie konnten ja überall fressen. Und unser Gras war auch nicht besser als das der Nachbarn. Suchten sie die Menschen? Plötzlich sah ich einen Mann im Schlafanzug, der mit einem dicken Stock bewaffnet auf die Herde losrannte. Ich konnte es kaum glauben, aber es war wirklich mein Vater.

Er versuchte sie aus unserem Garten zu treiben. Das war aber gar nicht so einfach, wie sich herausstellte. Denn die Kühe fanden das offenbar irgendwie lustig. In unserem Garten gab es nämlich eine lang gezogene Hecke, um die man herumlaufen konnte. Und genau das taten sie, gefolgt von meinem Vater, der in seinem gestreiften Pyjama (dafür aber mit eleganten schwarzen Schuhen!) wild fuchtelnd schrie – ein Bild für Götter! Das ging so eine Weile. Ich erlaubte mir, diese einmalige Situation ein wenig zu genießen, und war sehr gespannt, wie das Schauspiel enden würde.

Plötzlich nahm das Geschehen eine unerwartete Wendung. Die Kühe machten kehrt und rannten auf meinen verblüfften Vater zu. Bald wurde mir auch klar, warum: An der Spitze der Herde lief nun der »Bürgermeister«, mit dem ich ja schon Bekanntschaft gemacht hatte. Der Dorfbulle wünschte offenbar etwas Abwechslung und stürmte immer schneller auf meinen Vater zu. Nun wurde es doch etwas brenzlig. Meine Mutter sah das Drama vom Schlafzimmerfenster aus und schrie aus Leibeskräften: »Hugooooo!« Da blieb der Stier abrupt stehen. »Dabei hieß er gar nicht Hugo«, dachte ich. Die nachdrängenden Kühe prallten auf ihn. Er brummte unwillig und machte sich erneut auf in Richtung meines Vaters, der mit dem Stock in der Hand etwas unschlüssig dastand. Fast wie ein Torero, dachte ich, und der Schlafanzug hatte auch noch rote Streifen!

Nun, mein Vater, ehemaliges Mitglied einer Turnerschaft und altgedienter Weltkriegsoffizier mit mehreren Auszeichnungen, hatte nicht die Absicht, zurückzuweichen. Daran änderte auch mein Rufen nichts. Ich wäre längst auf den nächsten Baum gesprungen. Er aber hielt seinen Stock wie einen schweren Säbel in der Hand und rührte sich nicht. Verzweifelt schrie ich: »Vatiiii! Mensch, hau doch ab! Hau ab! Die trampeln dich um!« Er aber stand wie eine deutsche Eiche und reagierte nicht auf diese Aufforderung zum Rückzug. Abhauen kam für ihn nicht in Frage. Mir brach der Schweiß aus. Wie konnte er nur so stur sein! »Vaaatiii! Die trampeln dich um!«, schrie ich erneut. Ich weiß nicht, was geschehen wäre, wenn ihm nicht der Zufall zu Hilfe gekommen wäre. Einige der offensichtlich wild gewordenen Tiere prallten von der Seite her stürmend auf den Bullen, sodass dieser in die Hecke rannte und sich mit den Hörnern in den Zweigen verhedderte. Er blieb stehen und zerrte mit Mühe und zornigem Brummen seinen Kopf aus dem Gebüsch. Mein Vater hielt es jetzt doch für besser, sich in gepflegtem Laufschritt zu entfernen. Der Bulle riss sich brüllend los, schwenkte seinen Schädel hin und her, als ob er seinen Gegner suchte, und trottete schließlich enttäuscht aus dem Garten. Sein Jagdobjekt war verschwunden! Doch die Kühe blieben. Hier musste irgendetwas sein, das sie mehr interessierte als der Bulle.

Mein Vater gab seine Bemühungen auf und klopfte mit seinem Stock an die Haustür. Es gab einen fast heldischen Klang. Meine Mutter schloss ihren geretteten Hugo mit einem lauten Seufzer in die Arme. Meine Schwester Hanne, die ihr Bett grundsätzlich nur ungern verließ, rief: »Die Biester sind immer noch da!« Wir schauten alle vier in die Nacht hinaus. Immer noch durchstreifte das Vieh brüllend unseren Garten. Da ich oft genug Kühe gehütet hatte, konnte ich recht gut zwischen den Tierlauten unterscheiden. In Kinderbüchern ist oft zu lesen: »Die Kuh macht ›Muuh‹.« Einfach nur »Muuh«, und das glauben dann die Stadtkinder! Diese »Muuhs« können aber sehr unterschiedlich ausfallen. Was wir hier hörten, klang so ähnlich wie am Abend, wenn die Kühe gemolken werden sollten, nur etwas kläglicher. Ich ging hinaus, und da sah ich es: Die vollen Euter waren rot und geschwollen. Seit meinem letzten Einsatz hatte sich niemand mehr der armen Kühe angenommen. Also lief ich in den Garten. Da drängten sich die Tiere geradezu vertrauensvoll um mich. Ich sah mich nach einem Eimer um. Aber alle unsere Eimer waren schon voll Milch. Außerdem hatte mir meine Mutter in ihrer klaren, unmissverständlichen Art heute schon gesagt: »Junge! Untersteh' dich und bring mir wieder Milch. Ich ka…« Sie unterbrach sich erschrocken. »Ich habe schon ganz hellen Stuhl!«

Also begann ich, die Kühe einfach auf die Wiese zu melken. Aus den Zitzen kam teilweise fast so etwas wie Quark. Die Milch hatte sich bereits zersetzt und die Euter entzündet. So etwas hatte ich noch nie gesehen. Ich watete förmlich in verdorbener Milch. Das muss ein beeindruckender Anblick gewesen sein. Hanne sah mir jedenfalls aus dem Fenster interessiert zu. Geholfen hat sie mir nicht. Mit dem Arbeiten hatte sie es nicht so, obwohl sie später viel und hart schaffen musste, als Dienstmädchen und dann für ihren Mann und die vier Kinder. Das zu ihrer Entschuldigung. Vielleicht hatte sie so etwas ja schon geahnt und sich deshalb in jungen Jahren nach Möglichkeit gedrückt. Na ja!

Endlich hatte ich es geschafft. Die Kühe waren zufrieden, und ich war kaputt. Die Tiere verließen mit deutlicher Erleichterung unseren Garten. Ich fiel ins Bett und schlief sofort ein, trotz schmerzender Arme und trotz der wiederholten, unwilligen Bemerkungen meiner Schwester, dass ich fürchterlich nach Kuh stänke. Ich erwiderte ihr noch schnell: »Hättste mir geholfen, würd'ste auch so stinken, und dann tät'ste mein Parfüm nich so merken!«

Dann schlief ich zufrieden ein und träumte von Milch, viel Milch …

Am nächsten Tag sah ich sie, die ersten Polen, die offensichtlich ihrerseits von den Sowjets aus dem ehemaligen polnischen Osten ausgewiesen worden waren. Es waren nur wenige Familien, etwas zerlumpt und mit wenig Gepäck. Sie hatten jeweils irgendein Haus in Besitz genommen und freuten sich sichtlich über die Dinge, die sie darin fanden. Sie waren ängstlich und schauten uns misstrauisch an. Bauern schienen sie nicht zu sein. Ein paar polnische Soldaten kamen vorbei. Mein Vater fragte sie, was das nachts für eine Schießerei gewesen sei. Sie wollten zunächst nichts sagen. Schließlich räumte einer leise und etwas verlegen ein, dass die Soldaten und vor allem die neu angekommenen Polen Angst hätten, dass die Deutschen nachts kommen könnten, um das Dorf wieder in Besitz zu nehmen, mit Gewalt. Mein Vater musste verblüfft lachen und fragte, wie die halb verhungerten Deutschen das denn machen sollten, noch dazu ohne Waffen. Der Soldat sah meinen Vater merkwürdig an und sagte zu unserer Überraschung: »Deutsche brauchen nix Gewehre, kommen nachts mit Messer zwischen die Zähnen.« Wir waren schon erstaunt, was man einem Volk zutraute, das vollkommen daniederlag, Angst hatte und verzweifelt alles mit sich machen ließ.

Eines Abends brachte unser Schachspieler ein frisch gebackenes Brot mit. Wie das duftete! So etwas hatten wir seit Tagen nicht mehr gehabt! »Im Nachbardorf gibt es jetzt einen Bäcker«, sagte er kurz. Wir hatten bisher überwiegend von Kartoffeln, Eiern, Milch und von mir geschlachteten Hühnern, na ja, und von selbst gebackenem Brot gelebt. Aber wie sollten wir das Brot kaufen? Mein Vater verdiente nichts. Der

Pole lachte: »Bald werden Sie etwas verdienen. Der Bäcker hat manchmal nicht gut Luft. Machen Sie ihn Luft bekommen, dann bekommen Sie Brot, so viel Sie wollen.« Und so war es.

Der Bäcker meldete sich. Er hatte Asthma, wie mein Vater feststellte. Ein Allergietest war natürlich damals nicht möglich, und Medikamente waren nicht zu haben, da es keine Apotheke gab. Später kam manches mit dem heimlichen Grenzverkehr zu uns und wurde gegen Speck eingetauscht. Nun, mein Vater hatte noch einen kleinen Vorrat eines von ihm selbst zusammengestellten und auch nach ihm benannten Pulvers. Es wirkte! Der Bäcker konnte wieder tief atmen und war begeistert. Dafür versorgte er uns zwei Wochen lang mit frischem Brot. Als Sonderzugabe erhielt mein Vater drei Tafeln Schokolade. Schokolade! So etwas hatten wir schon lange nicht mehr gehabt. Weiß der Teufel, wo der Bäcker sie her hatte!

Nun, damals war vieles unmöglich, aber auch vieles möglich. Die Herkunft der Köstlichkeit war uns letzten Endes egal. Wir setzten uns abends zufrieden ins Wohnzimmer. Jeder verzog sich mit einem Buch in einen Sessel und machte sich Stückchen für Stückchen über die Schokolade her. Meine Mutter tat sich dabei mit einer besonderen Kunst des Genusses hervor: Sie kaute nicht, nein, sie lutschte und empfahl uns, es ihr gleichzumachen. Zumindest aber sollten wir langsam essen. Na, sie hatte vielleicht Vorstellungen, wo es doch so gut schmeckte! Unser Vater stopfte sich lieber rasch und geradezu gedankenlos ein Stück nach dem anderen in den Mund. Da fürchtete meine Mutter sogleich um ihren Anteil und rief empört: »Hugooo, also bitte langsam! Du isst das ja wie Brot!« Mein Vater sah kurz auf und gab trocken zurück: »Na, soll ich das vielleicht wie Wurst essen?« Und er stopfte sich schnell noch ein Stück in den Mund. Meine Mutter warf ihm einen abweisenden Blick zu und sicherte sich rasch ihren Anteil. Da mussten wir alle lachen, und das tat fast so gut wie die Schokolade.

Wir hungerten also nicht. Doch es fehlte so manches Wichtige, wie beispielsweise Butter. Unsere Vorräte waren längst verbraucht oder ranzig geworden. Also mussten wir selbst Butter machen.

Aber wie? Keiner von uns hatte das jemals gemacht. Immerhin hatte ich der Frau vom Heidrichbauer manchmal beim Buttern zugeschaut und wollte es auf einen Versuch ankommen lassen. Ich erinnerte mich, dass man ein Fass brauchte, in das man abgestandene Milch füllte und das dann mit einer Kurbel gedreht wurde. Also machte ich das mit Eifer nach, bekam aber nur eine saure Milch, in der viele kleine Butterklümpchen lustig herumschwammen. Ich war mit meiner Leistung eigentlich zufrieden, und mir schmeckte das Resultat. Meine Mutter hingegen sagte ungeniert: »Pfui Teufel! Die kannst du alleine trinken!« Und meine Schwester probierte das Gemisch erst gar nicht. Ich musste einsehen, dass es gar nicht so einfach war, meinen »Konsumenten« gerecht zu werden. Ich gab aber nicht auf, und nach einigen weiteren Versuchen gelang es mir, immerhin einen kleinen, mit Milch getränkten Butterklumpen herzustellen. Höhere »Qualitätsstandards« waren zu dieser Zeit noch nicht drin, und so mussten sich eben alle damit zufrieden geben. Ich hatte der Bäuerin wohl doch nicht sorgfältig genug zugeschaut! Erst mit der Zeit kam ich darauf, dass ich nicht einfache Milch hernehmen durfte, sondern abgeschöpften Rahm verwenden musste. Zu meinem Erstaunen brauchte ich etwa sieben Liter davon, um 300 bis 400 g Butter zu erhalten. Aber wir hatten ja genug Milch.

Meine Mutter und meine Schwester verstanden es schließlich sogar, Quark zu machen. Die Pfälzer sagen dazu weißer Käse und essen ihn gern zu Pellkartoffeln mit Schnittlauch und Zwiebeln. Meine Mutter zauberte aus diesem Quark herrliche Quarkkeulchen, auch wenn ihr damals dazu einige Zutaten fehlten wie Muskatnuss und Vanillezucker. Ihre Keulchen waren übrigens keine richtigen »Keulchen«, sondern eher eine Art größerer Plätzchen. Diese spezielle Variante, wie sie zur Tradition unserer Familie gehörte (und auch heute noch von meiner Frau meisterlich gepflegt wird!), soll nicht eines Tages dem Vergessen anheimfallen. Daher ist es mir ein Anliegen, auch dieses Rezept zu notieren. (Heute kann man Keulchen übrigens in manchen Lokalen der Oberlausitz, also in der Gegend von Zittau, wieder bekommen.)

Quarkkeulchen
für 4 Personen

800 g am Vortag gekochte Kartoffeln
100 g Rosinen
180 g Mehl
1 Teelöffel Backpulver
500 g Quark
2 Eier

½ Teelöffel Salz
Eine Spur geriebene Muskatnuss
1 Päckchen Vanillezucker

Den zu einer Rolle geformten Teig in Scheiben schneiden und in Butterschmalz auf beiden Seiten goldbraun etwa 8 Minuten braten. Mit Zucker und Zimt bestreut genießen.

Irgendwann gelang es meiner Mutter sogar, eine Art von ziemlich kräftig duftendem Käse herzustellen (wir nannten es jedenfalls Käse!), der uns in Ermangelung besserer Lebensmittel auch ein wenig schmeckte. Der Geruch der herumhängenden Sauermilchbeutel war allerdings nicht gerade angenehm! Überhaupt waren meine Mutter und meine Schwester recht erfinderisch. Als der Zucker aufgebraucht war, kochten sie zerschnittene Zuckerrüben (die ich beschafft hatte) in einem Wäschekessel ab. Die dabei entstehende dunkle Brühe wurde durch ein Sieb gegossen. Mit diesem Sirup süßten sie die Speisen. Es gelang ihnen später, damit auch eine Art Kuchen herzustellen. Sie nannten ihn konkurrenzlos so. Wenn wir kein Weizenmehl mehr hatten, wurden dafür Kartoffeln verwendet. (Die konnte ich in den Kellern der Bauern immer finden.) Nun, auch das schmeckte. Auf jeden Fall mussten wir nicht hungern wie unsere vertriebenen Nachbarn.

Ich führte ein eigenartiges Leben. Oft streifte ich einfach durch das vereinsamte Dorf. Auf dessen einziger Straße begegnete ich immer wieder den von mir freigelassenen Tieren. Sie suchten mich geradezu. Die

Kühe und Ziegen wollten immer wieder gemolken werden, und ich erledigte das dann gleich an Ort und Stelle. So manches Mal lief eine Ziege einfach neben mir her. Ich legte ihr dann die Hand auf den Rücken, und sie fühlte sich sichtlich wohl. Es muss ein paradiesisches Bild gewesen sein, das ich jetzt mit geradezu jugendlichem Gefühl noch einmal genieße. Ich kam mir vor wie der kleine Mogli im Dschungelbuch. (Ich hatte die Geschichte gerade erst letztes Weihnachten gelesen.) Natürlich unterhielt ich mich auch mit den Tieren und gab ihnen Namen, wie sie mir gerade so einfielen. Freunde zum Unterhalten hatte ich ja keine mehr. Wo mochten sie sein? Ja, wo? Dieser Gedanke riss mich immer wieder jäh aus solch einer idyllischen Stimmung.

Die wenigen inzwischen angekommenen Polen beachteten mich nicht. Sie hatten keine Kinder, die vielleicht mit mir gesprochen hätten. So blieb ich allein. Was mich aber nicht sehr störte.

Auf den Feldern wuchsen Klee und Lupinen. Die Kühe fraßen einen Teil ab und zertrampelten den Rest. Das Getreide stand schon mittelhoch und begann im Sommerwind hin und her zu wogen. Wer würde es ernten? Ich konnte zwar Gras mähen, aber mit der Getreidesense hatte ich noch nicht gearbeitet. Na ja, noch war es nicht so weit.

Nun waren schon fast zwei Wochen seit der Ausweisung vergangen, ohne dass wir irgendetwas von den Nachbarn gehört hätten. Es war Sonntag, also der Tag, an dem wir sonst immer in die Kirche im Nachbardorf gegangen waren. Manchmal hatte uns mein Vater mit dem Auto gefahren, aber seit dem Einmarsch der

Russen waren wir, wenn wir uns überhaupt auf die Straße trauten, nur noch gelaufen; denn das Erste, was uns die Russen wegnahmen, war das Auto. Beim Frühstück – Kaffee gab es natürlich schon lange nicht mehr, nur heiße Milch –, da fiel mir auf, dass meine Mutter sich wie in früheren Zeiten vornehmer als an den Wochentagen angezogen hatte. In unserem Dorf pflegte man zu sagen, man zieht am Sonntag »Sunnschzeug oa«, das heißt die zum Kirchgang passende Sonntagskleidung. Auf meinen erstaunten Blick hin erklärte meine Mutter energisch: »Ja, wir dürfen uns nicht einfach verkommen lassen und anfangen, wie die Urmenschen zu leben. Wir gehen heute in die Kirche.« Mein Vater lachte: »Du hast Recht. Du gefällst mir in dem Kleid auch viel besser«, und er fügte ein wenig listig hinzu: »Aber sonst wirst du niemandem begegnen, dem du gefallen könntest, auch unser Pfarrer ist nicht mehr da. Den haben sie auch ausgewiesen, obwohl er mindestens so katholisch ist wie die Polen. Aber das war ihnen wohl nicht so wichtig. Wichtiger war ihnen anscheinend, dass er Deutscher ist, eben ein deutscher Katholik.« Er schien noch etwas sagen zu wollen, schüttelte aber nur den Kopf.

Meine Mutter erwiderte: »Egal, ob der Pfarrer da ist oder nicht, der Herrgott wird da sein, er kennt unsere Uhrzeit. Wir gehen!« Sie sah sich um wie ein Dompteur in der Manege. Offensichtlich vermutete sie Widerspruch von der Jugend, doch sie wartete diesen gar nicht erst ab, sondern sah Hanne und mich angriffslustig an und fügte kurzerhand hinzu: »Und ihr beide geht mit, zieht euch aber vorher anständiger an.« Bums, da hatten wir es!

»Was heißt hier anständig?«, dachte ich. Auf Kleidung hatten wir seit zwei Wochen keinen Wert mehr gelegt. Aber in die Kirche ging man immer fein angezogen. Ob man dem lieben Gott oder mehr den anderen Menschen gefallen wollte? Heute trug Mutti ein schickes Kleid, das mich geschmacklich nicht überforderte. Vor einiger Zeit jedoch hatte sie ein hoch modernes Kleid angezogen, das ich als Dorfjunge für unmöglich hielt. Es war, nun, ich kann es gar nicht beschreiben. Jedenfalls hing hinten eine Art Schleife herunter, die sich beim Gehen hin und her bewegte. Das war zu viel für einen einfachen Dorfjungen! »Wie das aussieht! Wie ein hin und her wackelnder Kuhschwanz«, sagte ich, »da geh ich nicht mit! Da lachen mich die anderen Jungen aus!« Meine Mutter reagierte empört: »Halt deinen Mund! Davon verstehst du nichts. Das ist modern und schick. Die anderen Frauen werden begeistert sein. Natürlich gehst du mit mir!« Nun habe ich aber offenbar etwas von dem eisernen Willen meiner Mutter geerbt: Wir sahen uns an wie zwei Raubtiere, bereit, um ihr Revier zu kämpfen.

Ich knurrte vernehmlich: »Nein!«

Meine Mutter (sie knurrte natürlich nicht): »Sei nicht ungezogen! Wirst du wohl brav sein!« Das Wort »brav« schmeckte mir ohnehin nicht. Ich schüttelte den Kopf. Mutti zeigte ihr gefährlichstes Lächeln. Ich ging sicherheitshalber einen Schritt zurück. »Gleich wird sie fauchen wie eine Wildkatze«, dachte ich respektlos. Also lenkte ich ein: »Gut, ich gehe mit, aber mindestens fünf Schritt hinter dir!« So geschah es, wenn auch die Dorfbewohner verwundert schauten. Wenn mich einer meiner Kumpels sah, machte ich eine hilflose Bewegung und zuckte mit den Schultern. So war die Situation für mich einigermaßen erträglich.

Gut, heute hatten wir keine Probleme. Wir taten wie befohlen und gingen, meine Mutter in der Mitte, rechts Hanne, links ich. Es war eigentlich alles in Ordnung. Doch halt! Gar nichts war in Ordnung! Gisela fehlte! Wo mochte sie sein? Wir hatten noch nichts von ihr gehört. Wie sollten wir auch, Post gab es nicht, Telefonverbindung natürlich erst recht nicht, und der heimliche Nachrichtendienst über die Grenze funktionierte noch nicht gut. Mutter und Hanne dachten wohl auch daran. Jedenfalls waren beide auffällig still.

Nun, wir hatten die Straße für uns. Wer sollte jetzt auch in die Kirche gehen? Sonst war das halbe Dorf unterwegs gewesen, alle fein herausgeputzt. Man grüßte rechts, grüßte links. Die Frauen tauschten schnell noch Neuigkeiten aus, bevor sie in der Kirche eine Stunde ruhig sein mussten (vom Singen und gelegentlich lauten Beten abgesehen). Die Straße schien jetzt länger als sonst zu sein.

»Verflucht ruhig heute!«, sagte meine Mutter. Wir nickten ihr stumm zu und gingen weiter. Man hörte unsere Schritte auffällig laut, wie in einer leeren Fabrikhalle. »Heb deine Füße und schlurf nicht so dahin!«, blitzte mich meine Schwester gereizt an, wahrscheinlich nur, um etwas zu sagen. Die Stille bedrückte uns alle. So sah ich ihr auch diesen erneuten Erziehungsversuch nach (es war einer von sehr vielen), sah sie mitleidig an und hob wortlos, aber übertrieben die Füße in die Höhe. »Ist es recht so, mein liebes Schwesterlein, oder soll ich die Hüften dazu schwenken, was meinst du?«, fragte ich scheinheilig und ging im Stechschritt weiter. Sie murmelte etwas Unverständliches und machte eine wegwerfende Handbewegung.

Endlich, nach 40 Minuten erreichten wir die Kirche im Nachbardorf Seitendorf. Sie lag auf einem kleinen Berg mitten im alten Friedhof über dem Dorf. Dieser Anblick hatte mir immer imponiert. Man konnte von ihr weit in das Land schauen, bis zum Sandberg, der unser Dorf vom Nachbardorf trennte.

Ja, unsere Kirche in Seitendorf! Unglaublich! Jahrzehnte später würde alles nicht mehr wiederzuerkennen sein. Da besuchte ein ehemaliger Schulkamerad nach der »Wende« diese katholische Kirche und schickte mir Fotografien davon. Sie war bedrückend vernachlässigt. Der zuführende Weg war voll Unkraut. Das Hauptschiff glich mehr einer alten, nicht mehr benutzten Scheune. Auf dem vermoosten Dach fehlten Ziegeln, der Putz war teilweise von den Wänden abgebröckelt, die eigenartig geschwungenen, etwas verschlafen wirkenden Dachfenster waren ohne Scheiben. Wieder drängte sich mir der Vergleich mit erloschenen Augen auf. Man ließ das Haus Gottes dahinsiechen und langsam sterben. Warum ließen das die Polen zu, die katholischen Polen?

Der Schulfreund schrieb mir auch über Seitendorf: »Es sind dort nur mehr zehn bis 15 bewohnte Häuser. Die Situation ist trostlos, ... dazu ein miserabler Weg ... auch in Reichenau (ein anderes Dorf in der Nähe, sein Heimatdorf) schreitet der Verfall rapide fort ...« Warum?

Ich lege die Notizen kurz beiseite und denke bei diesen Bildern unserer Kirche daran, wie schön es ist, dass nun, viele Jahrzehnte später, Schulkameraden aus der ehemaligen Heimat einander aufgespürt haben, indem sie alle Möglichkeiten bis zum Internet nutzten. Das war nicht einfach; denn die Ausgewiesenen waren nach verschiedenen Lageraufenthalten mehr oder weniger freiwillig über ganz Deutschland verteilt worden. Jeder versuchte, sich irgendwie durchzuschlagen. Dabei gingen alle Verbindungen verloren. Am Ende des Berufslebens begannen viele zu suchen. Und sie fanden einander! Auch bei mir klingelte eines Abends das Telefon: »Hallo! Sag mal, bist du vielleicht unser Doktor-Werner aus Dornhennersdorf? Was? Wirklich? Mensch, prima!«

Man schickte sich Fotos zu, die gerettet oder bei späteren Besuchen gemacht worden waren. Sie zeigten, wie sich die verlorene Heimat, aber auch die eigenen Gesichter verändert hatten. Man traf sich. Man freute sich über das Wiedersehen und viele kleine Erinnerungen, die man sich vorsichtig reichte, behutsam wie eine übervolle Tasse, um ja nichts zu verschütten von der unwiederbringlichen Kostbarkeit. Wir erlebten so einen Teil unserer plötzlich und brutal abgebrochenen Jugend noch einmal, wie wenn das Schicksal uns etwas wiedergeben wollte, das es uns einst vorenthalten hatte. Ich spüre heute eine tiefe Dankbarkeit dafür und möchte meine Gedanken jetzt all denen weitergeben, denen eine gemeinsame Erinnerung versagt blieb.

Auch meinen Volksschulkameraden und Nachbarn Reinhold Friedrich sah ich so nach 45 Jahren wieder, kurz vor seinem Tod an Magenkrebs. Er hatte mich gesucht und gefunden. Er wollte noch einmal über seine Kindheit sprechen. Das taten wir auch, aber er war müde geworden, ein anderer. Er sprach seinen Heimatdialekt nicht mehr … Ich tat, wie wenn ich es nicht bemerken würde. Die Augen des Todkranken leuchteten nur noch matt, aber sie leuchteten, als wir von der Heimat erzählten …

Ich lese weiter über unseren denkwürdigen Kirchgang.

Wir gingen den Berg hinauf, allein! Noch kürzlich war der Weg um diese Zeit voller gut gekleideter Kirchenbesucher (damals fühlte man sich noch verpflichtet, sonntags in die Kirche zu gehen). Man begrüßte sich, freute sich über das Wiedersehen nach sechs Tagen harter Arbeit, begutachtete ein neues oder »auf neu gemachtes« Kleid bei den Leuten vom Oberdorf, schimpfte schnell über irgendetwas und tauschte auch hier rasch einige Neuigkeiten und Gerüchte aus.

Jetzt beängstigende Stille. Kein Lüftchen rührte sich. Rechts von der Kirche stand das Haus eines Lehrers, der mich neben anderen in der Volksschule unterrichtet hatte. Einst gepflegt und supersauber wie der Lehrer selbst, sah es jetzt verwahrlost aus, die Vorhänge hingen aus den zerschlagenen Fensterscheiben. So etwas hätte ich dem Lehrer nicht gewünscht, obwohl ich ihn nicht nur in guter Erinnerung hatte; denn damals wurde in kritischen Situationen noch der Rohrstock benutzt! Er hatte ihn drohend erhoben, als ich einmal nicht wusste, ob das »m« zwei oder drei Striche nach unten hat. Er meinte, ich sei nur bockig und wolle es ihm nicht sagen, was aber überhaupt nicht stimmte. Er war noch ein Vertreter jener alten Pädagogik, in der man glaubte, durch Stress und Drohung verborgenes Wissen hervorlocken zu können.

Aber bei mir war offensichtlich nichts zu locken! Jedenfalls damals nicht! Nun, Schwamm drüber!

Wir standen vor der schönen, schweren Kirchentür. Ich musste daran denken, wie uns vor einigen Wochen unser Hund bis hierhin begleitet hatte. Natürlich wollte er jetzt mit hinein. Da stand aber die Schwester unseres Pfarrers, seine Köchin, die auch sonst nach dem Rechten zu sehen pflegte. Sie stellte unseren Hund und schrie ihn mit ausgestrecktem Zeigefinger an: »Du bleibst draußen!« Unser Seppl missdeutete dies als den Ausdruck einer aggressiven Handlung und biss kurzerhand in den drohenden Finger. Ein gellender Schrei! Selbst Seppl erschrak darüber und suchte schleunigst das Weite. Sie schaute sich drohend um. Als ich sie freundlich anlächelte, schrie sie: »Das war dein Hund!« Ich antwortete gefasst: »Ich habe keinen Hund.« »Du lügst! Und das am Kirchentor!« »Nein, ich lüge nicht!« Sie wusste nichts mehr zu sagen; denn sie war den frivolen Gedankengängen eines Vierzehnjährigen nicht gewachsen; der sich tatsächlich keiner Lüge bewusst war. Der Hund gehörte ja schließlich meinen Eltern! Haha! Ich muss heute noch ein wenig darüber schmunzeln.

Wir gingen in die Kirche. Die alte Holztür knarrte wie immer, aber sonst – wir erschraken – war nichts mehr wie zuvor. Alles war leer, düster und kalt, der Altar nicht beleuchtet, das so genannte ewige Licht erloschen. Spinnweben hingen herunter und wehten hin und her, als wir eintraten. Wir hatten das Gefühl, der Herrgott hätte diese Kirche verlassen.

War er mit den Dorfbewohnern gegangen? Oder hatte er das Elend einfach nicht mit ansehen können? Dummer, kindlicher Gedanke!

Selbst die Sonne schien nicht mehr durch die hohen, bunten Fenster.

Wir setzten uns beklommen in eine der leeren Bänke.

Da standen noch auf kleinen, weißen Emaille-Schildern die Namen der alten Bauern, die hier zu sitzen gepflegt hatten. Nun saß keiner mehr von ihnen hier. Man spürte die Leere geradezu körperlich. Nach einigen Minuten stand plötzlich meine Mutter auf, mit grimmigem Gesicht, und marschierte mit lauten, durch die leere Kirche hallenden Schritten zu dem vereinsamt wirkenden Altar, zog eine Kerze aus ihrer Tasche, steckte sie in einen der leeren Kerzenständer und zündete sie an. Sie schien uns geradezu zu wärmen. Jetzt fühlten wir uns ein wenig wohler und nicht mehr ganz allein.

Plötzlich erschien eine Katze neben mir. Unmöglich, an diesem heiligen Ort! Früher wäre so etwas nicht geschehen! Sie schmiegte sich nach Katzenart flüchtig an meine Beine und sprang dann auf die Unterschenkel meiner neben mir knienden Mutter. Diese schoss mit einem halb unterdrückten Schrei wie eine Rakete in die Höhe, sodass das Tier aufkreischend auf den Boden fiel. Es verschwand blitzartig unter den Bänken. Mutti warf mir einen empörten Blick zu, was ich mit einem unschuldigen, breiten Grinsen beantwortete. Hanne sah mich misstrauisch an. Aber ich konnte doch dieses Mal wirklich nichts dafür! Oder? Vielleicht doch ein kleiner Schubs, damit die Katze … Nein, wirklich nicht!

Dieses kleine Zwischenspiel hatte uns kurz entspannt, aber dann war die alte Traurigkeit wieder da.

Ich sah mich um in dieser Kirche voller Jugenderinnerungen. Aber daran konnte ich jetzt nicht denken. Die leere Gegenwart war so bedrückend. So dachte ich nicht daran, was wir manchmal auch an diesem heiligen Ort an Lausereien angestellt hatten. Wir Buben verzogen uns zur Messe, wenn wir nicht zum Ministrieren eingeteilt waren, möglichst auf die Empore. Die Kirche hatte zwei davon, auch noch übereinander. Das waren geradezu zwei Freiheitsgrade mehr! Aber zu viel Freiheit bringt bekanntlich auf dumme Gedanken! Einer von uns kam auf die Idee, hinunterzuspucken und dabei natürlich auf einen frommen Beter oder noch besser auf eine Beterin zu zielen. Eine verrückte, eine Wahnsinnsidee! Der Zielsicherste von uns wagte es. Er traf eine junge Frau, die den Kopf betend gesenkt hatte, in den Nacken. Man hörte ein klatschendes Geräusch und einen unterdrückten Schrei. Alle Köpfe drehten sich ruckartig zu der armen Frau und dann suchend nach oben. Wir waren selbstverständlich wie der Blitz vom Geländer der Empore verschwunden, aber der Kaplan (damals hatten die Pfarrer noch Kapläne!), der seine Pappenheimer kannte, pflegte während der Messe, die der Pfarrer hielt, Kontrollgänge auf den Emporen zu machen. Er hatte wieder einmal blitzschnell kombiniert und erschien wie ein Erzengel vor dem Paradiese. Wir schauten ihn unschuldsvoll lächelnd an. Das beeindruckte ihn aber gar nicht. Er ließ uns keine Chance. Er wies mit strengem Zeigefinger nach unten, sagte mit leicht betonter Stimme: »Rrrrunter!«, und verschwand in Richtung Kirchentür.

Wir sahen nun aus wie das personifizierte schlechte Gewissen und folgten ihm wortlos. Er sah uns prüfend an, dann sagte er langsam: »Es ist mir egal, wer das war; denn in eurem Herzen wart ihr es alle. Jetzt geht ihr in die Sakristei und betet nach der Messe einen Rosenkranz.« Ausgerechnet Rosenkranz! »Wir haben keinen mit«, rief einer triumphierend. Der Kaplan griff jedoch in seine Tasche. Damit hatte er gerechnet: »Ich habe einen für jeden von euch.« Während er das sagte, zuckte es in seinem Gesicht verdächtig. Heute würde ich sagen, dass er sich innerlich kaum vor Lachen halten konnte.

Er war ein prima Kerl, leider anscheinend nicht für alle. Ein Jahr später kam er ins KZ – er hatte irgendeine Bemerkung gemacht, die den Nazis nicht gefiel –, noch ein Jahr später hatte man ihn umgebracht.

Nein, daran dachte ich heute nicht, wirklich nicht. Vielleicht doch ganz kurz? Nein, da war ja auch niemand da, den man daran hätte erinnern können. Erinnerungen lassen sich viel schöner mit anderen zusammen genießen. Es war nicht die Zeit für lustige Erinnerungen. Da war nur die geradezu entleerte Gegenwart!

Ich begann stumm zu beten. Das Gebet ging nicht mehr um die in diesem Jugendalter oft lächerlichen Dinge, die zu fehlen schienen, sondern jetzt ging es um das, was wirklich fehlte: »Lass sie zurückkommen, Herrgott, lass sie doch zurückkommen! Du kannst das doch, du bist doch allmächtig, lass sie doch …«, betete ich und wiederholte diese Bitte immer wieder und immer dringender. Ich hatte noch nie so innig gebetet. Ich muss es plötzlich laut gesagt haben; denn die beiden Frauen sahen mich auf einmal an, und meine Mutter weinte …

Da ging die Tür auf, und ein uns fremder Mann in Zivil kam herein. Er ging auf uns zu, sah uns eine Weile an, dann sagte er freundlich lächelnd: »Deutsch?« Wir nickten stumm. Er erklärte uns in gutem Deutsch, dass er Priester und hierher beordert sei. Er habe sich eben die Kirche ansehen wollen. Er kniete sich neben uns.

Nach kurzer Zeit sah er uns wieder an und sagte: »Traurig?« Ich war wütend über diese blöde Frage und hätte ihm das am liebsten ins Gesicht gesagt. Meine Mutter sah ihn verständnislos an und sagte: »Ja, und wie, was soll die Frage! Sie wissen doch, was geschehen ist. Das ist doch alles Unrecht, was geschehen ist, das ist doch wahr!«

Er nickte und antwortete zunächst nicht, sondern sah eine Weile ernst zum Altar. Dann sagte er leise auf das Altarkreuz schauend: »Es gibt so viel Unrecht, deutsches und polnisches, allgemein menschliches, es ist schlimm. Beten wir zusammen ein Vaterunser für die, die es getan haben und es vielleicht sogar für Recht hielten.«

Er schwieg kurz und sagte dann: »Beten wir auch für diejenigen, die das Unrecht nicht verstehen und nicht verzeihen können.« Er betete laut. Es klang gespenstisch in der leeren Kirche. Als er zu der Bitte kam: »Dein Wille geschehe«, wandte er sich zu uns und sagte noch lauter, aber fast bittend: »Dein Wille, nicht meiner, nicht eurer, sondern dein Wille geschehe.« Und später wieder laut, den Kopf gesenkt: »Und vergib uns unsere Schuld, wie auch wir vergeben … ja, vergeben unsern Schuldigern.« Dann kam er zu dem Satz: »Erlöse uns von dem Bösen«, bei dem er hinzufügte: »von allem Bösen, auch von dem Bösen, das wir in uns tragen, wenn man uns Böses getan hat ...« Erst nach einer Weile fuhr er fort: »Hier sind Menschen, denen Böses getan wurde. Arme Menschen! Steh ihnen bei! Ich weiß, dass wir unsere Feinde nicht lieben können, wie du es geboten hast. Aber, Herr, hilf uns, dass wir sie nicht mehr hassen, wenigstens nicht so sehr! Amen.«

Er drehte sich zu uns und schien in unseren Gesichtern zu lesen wie in einem offenen Buch. Da wandte er sich wieder zum Altar und sagte laut: »›Hast du das Böse alles zugelassen?‹, so fragen dich viele. Warum? Wir verstehen dich nicht! Herr! Dann gib uns doch die Kraft, wenigstens ein bisschen zu verstehen, ein klein bisschen! Du kannst das doch! Dann gib sie uns doch!« Seine Stimme wurde leiser: »Gib sie wenigstens diesen drei!«

Dann war er kaum noch zu hören: »Vielleicht können sie dann später, wohl erst viel später, über die sagen, die ihnen so viel angetan haben: Herr, vergib ihnen; denn sie wussten nicht, was sie taten.«

Dann stand er auf, nickte uns zu: »Kommen Sie wieder. Ich bete gern mit Ihnen«, und ging. An der Tür drehte er sich noch einmal um: »Und vergessen Sie nicht, Jesus liebt die Polen und die Deutschen. Er liebt sie alle, und er kann allen verzeihen! Wir sind nicht Er, aber vielleicht können wir ab und zu ein kleines bisschen verzeihen.« Dann hob er seine Arme: »Herr! Segne die Deutschen und die Polen, die Polen und die Deutschen, gib ihnen die Kraft, einander nicht zu hassen! Nein, das können sie ja noch nicht, aber zeige ihnen den Weg dazu und heile ihre Seelen; denn sie sind verletzt und krank! Herr! Gib uns das Vertrauen auf dich; denn nur du kannst auch das scheinbar Unmögliche!« Seine Arme waren etwas herabgesunken. Er lächelte wie um Verständnis bittend und hob sie erneut und sprach aus einem Gebet der katholischen Messe (ich möchte es das Gebet des großen Vertrauens nennen):

»Sed tantum dic verbo et sanabitur anima mea, aber sprich nur ein Wort, so wird meine Seele gesund. Im Namen des Vaters …«

Dann ging er.

Ich war begeistert von diesem Pfarrer. »Von dem möchte ich mal eine Predigt hören«, sagte ich. Mutti sah mich traurig an: »Er wird polnisch predigen.« Das tat er auch, wie wir bei späteren Messebesuchen feststellten. Ihm blieb ja nichts anderes übrig. Aber am Ende der Predigt fügte er immer ein paar freundliche deutsche Sätze hinzu. Und das hätte er nicht tun müssen! Einmal begann er sogar: »Und nun für unsere deutschen Mitbrüder …« »Unsere deutschen Mitbrüder«, hatte er gesagt! Das hatte er gewagt! Das werden ihm wohl manche seiner anderen Mitbrüder übel genommen haben. Später erzählte man uns, dass Angehörige von ihm beim deutschen Überfall auf Polen umgekommen waren. Leider wurde er bald versetzt. Wir haben nie den Grund erfahren.

Wir gingen stumm nach Hause.

Mein Vater begrüßte uns an der Haustür: »Wir haben Besuch.« Wir schauten ihn verdutzt an. Dann sahen wir den Besuch: Der Altmannbauer war gekommen. Mein Vater sagte: »Er ist in der letzten Nacht gekommen und hat sich in unsrer Hainbuchenhecke versteckt. Er hat sich bei Tageslicht nicht herausgetraut. Ich habe ihn zufällig gefunden und hierher gebracht. Der arme Kerl hat auch noch Durchfall.« Er saß vor einem leeren Teller. Mein Vater hatte ihm zu essen gegeben. Er war durch die Neiße gegangen, in der Nacht. Da gab es eine seichte Stelle, die so genannte Saupantsche. Man konnte hier mit den Kleidern über dem Kopf durchwaten. Er musste in der Nacht zurück. Aber es war gefährlich: auf der einen Seite russisches, auf der anderen Seite polnisches Militär. »Grenzgehen streng verboten, sonst ...«, so hieß es wieder.

Er sah schlecht aus. Abgemagert, verhärmt, gealtert. »Es ist beschissen! Wir haben Hunger«, sagte er plötzlich, »jeden Tag Hunger! Und niemand mag uns!« Er dachte wohl an seine zehn Kinder, und die Tränen rollten ihm über das wettergegerbte Gesicht. »Die Leute sagen, in Polen hätten sie zu essen. Deshalb bin ich gekommen. Der Doktor wird mir schon was geben, hab ich gedacht.«

Und dann erzählte er stockend. Manchmal murmelte er nur vor sich hin, sodass wir ihn kaum verstanden, aber wir unterbrachen ihn nicht und fragten nicht. Es tat ihm offensichtlich gut, sich alles Bedrückende von der Seele zu reden.

Er, der Bauer, musste jenseits der Grenze um Kartoffeln und Kraut betteln. Brot war kaum zu kriegen, Butter und irgendwelches Fett schon gar nicht. Alles kostete entsetzlich viel Geld oder Sachwerte. Und die Ausgewiesenen hatten beides nicht. Er sah erbärmlich aus. Immerhin hatte er Aussicht, im nächsten Jahr auf einem Bauernhof arbeiten zu können, natürlich als Knecht, und zunächst nur »fürs Essen«, so sagte er mit müder Stimme.

Ja, wir hatten zu essen. Natürlich nichts Exklusives, aber wir konnten uns satt essen. Das konnte er nicht.

Man hatte sie in der Turnhalle einer alten Schule untergebracht, nachdem sie vorher mit einem Pulver bespritzt worden waren, zur Entlausung, wie man ihnen vorsagte. Sie hatten nie Läuse gehabt. Unserem alten, vornehmen Hofgutsbesitzer, der einen Hut zu tragen pflegte, hatte man den Hut hochgehoben, eine Ladung Läusepulver auf die Glatze gedonnert und ihm dann den Hut wieder aufgesetzt. Alle hatten gelacht, Gott sei Dank wieder einmal gelacht!

Da lagen sie auf Holzpritschen, dachten an zu Hause, hofften und hungerten. Ja, Hoffnung und Hunger, beides war gleich stark, beides tat weh! Am Anfang habe jemand verkündet, die Ausweisung sei deshalb erfolgt, weil die Polen das Dorf nur ungestört plündern wollten. Dann könnten alle wieder nach Hause, schon nach drei bis vier Tagen, hieß es ... Ja, die wären nun schon lange vorbei, die drei bis vier Tage! Man erzähle sich täglich neue Gerüchte, wann es wieder nach Hause gehe. Keiner würde das mehr glauben, aber jeder wolle es glauben. Es gäbe sogar Menschen, Sadisten, denen es Spaß mache, solche Gerüchte in die Welt zu setzen!

»Es ist scheußlich«, sagte er, »und jetzt muss man ›Dankeschön‹ sagen, für alles immer ›Dankeschön‹. Wir können ja nichts bezahlen oder etwas zum Tausch geben, nur Dankeschön sagen. Und wenn man etwas kriegt, dann wollen sie auch das Dankeschön laut und deutlich hören. Manchmal sagen sie aber, das Dankeschön reicht nicht. Dafür kann man sich nichts kaufen. Silber oder Gold wollte einer von mir haben für ein

Stück Butter! Wo soll ich das hernehmen?!« Und wieder rollten ihm Tränen über die eingefallenen, unrasierten Wangen.

Wir ließen ihn erzählen und alles von der Seele reden. Das tat ihm gut. Er sah uns dankbar an. Als er still war, fragten wir ihn, ob er etwas von Gisela gehört hätte. Nach einer Weile sagte er, er habe sie nicht gesehen; aber er habe gehört, dass sie in Zittau bei Bekannten untergekommen sei, mehr wisse er nicht. Mein Vater war erschüttert. Sie war nicht bei Schöners? Nicht bei der Frau seines Freundes? Was war da passiert? Der Altmannbauer wusste es nicht. Oder hatte er Angst, es uns zu sagen? Jetzt bekamen *wir* Angst.

Meine Mutter stellte sich vor ihn hin: »Nun sagen Sie schon, was Sie über Gisela wissen! Da stimmt doch etwas nicht!« Doch er schüttelte nur den Kopf, mehr wisse er nicht. Er müsse aber nun gehen. Er habe sich an der Windschänke mit zwei Leuten verabredet, die auch wieder zurück wollten.

Wir packten so viel wie möglich in seinen Rucksack. Inzwischen hatten wir sogar Speck, eine Art Räucherspeck, da im Nachbardorf ein oberschlesischer Fleischer angekommen war. Der Rucksack war schwer, sehr schwer, aber der Altmannbauer strahlte. »Glauben Sie mir, ob der schwer ist, ist mir scheißegal. Der kann gar nicht schwer genug sein«, lachte er. Er wollte noch danke sagen, aber Mutti winkte ab, als er es versuchte. Sie lächelte ihm zu: »Dieses Mal bitte kein ›Dankeschön‹. Es wird sowieso kaum für die ganze Familie reichen!«

Als es dunkel geworden war, ging er wieder. Seinen Hof wollte er nicht sehen. Wozu auch? Dass sein Vater nicht mehr da war, hatte er schon gehört. Wo er hingekommen war, wusste er allerdings nicht. »Er wollte halt nicht mit uns mit«, murmelte er traurig. Er wusste damals noch nicht, dass er schon gestorben war, wir auch nicht. Wie viele Menschen wussten damals nichts von ihren Angehörigen! »Grüße an Cilli, an Bruno, an Karl«, sagte ich noch schnell. Er nickte traurig: »Ich sollte dir auch viele Grüße sagen, ja, ja …«

Er verschwand über unseren Hinterausgang in die Dunkelheit. Wir blieben mit einer neuen Sorge zurück.

Neue Probleme

Die Tage gingen zunächst ohne besondere Schwierigkeiten dahin. Auch die Beschaffung von Nahrungsmitteln klappte ganz gut, wenn man auch oft längere Wege zurücklegen musste. So wollte ich eines Tages beim einzigen Fleischer im Nachbardorf unsere Fleischvorräte auffüllen. Als ich nach etwa 40 Minuten Fußweg dort ankam, erlebte ich eine unglaubliche Szene.

Man wollte ein Schwein schlachten. Der geübte Fleischer wollte das wie gewöhnlich übernehmen. Er hatte aber nicht mit einem betrunkenen Soldaten gerechnet. Dieser hatte dem Fleischer befohlen, sich in den Hof zu stellen und das Schwein an den Ohren festzuhalten. Er wolle die Sau erschießen. Der Fleischer wehrte sich gegen diesen Unsinn. Der Pole hieß ihn aber zu gehorchen, »sonst …« Also hielt der arme Fleischer das wild strampelnde und quiekende

Schwein (das arme Schwein, nein, beide waren arme Schweine!) an beiden Ohren fest, und der Pole donnerte eine Salve durch die Luft. Das Schwein war vor Schreck einen Augenblick still, dann aber quiekte es umso lauter. Getroffen war es jedenfalls nicht. Der Pole kam fast um vor Lachen und gurgelte: »Ich erst einmal erschrecken wollen!« Das Erschrecken war ihm sichtlich gelungen, vor allem beim Fleischer. Der dachte, er könne sich nun davonmachen. Schwein und Fleischer starteten gleichzeitig, jeder in eine andere Richtung. Der Soldat brüllte und schoss in die Luft und verlangte, dass wir die arme Sau wieder einfingen. Wir taten das auch. Der Fleischer hielt sie zitternd fest, das heißt, beide zitterten. Das arme Schwein sah den Fleischer und dieser den Soldaten bittend an. Vergeblich! Der große Schütze grölte und lachte heiser. Er legte wieder an, wobei er wie ein Schilfrohr im Wind schwankte. Es kam, wie es kommen musste: Der Soldat schoss, das Schwein quiekte, der Fleischer schrie und hielt sich die rechte Wade, aus der Blut tropfte, glatter Durchschuss.

Gott sei Dank kam nun ein Vorgesetzter des Soldaten, der das grausame Spiel beendete. Er stieß seinen Untergebenen zur Seite, der nun ebenfalls schrie, weil er sich nicht mehr auf den Beinen halten konnte und der Länge nach hinfiel. Der Offizier kümmerte sich nicht um ihn. Er zielte kurz, schoss und traf das Tier tödlich. Den Fleischer setzte er auf sein Motorrad und fuhr ihn zu meinem Vater, der ihn ärztlich versorgte und dafür eine Flasche Wodka erhielt. Ich dachte: »Armes Schwein«, und ging unverrichteter Dinge nach Hause.

Fleisch war zumindest heute nicht mehr zu bekommen; denn unser armer Fleischer befand sich mit hoch gelagertem Bein im Bett, das Schwein hing im kühlen Keller, der Soldat lag schnarchend auf einer Pritsche in der Kommandantur. Sozusagen jeder an seinem Platz! »Morgen wird's wieder gehen«, stöhnte der Fleischer.

Auf dem Rückweg ging ich wie immer durch einige Bauernhöfe. Ich schaute, soweit das möglich war, nach dem Rechten und hatte mir angewöhnt, einige Tröge im Hof mit Wasser zu füllen, damit das freigelassene Vieh etwas zu saufen hatte. Ich schleppte also Eimer für Eimer, da meist kein Schlauch mehr vorhanden war. Beim Neumannbauer erschreckte mich ein merkwürdiges Geräusch, das ich noch nie gehört hatte. Ich ging diesem nach und fand schließlich einen kleinen Verschlag, in dem es raschelte und aus dem zuweilen ein ganz eigenartiger, lang gezogener Klagelaut ertönte. Was konnte das sein? Unheimlich! Da lebte etwas hinter der verschlossenen Tür! Ja, mein Gott, was mochte das sein?

Ich suchte mir rasch eine Axt und zertrümmerte damit das verrostete, alte Vorhängeschloss. Kaum war die Tür offen – ich glaubte zu träumen –, da rannten, ja, da rannten laut kreischend drei völlig nackte Gänse ins Freie. Mir stellten sich die Nackenhaare auf! So etwas gab es doch nicht, das war doch nicht möglich: Gänse ohne Federn mit grausig roter, zum Teil blutender Haut! Auf dem Boden lagen einige blutige, zerrissene Federn und Federkiele. Mir wurde fast übel. Ein Bild wie aus einem Gruselfilm. Und sie rannten mit vorgestreckten Köpfen und entsetzlichem Kreischen über den Hof, wie wenn der Teufel persönlich hinter ihnen her wäre.

Was war wohl geschehen?

Die Tiere waren seit fast zwei Wochen einsperrt gewesen und hatten sich gegenseitig anscheinend vor Hunger und Durst die Federn ausgerissen. Zu Hause wollte man mir diese Geschichte nicht glauben. Ich konnte es selbst ja kaum.

Auch was am nächsten Tag geschah, ist geradezu unglaublich.

Wie üblich war ich morgens unterwegs, sah nach den Hühnern, nach den Eiern. Ich warf ihnen Körner zu und gab dabei den merkwürdigen Laut von mir, den ich bei der Bäuerin immer gehört hatte, worauf die Hühner immer wie besessen angerannt kamen. Das fand ich immer recht eindrucksvoll. Und siehe da, es klappte auch bei mir. (Ein bedingter Reflex, würden die Physiologen heute sagen. Ich machte mir damals darüber aber keine Gedanken.) Ein paar Kühe kamen zum Melken vorbei. Eigenartig, aber so war es. Sie hatten offensichtlich mit mir gerechnet und stellten sich bereitwillig und ruhig hin. Alles war friedlich.

Ich trottete wieder nach Hause, barfuß, versteht sich.

Da hörte ich das Geräusch eines fahrenden Lastwagens. Merkwürdig, hier ein Lastwagen? Was sollte der transportieren? Und wer hatte hier einen Lastwagen? »Nun, vielleicht werden neue polnische Siedler gebracht«, dachte ich. Allerdings waren diese bisher nie mit einem Lastwagen gekommen, höchstens mit einem Pferdefuhrwerk. Deshalb doch ein wenig misstrauisch geworden, ging ich etwas schneller. Ich war ja gleich zu

Hause. Ich sprang rasch über den Gartenzaun und rannte an der Hecke vorbei. Da, da sah ich es.

Ich glaubte zu träumen. In unserer Einfahrt stand ein Lastwagen, davor mein Vater und vor ihm ein Soldat. Dieser fuchtelte mit einem Revolver vor der Nase meines Vaters herum und brüllte immer wieder: »Lekarz (Arzt), alles hergeben, schnell, schnell, schnell, sonst ... Du Scheißdeutscher!« Vati sagte kein Wort. Meine Mutter kam aus dem Haus gestürzt und schrie: »Hugooo, was ist los? Sie, Sie, lassen Sie sofort meinen Mann frei! Sie! Sie!« Dabei hob sie drohend die Rechte, in der sie gerade ein Nudelholz hatte. Der Pole lachte verächtlich, schoss einmal in die Luft, dann in ein Fenster unseres Hauses, dann über den Kopf meines Vaters und krächzte: »Du altes Weib, Schnauze halten, sonst ich Alten schießen und dich auch. Los, los, los, Geld herbringen, Ringe, Gold, Uhren, Fahrrad ...«

Ich stand wie angewurzelt hinter unserer Hecke. Ich spürte mein Herz jagen. Mir brach kalter Schweiß aus. Was sollte ich machen? Sollte ich um Hilfe schreien? Es würde niemand kommen. Sollte ich zu meinem Vater rennen? Was würde das nützen? Ich wusste nicht, was tun. Einen Augenblick wünschte ich mir, ein Held zu sein, wenigstens für einen Augenblick! Aber ich war keiner! »So ein Quatsch, was heißt hier Held! Ich muss jetzt schleunigst das Richtige tun!«, fuhr es mir dann durch den Kopf, aber in dem ging alles durcheinander. Ich stand hilflos da und hatte maßlose Angst.

Als mich meine Mutter hinten im Garten stehen sah – der Pole konnte mich nicht sehen –, änderte sie plötzlich ihr Verhalten: »Gut, gut, ich werde alles holen und zu Ihnen bringen, ich muss erst alles zusammensuchen. Aber lassen Sie meinen Mann in Ruhe!«, rief sie und hielt immer noch das Nudelholz fest in der Hand. Sie drehte sich um und schlenderte wie gelangweilt und desinteressiert in meine Richtung. »Sagenhaft raffiniert!«, dachte ich bewundernd. Der Pole wandte sich wieder von ihr ab und schrie, mit seiner Waffe herumfuchtelnd, erneut auf meinen Vater ein, der immer noch schwieg. Mir wurde himmelangst. Ich wusste immer noch nicht, was ich tun sollte. Helfen konnte ich nicht. Sollte ich etwa zusehen, wie der Kerl meinen Vater ...

Als meine Mutter in meiner Nähe war, flüsterte sie mir hastig zu: »Sie wollen uns ausplündern. Renn schnell zum Kommandanten, vielleicht hilft er uns. Vati darf sich schon nicht mehr von der Stelle rühren. Mein Gott, Junge, spring los, so schnell du kannst! Hoffentlich ist der Kommandant da! Wer weiß, was sonst passiert! Schnell, schnell! Los, hau ab!«

Das war etwas für mich. Ich konnte etwas tun! Das einzig Richtige! Von mir hing es jetzt ab! Ich rannte, ich rannte um mein Leben, nein, um das meines Vaters. Mein Gott, bin ich gerannt, die Angst im Nacken! Ich kannte alle Wege und alle Abkürzungen. Schneller! Schneller! So war ich noch nie gerannt, barfuß natürlich, so ging es am schnellsten, wenn auch die Füße schmerzten und bluteten! Ich stürzte förmlich in die Kommandantur, an meinem am Eingang stehenden Motorradbekannten vorbei. Das heißt, ich wollte das, der hielt mich jedoch eisern am Hemdkragen fest und lachte: »Na, du kleiner deutscher Hundesohn, warum wieder so schnell? Warum? Ha, was denn? Willst du Kommandant tot machen?« Ich wedelte mit den Armen, schrie und sprudelte ein wirres Gemisch aus Deutsch und Polnisch heraus, das er merkwürdigerweise verstand oder, Gott sei Dank, irgendwie begriff. Er sah mich erschrocken an und gab sofort seinem Kommandanten Bescheid. Dieser kam heraus, reagierte ohne Zögern, stieß mich zur Seite und bellte ein paar mir unverständliche Befehle. Daraufhin sprangen zwei Soldaten auf ein Motorrad mit Beiwagen. Einer zerrte mich hinter sich auf den Rücksitz und schrie: »Los! Festhalten!« Und wir rasten davon, dass mir der Kopf nach hinten flog.

Diesmal war ich es, der »schnell, schnell« rief. Mein Vordermann stieß mir seinen Ellenbogen in den Bauch und knurrte: »Still sein, du Hundeseele, geht nicht schneller.« Es war mein Bekannter von neulich, hinter dem ich saß und den ich jetzt als Nothelfer, nahezu als Freund betrachtete (so schnell hatte sich die Situation geändert!). »Ja, General«, sagte ich fast fröhlich. Er sagte plötzlich: »Wie du heißen?« Ich antwortete verblüfft: »Werner.« Er nickte: »Ich Tadeusz.« In meinem Kopf wirbelten die Gedanken durcheinander: Mein Gott, ich duzte mich jetzt freundschaftlich mit einem Polen?! War das möglich?! Ach, das war unwichtig! Wichtig war nur, dass wir schnell genug waren! Ich duckte mich hinter Tadeusz. Der Wind pfiff mir um die Ohren. Wir flogen förmlich durch die Kurven! Oh, es musste alles klappen! Hoffentlich kamen wir nicht zu spät!

Etwa hundert Meter vor unserer Einfahrt stoppten die beiden abrupt. Mein Freund zischte mir leise zu:

»Stoj, still, bleib stehen, nein, hinlegen!« Die beiden entsicherten ihre Gewehre und schlichen geduckt im Straßengraben bis zu dem Lastwagen. Dann sprangen sie zugleich hinter den Polen, der meinem Vater immer noch die Pistole auf die Brust hielt und ihn mit dem Rücken an den Gartenzaun gedrängt hatte. Sie brüllten etwas. Der Pole ließ sofort seine Waffe fallen, hob die Hände hoch und drehte sich langsam um, wobei er fortwährend auf die Soldaten einschrie. Die ließen ihn keine Sekunde aus den Augen, behielten ihre drohende Haltung bei und antworteten nur kurz und knapp. Sie wurden immer lauter. Er stieg schließlich wortlos in den Lastwagen. Einer der Soldaten hatte die Pistole aufgehoben, setzte sich neben ihn und stieß ihm den Gewehrlauf in die Seite. Der Lastwagen fuhr los, der andere Soldat donnerte mit dem Motorrad hinterher. Ich sprang auf die Straße und wollte mich noch bedanken, aber sie waren schon weg. Trotzdem brüllte ich hinterher: »Tadeusz, mein Freund Tadeusz, dzenkuia bardzo, vielen Dank! Tausend Dank!«

Verdammt, verdammt! Das war knapp gewesen! Wir standen einige Sekunden stumm da, dann fielen wir uns alle drei um den Hals und drückten uns wie nach einem späten Wiedersehen. Meine Muter weinte vor Freude. Mein Vater sah schlecht aus, er war blass wie die Wand und schwankte ein wenig beim Gehen. Er war kein Mann vieler Worte. Er sah mich an, legte mir den Arm um die Schultern und sagte mit etwas brüchiger Stimme: »Danke, mein Sohn!«, und dann nochmals innig, für mich fast bedrückend: »Danke!«

Manche Worte vergisst man im Leben nicht. Diese gehören dazu.

Meine Mutter sammelte die am Boden verstreut liegenden Wertgegenstände auf, die sie hatte herbeischleppen müssen, und sagte zu mir: »Herrgott, Junge, wenn du nicht so schnell gewesen wärst! Vielleicht hättest du keinen Vater mehr.«

Ihre Worte gingen mir durch und durch. Wir gingen langsam ins Haus. Hanne kam totenblass aus dem Keller gestürzt. Unsere umsichtige Mutter hatte sie dort versteckt, »denn«, so sagte sie trocken, »man konnte ja nicht wissen, welche Wertgegenstände der Pole noch wollte. Es war schon besser, dass er sich auf Gold und altes Silber beschränkt hat.«

Wir saßen im Wohnzimmer und tranken den Rest Danziger Goldwasser, ich nur ein halbes Gläschen. Immerhin hielt man mich jetzt für erwachsener, viel erwachsener! Nun, mehr wäre ohnehin nicht mehr in der Flasche gewesen. Mein Vater sagte, nachdem wir uns alle etwas beruhigt hatten: »Ich glaube, es wäre besser, wenn Hanne auch drüben wäre, wer weiß, was hier noch passieren wird.« »Drüben«, das war unser Wort für jenseits der Grenze. Hanne, die grundsätzlich gegen elterliche Meinungen war, protestierte natürlich sofort: »Dann hätte ich gleich bei der Ausweisung mitgehen können. Wir gehören zusammen, ich bleibe. Vielleicht«, so fügte sie etwas leiser hinzu, »werde ich eben irgendwann einen Polen heiraten müssen.«

Meine Mutter richtete sich ruckartig auf: »Aber sonst geht's dir gut?! Einen Polen heiraten! Etwa den Kerl von heute? Du bist wohl ganz meschugge! Und von ›müssen‹ soll schon gar nicht die Rede sein! Wie kommst du überhaupt auf das ›Müssen‹? Auf so verrückte Ideen kannst auch nur du kommen. Hast du etwa schon jemanden im Auge?« Sie schaute meine Schwester misstrauisch an. Hanne verstand und grinste: »Nein, nein! Natürlich nicht! Ich meinte eben nur so. Und ich muss auch nicht! Das war nicht so ernst gemeint.«

Sie erntete einen kurzen, missbilligenden Blick meines Vaters. »Einen Polen heiraten, Kind«, sagte er langsam, bevor meine Schwester zu einer weiteren und heftigen Entgegnung ansetzen konnte, »das ist wohl etwas voreilig gesagt. Da ist zu viel Unrecht passiert zwischen beiden Völkern, seit vielen Jahrzehnten oder sogar seit Jahrhunderten! Keiner kann jetzt mehr sagen, wer angefangen hat. Es war immer der andere. Da ist viel zu viel Hass, der auch in einer Ehe trotz aller Liebe zum Durchbruch kommen kann. Meist sorgen die Verwandten dafür. Außerdem wissen wir gar nicht, wie sich alles weiterentwickelt. Ich meine, du solltest hier weg, bevor du auf noch seltsamere Ideen kommst und bevor noch Schlimmeres geschieht, wir werden ja alle sowieso eines Tages weg müssen.« Wir schwiegen, auch Hanne.

Ich bewunderte meinen Vater, wie er grundsätzlich – und besonders nach dem heutigen Erlebnis – so ruhig über die Polen sprechen konnte. Er konnte ungeheuer abgeklärt sein. Das hatte mir schon immer imponiert. So beispielsweise auch, wenn in der Kriegszeit polnische Zwangsarbeiter in die Sprechstunde gebracht wurden. Er hatte sie immer freundlich auf Polnisch angesprochen. Ihre Augen pflegten dann freudig und dankbar aufzuleuchten. Immerhin hatten ihn die Polen, als er noch in Oberschlesien war, des Öfteren schlecht behandelt, wie er mir wiederholt erzählt hatte. Deshalb hatte er ja damals seine Heimat Oberschlesien verlassen und war weit nach Westen gezogen, weit weg von Polen, wie er damals meinte. Heute wusste er: nicht weit genug. Er hatte sich hier alles wieder neu aufgebaut und sich auch eine neue Heimat geschaffen. Aber die Polen schienen sein Schicksal zu sein.

Mein Vater sah Hanne nachdenklich an und wiederholte: »Ich glaube, du solltest tatsächlich weg von hier, also über die Grenze.«

»Das mag schon richtig sein, das mit dem ›Rübergehen‹. Das Problem ist nur, wie kommt Hanne rüber, und wo soll sie hin!«, sagte meine Mutter nach einer Weile. »Ob man mit dem Kommandanten sprechen kann?« Es wurde noch ein Wodka getrunken. Ich bekam keinen. »Vielleicht, er kommt ja morgen wieder zum Schachspielen«, murmelte mein Vater, »ich weiß aber nicht, inwieweit man ihm so eine heikle Frage stellen kann. Und selbst wenn er eine Möglichkeit sieht, dann wissen wir immer noch nicht, wo sie drüben hingehen soll.«

Ja, wieder eine neue Sorge!

Am nächsten Tag war der Kommandant wieder zum Schachspielen da.

Meine Eltern bedankten sich für sein hilfreiches Eingreifen gegenüber dem plündernden Polen. Er winkte ab. »Plündern ist jetzt verboten. Er wird vor ein Gericht gestellt werden. Die Strafe wird nicht sehr groß sein, aber immerhin wird er einige Zeit nicht plündern können und anschließend weit in den Osten versetzt werden. Jedenfalls soll uns der kapitalistische Westen nicht nachsagen können, dass in sozialistischen Staaten gestohlen und geplündert wird. Es war gut, dass Sie mich benachrichtigt haben. Vielleicht hätte er Sie alle einfach erschossen, um keine Zeugen zu haben. Schließlich hatten Sie sein Gesicht gesehen und vielleicht auch die Autonummer.«

Wir dachten mit Entsetzen an den vergangenen Tag.

Als meine Mutter den Kommandanten schließlich schachmatt gesetzt hatte, hatte er keine Lust mehr zu spielen und begann wieder zu philosophieren. Er schien sich gemerkt zu haben, dass seine frühere Bemerkung über Charakter und Geld uns schockiert hatte; denn er griff das Thema wieder auf und fügte erklärend hinzu: »Es geht doch immer um Geld. Auch die Anhänger eurer Religion wollen Geld. Sie nennen es Gottes Lohn. Sie wollen belohnt werden für ihre guten Taten, und sie tun etwas Gutes, um einen besseren Platz im Himmel zu erhalten. Es ist doch immer Lohn und Geld im Spiel.«

Meine Mutter fuhr empört dazwischen: »Das stimmt so nicht. Es gibt doch Menschen, die etwas aus Liebe, aus Nächstenliebe tun, ohne dafür etwas zu verlangen oder zu erhoffen. Manche lassen sich sogar dafür bestrafen! Ich denke dabei an meinen Bruder, der im KZ gestorben ist!« Er sah meine Eltern nachdenklich an und schwieg eine Weile, dann sagte er langsam: »Ja, vielleicht mag es so etwas geben. Sie bezeichnen diese Menschen wohl als Heilige.« Er lächelte ein wenig ironisch: »Sie haben viele Heilige! Ob es im Kommunismus auch so etwas gibt? Zumindest kennen wir keinen Gotteslohn! Nun, manchmal genügt uns der Ruhm nach einer guten Tat. Aber das ist dann auch wieder ein Lohn! Wie dem auch sei, wir sind nun mal verschiedener Meinung. Wir sind ja auch verschieden erzogen worden. Und das entscheidet über die Art, wie wir denken. Aber wir reden wenigstens miteinander und nicht aneinander vorbei!«

Er schlug sich plötzlich mit der Rechten auf seine Oberschenkel: »Charascho! Dobrze! Gut! Mit Ihnen kann man sich wirklich großartig unterhalten!« Ermutigt durch dieses doch sehr persönliche Gespräch, sagte mein Vater plötzlich: »Sie haben Recht, man sollte mehr miteinander reden. Und Sie reden wie ein Mitmensch, nicht wie ein Sieger! So ist eher eine Verständigung möglich. Wenn doch mehr Menschen so sprächen! Das würde Vertrauen schaffen! Und zu Ihnen haben wir inzwischen Vertrauen! Nach unserer offenen Unterhaltung habe ich jetzt auch den Mut, Sie etwas Heikles zu fragen.« Er sagte ihm, er habe ein Problem und möchte ihn fragen, wie man offiziell über die Grenze gehen könne. Dann sagte er ihm ganz offen, dass er dabei an seine Tochter Hanne denke.

Er sah uns eine Weile nachdenklich an, schüttelte aber dann den Kopf: »Sie vertrauen mir. Das gefällt mir und tut einem alten Soldaten gut! Aber, was Sie denken, das geht nicht, noch nicht. Es bestehen noch keine offiziellen Beziehungen zwischen Polen und der sowjetisch besetzten Zone. Die Polen können zwar für gewisse Dinge eine Brücke benutzen, aber eben nur die Polen oder die Russen. Und auch da gibt es viele Vorschriften. Nein, das geht noch nicht.« Er lächelte: »Sie wissen sicher andere Wege, die allerdings etwas gefährlicher sind. Ich kann Ihnen darüber natürlich nichts sagen. Gegen Bezahlung geht viel.« Er lächelte: »Schon wieder geht es um Geld! Es soll Menschen geben, die regelrechte Geschäfte damit machen. Ich kann Ihnen verständlicherweise keinen Ratschlag in dieser Hinsicht geben.«

Er schwieg eine Weile. Meine Eltern tranken mit ihm aus der Wodkaflasche, die er mitgebracht hatte. Es lag irgendetwas Merkwürdiges in der Luft, das die sonst so lebhafte Unterhaltung zu lähmen schien.

Schließlich beugte er sich leicht über den Tisch und sagte: »Ich bedauere es sehr, aber das wird heute mein letzter Abend bei Ihnen sein. Es tut mir wirklich Leid. Ich werde versetzt in die Gegend von Stettin, wie Sie es noch nennen. Warum? Danach fragt man beim Militär nicht. So ist das nun einmal. Meinen Nachfolger kenne ich nicht. Sollte ich ihn noch sehen, werde ich ihm sagen, dass Sie zu den angenehmen Deutschen gehören und dass Sie sicher keine Nazis waren. Vielleicht spielt er besser Schach als ich.« Er lachte.

Wenn ich heute zurückdenke, muss ich sagen, dass mir dieser Mann sehr imponiert hat. Er hatte den ersten, wenn auch zögernden Schritt der Versöhnung gewagt. Es war schon ein Wagnis; denn die Sieger hatten damals per Befehl jegliche Art von freundschaftlichen Beziehungen (»Fraternisierungen« hatten sie diese genannt) zu Deutschen verboten. Er war es ja auch gewesen, der den Mut gehabt hatte, jenen Soldaten der eigenen Armee zu verhaften, der meinen Vater, also einen Deutschen, bedroht und ausgeplündert hatte. Er war in der damaligen Zeit einer der wenigen, die nicht alle Deutschen pauschal verurteilten. Was mag wohl aus ihm geworden sein? Wir haben nie mehr etwas von ihm gehört. Ich habe ihn anscheinend bewundernd angeschaut; denn er sah mich plötzlich an und sagte: »Na, und du, was wirst du einmal machen? Hast du schon etwas mehr Polnisch gelernt als nur das Fluchen? Werde ein Pole! Lies mal in deinem Geschichtsbuch nach, dann wirst du sehen, dass auch wir Slawen Helden hatten und nicht nur die Germanen und was für ein großes Reich wir Polen einmal hatten, weit bis nach Deutschland hinein, bis an die Elbe, aber auch bis tief nach Russland. Das war damals Boleslav Chrobry (Boleslav der Herrliche).« Er gefiel sich sichtlich dabei, lachte dröhnend und schlug mir auf die Schulter, dass ich in die Knie ging. Ich streckte mich schnell wieder und fragte ihn: »Geht Tadeusz auch weg?« Er sah mich einen Augenblick traurig an: »Ja, ja, ich weiß, dein Freund. Leider! Die ganze gute Mannschaft wird ausgewechselt. Wie das so bei den Soldaten ist! Schade, schade! Vielleicht wäret ihr noch bessere Freunde geworden!« Er sah mich mit großen Augen an und murmelte: »Tak, tak, tak, ja, ja, ja, Freundschaft zwischen Deutschen und Polen! Das wäre eine gute Sache! Man sollte das fördern! Das wird noch viel Zeit brauchen …, aber versuche das wieder! Du bist jung genug!« Er blickte mich freundlich aufmunternd an.

Dann schüttelte er meinen Eltern die Hände: »Ich danke Ihnen für die schönen Abende und wünsche Ihnen alles Gute. Sie zählen sicher zu den wenigen Deutschen, denen heutzutage ein Pole aufrichtig Dank sagt. Schade! Tut mir Leid! Wir werden uns wohl nie mehr wiedersehen.« Dann verließ er rasch unser Haus, ohne sich noch einmal umzudrehen.

Meine Eltern winkten. Mein Vater rief ihm nach: »Alles, alles Gute und danke, herzlichen Dank!«

Wir blieben bedrückt zurück. Unser Beschützer und ein großartiger Mensch hatte uns verlassen!

Er erwies uns noch einen letzten Dienst, für den wir uns nicht mehr bedanken konnten. Offensichtlich hatte er aus Sorge vor einem erneuten Plünderungsversuch einen Befehl hinterlassen, an den sich auch sein Nachfolger eine Zeit lang gehalten hat. Jeden Tag kam einmal ein Wachtposten vorbei und fragte, ob alles in Ordnung sei. Das gab uns natürlich ein erhebliches Sicherheitsgefühl.

Mein Vater sagte: »Schade, ich hatte mich so an die Abende mit ihm gewöhnt. Da sagen die Menschen immer, dass Deutsche und Polen sich nicht mögen und sich nicht verstehen. Aber es geht doch, wie wir gesehen haben. Man muss nur, man muss nur, ja, was muss man denn?« Er schwieg eine Weile. »Ja, das ist es! Man muss sich gegenseitig ohne Misstrauen respektieren und achten. Dann verschwindet das tief eingebrannte Feindbild, und dafür wächst die Bereitschaft zur Verständigung.«

Der neue Kommandant kam nach einigen Tagen. Er trug einen Spitzbart, und wir nannten ihn auch so. Er sah nicht so nach Verständigung aus und ließ sogleich das deutsche Ortsschild entfernen und dafür die polnische Übersetzung, wie er meinte, »Kurzany« anbringen. So hieß also jetzt unser Dorf. Der polnische Übersetzer hatte natürlich nicht wissen können, dass das Wort Dornhennersdorf von »Heiner« abgeleitet war. Er hatte bei »henner« an »Hühner« gedacht und es so übersetzt. Gut, jetzt hieß unser Dorf also »Hühnerdorf«! Nun, das war nicht das Schlimmste. Wir amüsierten uns ein wenig. Später hat man den Namen entsprechend geändert. Jetzt ist es sowieso gleichgültig. Jetzt braucht man den Namen ja nicht mehr …

Mit dem Kommandanten kam ein kleiner, untersetzter Mann, den er als polnischen Bürgermeister im Nachbardorf einsetzte. Dieser sympathische Herr Grabowski sprach auffällig gut Deutsch und zeigte sich bemerkenswert deutschfreundlich. So setzte er sich dafür ein, dass einige Deutsche mit ihren Familien, und zwar mehrere Bauern, landwirtschaftliche Arbeiter und Handwerker wie ein Maurer, ein Klempner, ein Schmied und ein Elektriker, wieder zurückkehren durften. Dadurch wurden viele Felder wieder bewirtschaftet und kleinere Reparaturen erledigt. Das war schon dringend notwendig gewesen. Woher hätten wir sonst Getreide und schließlich Mehl bekommen sollen? Die wenigen Polen, die in der Zwischenzeit gekommen waren, taten nichts auf den Feldern. Sie verstanden wohl auch nichts von der Landwirtschaft. Es kamen also einige so genannte Rückkehrer. Wir dachten alle, dass dies das erste Zeichen der endlich beginnenden Rückkehr sei.

Wir wussten natürlich damals noch nicht, dass man sie nach zwei bis drei Jahren wieder ausweisen würde. Wir hofften im Stillen, dass sie für immer bleiben könnten. Ja, die Hoffnung! Trotzdem waren wir misstrauisch.

Immerhin erfolgte diese zweite, spätere Ausweisung wesentlich menschlicher. Außerdem konnten bis dahin manche Sachen »über die Neiße« – wie wir sagten – gebracht werden. Es entwickelte sich ein kleiner, natürlich illegaler, aber ziemlich regelmäßiger Grenzverkehr, der auch eine gewisse Nachrichtenübermittlung ermöglichte. Auch meine Eltern machten davon Gebrauch. Sie rechneten ja mit einer späteren Ausweisung und transportierten vorsorglich schon einmal persönliche, zuweilen erstaunliche Dinge hinüber: unter anderem ein Gemälde unseres Hauses. Es war künstlerisch ohne Bedeutung, hatte für uns aber einen hohen persönlichen Wert, insbesondere, nachdem unser Haus zerstört worden war. Meine Mutter hat es mir später vererbt. Da Hanne sehr daran hing, habe ich es ihr mit der Bedingung überlassen, dass es im Falle ihres Todes wieder in meinen Besitz überginge. Leider ist es unter Hannes Kindern verloren gegangen. Sie hatten wohl dessen Bedeutung nicht begriffen.

Nun, wie sollte Hanne über die Grenze? Wir kannten natürlich von den Grenzgängern die Übergangsmöglichkeiten.

Eine davon war an einer flachen Stelle der Neiße, der besagten Saupantsche. Das Wasser reichte hier einem Erwachsenen nur etwas unter den Nabel. Die Strömung war nicht stark, zumindest normalerweise. Bei Hochwasser jedoch wurde der kleine Fluss zu einem reißenden, wilden Gewässer. Da rutschten manche aus, schlugen mit dem Kopf auf Steine, verloren das Bewusstsein. Ganz selten schwammen ein paar Leichen die Grenze entlang … Man transportierte also alles auf Kopf und Schultern, was nicht gerade die Sicherheit beim Gehen auf dem glitschigen Untergrund erhöhte! Natürlich wussten auch bald die Grenzsoldaten auf beiden Seiten von dieser Stelle und gingen dort zuweilen auf Lauer. Dann konnte es recht unangenehm werden: Es drohten nicht nur Gefängnis, sondern auch Prügel. Wie die Sanktionen im Einzelfall aussahen, das konnte sehr variieren. Und die Grenzgänger wurden routiniert, kannten nach einiger Zeit sogar die Soldaten. Sie wussten ungefähr, wann sie kamen und – das war besonders wichtig – auch wer kam. So konnten immer wieder kleine »Deals« abgeschlossen werden. Das erleichterte den Grenzübergang wesentlich. Man kam sich dabei menschlich näher ... und so auch gut über die Neiße.

Die verschiedenen Gruppen, die die Grenze überquerten, entwickelten durchaus unterschiedliche »Techniken«. Auch ich war später öfter dabei und habe den Fluss so durchquert, wie es mir eben ein »alter Hase« unter den Grenzgängern beigebracht hatte. Mir war dieser Weg durch die Saupantsche am liebsten. Man ging natürlich nachts und nie allein. Den Fluss durchquerte man allerdings einzeln. Am anderen Ufer blieb man dann eine Weile still liegen und versuchte zu »sichern«, das heißt, man versuchte zu klären, ob man bemerkt worden war. Nach einigen Minuten ahmte man dann den Schrei eines Käuzchens oder eines Uhus nach. Das bedeutete: »Alles in Ordnung.« Dann folgte der Nächste. Einer meiner »Lehrmeister« war der Überzeugung, so ließe es sich am ehesten vermeiden, dass gleich die ganze Gruppe »geschnappt« würde.

Für die meisten Jungs in meinem Alter hatte solch ein nächtlicher Zug etwas von einem romantischen Abenteuer. Wir hatten ja oft genug Indianer gespielt und waren geübt im fast lautlosen Gehen, im Schleichen und im Deckungsuchen. Das war fast ein wenig »Wilder Westen«! Meine Schulkameraden in Zittau hatten mir wegen meiner Vorliebe für die Indianergeschichten von Karl May den Spitznamen Winnetou gegeben, den sie jetzt umso öfter und mit einem gewissen Augenzwinkern gebrauchten. Aber solch ein Grenzübertritt war für mich mehr anstrengend als romantisch. Denn auf die Flussdurchquerung folgte ein Fußmarsch von drei bis vier Stunden, und das schwer bepackt! Da konnte einem die Romantik schon vergehen, einmal ganz abgesehen von der ständigen Gefahr, entdeckt zu werden. Straßen mussten nach Möglichkeit gemieden werden, und manchmal musste man einige Zeit lautlos im kalten und nassen Gras liegen, bis man sicher sein konnte, dass die Luft rein war.

Eine andere Möglichkeit, über den Fluss zu kommen, bestand darin, als blinder Passagier in einem Güterzug mitzufahren: In unserer Gegend gab es Braunkohle. Diese Kohle wurde auf der polnischen Seite im Tagebau gewonnen und zum größeren Teil mit Zügen über eine Brücke auf die deutsche Seite transportiert. Dort wurde in einem Verbrennungskraftwerk (dem »Werk«, wie wir es kurz nannten) elektrischer Strom gewonnen. Die Kohlenwagen hatten in der Mitte einen abgeschrägten Hohlraum, sodass die Kohle, wenn man die Seitenwände aufklappte, rasch entleert werden konnte. Dieser Hohlraum war es, in dem wir uns versteckten. Wir hockten darin auf zwei Eisenstangen, die die Wände stützten. Die Wachsoldaten beider Seiten wussten natürlich bald Bescheid und leuchteten mit Laternen die Wagen von unten ab. Wir – höchstens zwei – drängten uns in das äußerste Eck, atmeten flach und leise, und manchmal beteten wir stumm ein Vaterunser und ein Gegrüßet-seist-du-Maria. Merkwürdig: Ich habe später auf

Polnisch gebetet. Ich weiß nicht warum, aber es muss wohl irgendeine psychologische Erklärung dafür geben!

Nun, das Risiko, entdeckt zu werden, war nicht gering, aber man war trocken und musste nicht frieren. Außerdem durften die Züge zum Ableuchten nicht lange stehen bleiben, weil man befürchtete, dass dann Grenzgänger in bereits kontrollierte Wagen einsteigen könnten. Das verbesserte dann doch wieder unsere Chancen, nicht entdeckt zu werden. Außerdem waren auch hier kleine Geschäftchen möglich, wie überhaupt in der damaligen Zeit alle möglichen und unmöglichen Tausch- und Schiebergeschäfte in jeder Hinsicht blühten.

Schließlich gab es noch eine zweite Möglichkeit, mit dem Zug über die Brücke zu kommen. Es war die sicherste, aber scheußlichste: Die Dampflokomotiven hatten rechts und links neben dem Kessel direkt im Anschluss an das Fahrerhaus so etwas wie einen kastenartigen Reservebehälter für Kohle. Da konnte man hineinkriechen. Der Lokführer warf ein paar alte, halb leere Kohlensäcke hinterher, und ab ging die Fahrt. Diese Kohlenkästen waren unbequem zu erreichen, dreckig und schwer einzusehen, sodass nur wenig kontrolliert und man auch höchst selten entdeckt wurde. Vom ersten Moment an war man so dreckig, dass man kaum von Kohleresten zu unterscheiden war. Man schwitzte vor Angst und von der Hitze des Kessels, sodass der Kohlenstaub überall wie Pech kleben blieb. Während der Fahrt schluckte und inhalierte man ihn, wurde hin und her gerüttelt und stieß an die heißen Wände. Ich habe einmal in so einem Kasten gesteckt. Er war ziemlich heiß und hatte auch deshalb schon ein bisschen Ähnlichkeit mit der Hölle, meine ich. Auf jeden Fall war die Fahrt geeignet, manche auch größere Sünden abzubüßen! Ein zweites Mal war ich nicht bereit, diese Höllenfahrt mitzumachen.

So beschwerlich solche heimlichen und bisweilen auch unheimlichen Fahrten oder Märsche waren, sie führten doch zu einem recht regen Grenzverkehr. Man schmuggelte Speck und Fleisch in die sowjetische Zone und brachte von dort Kleidung und Medikamente mit. Letztere waren immer gut, denn an ihnen herrschte in Polen Mangel, zumindest in unserer Gegend. Besonders die damals neuen Antibiotika zur Behandlung von Geschlechtskrankheiten waren begehrt. Wenn man geschnappt wurde und hatte Medikamente bei sich, so wurden diese natürlich konfisziert. Nicht selten wurde man aber auch wieder freigelassen mit dem Auftrag, noch mehr zu besorgen, freilich für einen geringen Preis. Auch das war eine Art von Völkerverständigung!

Der Hunger war groß, und so transportierte man sogar lebende Kleintiere wie Kaninchen über den Fluss, natürlich ein männliches und ein weibliches Tier zur Weiterzucht. Fast wie in der Arche Noah, meinte jemand. Man erzählte, dass auch Hühner mit zugebundenen Schnäbeln transportiert worden seien. Viele der ehemaligen Ausgewiesenen nutzten den Grenzverkehr, um zurückgelassene Sachen aus ihren Häusern zu holen. Sogar Fahrräder wurden hinübergeschleppt, z. B. auch das meinige! Natürlich fanden über diese Verbindung auch Briefe ihren Empfänger, zwar meist erst nach Wochen, aber wen störte das!?

Wichtig war, dass sie überhaupt ankamen! Es waren ja Nachrichten von lieben und für liebe Menschen!

Es entwickelten sich allmählich geradezu Grenzgangsspezialisten. Manchmal wurden Gefangene gemacht, die dann stets für mehrere Wochen ins Gefängnis wanderten. Scheußlich! Denn die Gefängnisse waren in der damaligen Zeit nicht gerade komfortabel! Und eine humane Behandlung, nun, die erwartete man erst gar nicht. Alles war einkalkuliertes Risiko. Zuweilen erfuhr man dort aber auch neue Möglichkeiten des Grenzübertritts.

Meine Eltern versorgten zwar manchen der Grenzgänger mit Nahrung, hielten aber diese Grenzübergänge für Hanne für zu gefährlich. Man entschloss sich, auf andere Möglichkeiten zu warten.

Auch einige Polen beteiligten sich an diesem Grenzschmuggel, merkwürdigerweise auch Bürgermeister Grabowski. Es entwickelte sich recht bald eine hervorragende Zusammenarbeit, doch ging das nicht lange gut. Die Polen entdeckten nämlich nach einiger Zeit, dass er gar kein Pole, sondern ein Deutscher aus Oberschlesien war, der eben als Bergarbeiter sehr gut Polnisch gelernt und, die Gunst der Stunde nutzend, sich als Pole ausgegeben hatte. Natürlich wollten sie ihn verhaften. Er hatte das aber mit sicherem Instinkt gewittert und sich rechtzeitig abgesetzt.

Wir erfuhren davon auf recht merkwürdige Weise.

Eines Tages klingelte es bei uns. Vor der Tür stand eine offensichtlich ältere Frau mit einem dicken Kopftuch. Sie zwinkerte mir eigenartig zu und wollte unbedingt meinen Vater sprechen. Ich ließ sie zögernd herein. Sie ging rasch durch die Diele in den fensterlosen

Flur und zog das Kopftuch ab. Wir standen wie vom Donner gerührt: Die alte Frau war Herr Grabowski. Er grinste vergnügt: »Die müssen schon früher aufstehen, um mich zu fangen. Kann ich bei Ihnen bleiben, bis es dunkel wird? Ich gehe dann über die Grenze. Soll ich für jemanden was mitnehmen?«

Mein Vater, der mit seinen fröhlichen Äußerungen in letzter Zeit sehr zurückhaltend geworden war, brüllte vor Lachen, schlug ihm auf die Schulter und schrie: »Du verfluchter Pierun!« Pieruna oder Pierunie war ein nicht bösartiger Fluch der oberschlesisch-polnischen Grenzbevölkerung, die man gutmütig derb auch die Pierunies nannte, besonders wenn sie etwas Raffiniertes, etwas Schlitzohriges taten. Wir schüttelten uns vor Lachen.

»Natürlich können Sie so lange bleiben. Hoffentlich hat Sie niemand erkannt«, sagte mein Vater.

Der Pierun grinste und sagte in seinem harten oberschlesischen Dialekt: »Da brauchen Sie keine Sorge zu haben. Meine Verkleidung ist perfekt. Ich war in diesem Aufzug, ob Sie es glauben oder nicht, sogar im Bürgermeisteramt, um zu sehen, was los ist. Niemand hat den Schwindel bemerkt. Ein Soldat hat mir gesagt: ›Du altes Weib, was du wollen, gehen wieder heim.‹ Na, da bin ich eben gegangen. Aber ich wusste Bescheid und habe mir gesagt: Janek, deine Zeit hier ist um, such dir ein anderes Quartier. Nu, ich werde über die Grenze gehen, in die russische Zone. Ich werde es schon schaffen. Habe dort zwar noch kein Quartier. Macht aber nix! Den Rest der Nacht muss ich dann halt bei Mutter Grün oder in einer Scheune verbringen. Aber was soll's, ein alter Bergarbeiter hält so etwas aus, und Unkraut vergeht nicht. Und ein Pierun erst recht nicht! Um mich brauchen Sie sich keine Sorgen zu machen!«

Er aß sich ordentlich satt, trank zwei Wodka und war mit der Welt zufrieden. Wir packten ihm Schinken und Speck ein und baten ihn, sich nach Gisela zu erkundigen. Als es dunkel wurde, verschwand er mit gut gefülltem Rucksack durch die Hintertür. Er wurde einer der besten Grenzgänger, und ich habe mich ihm später des Öfteren angeschlossen. Er war ein harter Geselle, aber beim Grenzübergang, z. B. im Kohlenwagen, pflegte er trotzdem kurz in sich zu gehen und einige Minuten lang zu beten, dass auch alles gut ginge ...

Er ging in die damalige russische Zone, nun wieder als Deutscher, und wurde auch hier Bergarbeiter, übrigens in jenem Braunkohlenbergwerk, das man auch für die Grenzübergänge benutzte. Er entwickelte sich zu einem kleinen Schmugglerkönig, was Lebensmittel und Kleidungsstücke betraf. Da Grabowski so ziemlich alle Möglichkeiten kannte, von der einen Seite auf die andere zu kommen, und sich auch mit manchem polnischen Soldaten gut verstand, wandte man sich nicht selten an ihn, wenn man eben »über die Neiße« wollte. Dafür hat er aber nie Geld verlangt. Er war also keiner der gerissenen und kaltblütigen Schieber, sondern ein einfacher Mann, der sich etwas vom Leben wieder holte, das ihm das Schicksal verwehrt hatte. Reich wurde er nicht dabei.

Er hat schließlich ein Jahr später seine in den Nachkriegswirren zerstreute Familie wiedergefunden. Wie hat er sich gefreut! Ich habe es miterlebt. Nun war die

Welt für ihn wieder in Ordnung. Es war aber nur ein kurzes Glück: Seine Frau starb nach ein paar Jahren an einem Gehirntumor, seine Tochter kurz darauf an einer schweren Infektion. Da war er schon wieder allein!

Wenige Jahre später starb auch er, und zwar an einer Herzkrankheit, oder sollte man nicht besser sagen: Er starb am Herzen? Hatte er nicht Grund genug dazu? Er hatte in den Bergwerken immer hart arbeiten müssen, nun hatte er alles verloren: die Heimat, das bisschen Besitz und schließlich die Familie. Geklagt hat er nie.

Als Grabowski uns in jener Nacht mit dem voll gepackten Rucksack verlassen hatte, saßen wir noch lange zusammen und sprachen über ihn und über die Zukunft. Er war schon ein eigenartiger Typ, der Grabowski. Er gehörte zu jenen Leuten, die in Notzeiten plötzlich über sich hinauswachsen und dann eine besondere Rolle spielen, kleine Könige werden, um danach ebenso plötzlich wieder in der Bedeutungslosigkeit zu versinken.

Um uns abzulenken, spielten wir dann Karten. Wir hatten uns das in letzter Zeit angewöhnt; denn irgendwann hatte man keine Lust mehr zu lesen. Radio und Zeitungen gab es nicht. Vom Fernsehen wurde noch nicht einmal geträumt. Also spielten wir Rommee, wenn Strom da war (doch der fiel in letzter Zeit häufig aus). Dann musste man wohl oder übel im Schein einer Kerze dasitzen. Wir hatten bald gelernt, aus Wachsresten neue Kerzen zu gießen. Aber diese Abende bei einem kümmerlich und unsicher flackernden Kerzenschein waren dennoch schön! Wir saßen dann enger zusammen. So wurde auch der Abstand zu den Eltern geringer. Wir sprachen auch mehr als früher miteinander. Mein Vater erzählte von seinen Studentenjahren, Mutter aus ihrer Jugendzeit mit den fünf Brüdern. Und wir hörten fast ein wenig andächtig zu.

Überraschungen

Am nächsten Morgen erlebten wir eine große Überraschung: Ich schaute wie üblich früh aus meinem Dachfenster. Die Wiesen glitzerten im Morgentau. Die Pappeln schwankten im Sommerwind. Alles war friedlich. Da sah ich plötzlich den Heidrich-Karl vor der Haustür stehen. Ich traute meinen Augen nicht! Das war doch nicht möglich! Aber doch, das war er! Ich rannte hinüber. Wir zwei Jungen hatten uns nie umarmt, das wäre unmännlich, mädchenhaft gewesen, aber jetzt umarmten wir uns, tanzten hin und her und schrien dabei wie die Irrsinnigen. Dabei fielen manche herzhafte, aber unter Halbwüchsigen gut gemeinte Ausdrücke. »Mensch, du altes Arschloch«, brüllte Karl vor Vergnügen. »Und du Scheißkerl, bist wieder da«, krächzte ich. Meine Mutter, durch den Lärm geweckt, schaute im blauen Morgenrock aus dem Schlafzimmerfenster: »Junge, du bist wohl ...«, aber dann verschlug es ihr die Sprache, als sie Heidrichs im Hof stehen sah. Jetzt schrie auch sie und rannte in besagtem Morgenrock zu Heidrichs (was früher unmöglich gewesen wäre!).

Tatsächlich, unsere Nachbarn waren in der letzten Nacht »über die Neiße gekommen«. Man hatte ihnen erzählt, dass die Polen einige Bauern brauchten. So waren sie eben einfach gekommen.

Ja, was jetzt tun? »Ich habe eure Kühe freigelassen, aber da laufen so viele herum, da können wir uns ein paar einfangen«, sagte ich. »Ja«, sagte der Bauer in seinem etwas gekünstelten Hochdeutsch, denn der Dialekt lag ihm viel mehr, »aber erst müssen wir unsere Wohnung von oben bis unten sauber machen. Da hat irgendein Blödian sämtliche Hühner reingelassen. Die müssen schon seit Tagen da drin sein! Da stinkt es wie in einer Jauchegrube, alles ist vollgeschissen.« Bei diesem Wort sah er entschuldigend zu meinem inzwischen erschienenen Vater. »Na ja, ist doch wahr«, brummte er und warf mir einen langen, misstrauischen Blick zu. Ich schaute möglichst unschuldig in die Luft; denn es war ziemlich klar, dass ich die Tür offen gelassen hatte.

»Das haben wir gleich! Ich helfe euch«, sagte ich daher schnell, um abzulenken.

Wir gingen in das Haus. Verflucht noch mal, der Bauer hatte tatsächlich Recht! Wir wateten förmlich in der …, na, sagen wir besser: im Hühner-Unrat. Hühner können unwahrscheinlich viel Kot von sich geben, wesentlich mehr als Eier. Kot, der auch recht aggressiv ist und wie ein Spezialklebstoff haftet. Darunter wächst kein Gras mehr! Entsprechend sah die Wohnung aus. Und über allem schwebte ein aufdringlicher Gestank. Wir putzten und schrubbten, doch das war nur halb so schlimm. Denn es war wie ein Neuanfang. Wir erzählten und lachten dabei. Das Wichtigste war, dass die Heidrichs wieder da waren. Der Hühnerdreck war nichts dagegen.

Wir dachten gar nicht daran, dass das alles nicht von Bestand sein würde. Auch sie würden wieder ausgewiesen werden und den Schmerz zum zweiten Mal spüren. Aber das lag noch in weiter Ferne. Wirklich? Das würde schon in zwei Jahren passieren. Doch das wusste ja niemand. Warum darüber nachdenken? Dass die Zukunft höchst ungewiss ist, nun, das hatten wir zur Genüge gelernt! Nur die Gegenwart zählte.

Wir frühstückten zusammen, aus Hygienegründen bei uns. So etwas hätte es früher nie gegeben! Wie doch die Not die Menschen zusammenbringt! Ausgehungert aßen sie wie die Scheunendrescher. Einigermaßen gesättigt erzählten sie uns, wie es ihnen ergangen war. Wie sie in Turnhallen auf dem Boden geschlafen hatten. Wie alles langsam verdreckte. Wie sie Heimweh bekamen. Und wie sie hungern mussten! Nicht einmal ein paar Kartoffeln hatten sie zum Schluss mehr gehabt! Kartoffeln, die sonst zu ihrem ureigenen Hauptnahrungsmittel gezählt hatten! »Nix, ne amol a poar Apern« (Nichts, nicht einmal ein paar Kartoffeln), sagte Frau Heidrich betrübt. Durch die Turnhalle geisterten so manche Gerüchte, manche mit einem wahren Kern. So erzählte man, drüben in der alten Heimat, da habe man genug zu essen, und es seien schon einige zurückgekehrt.

Sie hatten sich in ihrer Not einem Schmuggler angeschlossen und waren mit dem durch die »Saupantsche« gewatet. Ein Pole hatte sie gestellt. Aber der erfahrene Schmuggler war darauf vorbereitet gewesen und hat dem Soldaten, den er anscheinend kannte, ein Päckchen Nylonstrümpfe gegeben. Daraufhin ließ er sie in Frieden ziehen. Alles war noch einmal gut gegangen. »Itze sann mer wieer doahoam« (Jetzt sind wir wieder daheim), sagten sie strahlend. »Doahoam!«, wiederholten sie voll Freude. Mein Vater sah sie nachdenklich an. Glaubten sie das wirklich? Gut, gut, sie waren daheim, aber sie dachten wohl, dass sie endlich wieder wie früher daheim bleiben könnten, daheim arbeiten und mit ihren kleinen Freuden leben durften … Eben alles wie früher … Mein Vater meinte, man müsse sich auf jeden Fall mit der polnischen Behörde besprechen, unangemeldet konnte es erheblichen Ärger geben. Es war auch noch gar nicht sicher, ob sie so ohne Weiteres bleiben durften. Also ging er mit ihnen rasch zum Kommandanten, um sie »anzumelden«, in ihrer Heimat anzumelden! Das muss man sich mal auf der Zunge zergehen lassen! Der Kommandant war etwas mürrisch und knurrte in gebrochenem Deutsch: »Gut, wir Bauern brauchen, aber mehr dürfen nicht kommen. Wenn noch mehr, dann wir alle rausschmeißen. Und ihr jetzt arbeiten! Feste, feste! Ernte muss rein, Tiere füttern, Butter machen, schnell, schnell, sonst … Und ihr euch jede Woche bei mir melden, sonst …!« Da war es wieder, dieses »Sonst«, das uns immer wieder klar machte, dass wir doch nur rechtlose Befehlsempfänger waren. Dieses »Sonst« wirkte auf mich wie der Hieb einer Sklavenpeitsche. Wir hatten es schon so oft gehört und würden es noch lange hören.

Dann lehnte der »Spitzbart« sich ein wenig zurück, seine Augen verengten sich zu schmalen Schlitzen, und er sagte zu meinem Vater auf Polnisch: »Aber wie Sie wissen, müssen alle Deutschen eine weiße Binde am linken Arm tragen, damit man sie schon von weitem erkennt. Sie als Arzt machen ein rotes Kreuz darauf, damit man weiß, dass Sie kein gewöhnlicher Deutscher sind. Sie tragen übrigens keine Binde! Warum nicht? Das ist ein Befehl gewesen! Alle unsere Befehle sind ohne Widerrede zu befolgen! Sonst wäre das Widerstand gegen die Staatsgewalt, was wir keinesfalls dulden werden! Also bitte!« Mein Vater erwiderte grimmig: »Was soll das? Hitler hat die Juden ebenfalls gekennzeichnet, weil er sie für Menschen zweiter Klasse hielt. Das ist doch endlich vorbei! Man kann doch nicht Menschen wie das Vieh kennzeichnen. So könnt ihr doch nicht mit uns umgehen!« Er grinste uns spöttisch an: »Doch, doch, das können wir. Wir haben das alles von euch gelernt. Und jetzt gehen Sie!«

Mein Vater setzte zu einer Antwort an, sagte aber dann nichts dazu. Was hätte eine Diskussion darüber auch genützt? Er übersetzte einfach. Wir waren alle still. »Jetzt gehen«, schnarrte der Spitzbart. Die Heidrichs sahen uns ein wenig unsicher an. Die erste Willkommensfreude begann zu schwinden.

Mein Vater hatte nichts anderes erwartet. Er lachte ein wenig gekünstelt, legte dem Ehepaar Heidrich seine Arme um die Schultern und schob sie aus der Kommandantur hinaus. »Wird schon alles gut werden. Nichts wird so heiß gegessen, wie es gekocht wird! Seid jetzt erst einmal froh, dass ihr wieder in eurem Bett schlafen könnt. Zu essen und trinken habt ihr wieder genug. Und ihr müsst niemandem ›Danke‹ sagen. Ja, und Kühe könnt ihr mehr haben als früher. Es laufen genug draußen herum und warten auf euch! Am besten schlachten wir heute zwei Hühner, die braten und essen wir zusammen und trinken ein paar Schnäpse«, sagte er lachend, »und freuen uns«, fügte er etwas heiser hinzu.

Ja, und so geschah es. Wir haben beim Wodka gelacht (dieses Getränk hatte unser Bauer bisher nicht gekannt), wir sangen und plauderten von alten Zeiten. Ein Gespräch ergab das andere. War das wieder einmal schön!

Karl und ich trieben ein paar Kühe und Ziegen zusammen. Das war für uns kein Problem. Die Tiere waren zwar inzwischen etwas verwildert, hatten sich aber in vollständiger Freiheit sowieso nicht ganz wohl gefühlt. Der Stall und die umzäunten Wiesen, das war ihre Welt. Sie wurden gefüttert, gemolken, gestriegelt, der Stall ausgemistet. Das Gras wurde gemäht, soweit notwendig. Wir Jungen wussten mit der Sense umzugehen. Die Feldarbeit begann. Alles war verwahrlost, das Unkraut gediehen. Abends saßen wir dann müde vor der Haustür. Es war wie in alten Zeiten. Fast so …

Wenn ich heute zurückdenke, fällt mir auf, dass wir keinerlei Spiele mehr machten. Alles, was wir taten, war notwendig, es musste einfach getan werden. Wir waren manchmal dabei auch recht fröhlich, aber wir spielten nicht mehr. Wir türmten das Heu am Abend zu hohen Haufen. Das taten wir, um es vor dem Regen zu schützen, aber wir sprangen nicht mehr darüber, was uns immer großen Spaß gemacht hatte. Nicht dass wir keine Zeit dazu gehabt hätten. Nein, da war etwas verloren gegangen. Natürlich, natürlich war viel verloren, aber etwas Besonderes war in uns verloren gegangen, das wir nicht beschreiben konnten. Heute meine ich, es waren die Kindheit und ein Teil der Jugend, die wir verloren hatten. Die Ereignisse der Vertreibung hatten uns überstürzt reifen lassen. Wir spielten nicht mehr. Wir hatten keine Lust mehr dazu. Nichts war mehr unbeschwert. Wir hatten keinen Sinn mehr für die Sorglosigkeit und für die so schöne, grenzenlose Unbekümmertheit der Kindheit.

Die ärztliche Praxis meines Vaters entwickelte sich allmählich. Die Polen kamen und freuten sich, dass der Arzt Polnisch konnte. Der Kommandant stellte für die Krankenbesuche ein Pferdefuhrwerk zur Verfügung. Nein, nein, keine Kutsche, sondern einen Holzkarren mit einer Sitzbank darauf. Vati wurde sogar bezahlt, in Zloty oder in Naturalien. (Bisher waren alle umsonst behandelt worden!) Unsere Ernährung war also kein Problem. Und nur dafür brauchten wir Geld. Sonst gab es ja nichts!

Die Polen aus Galizien kamen übrigens nicht wegen irgendwelcher Kleinigkeiten oder seelischer Probleme in die Sprechstunde. Sie gingen erst zum Arzt, wenn sie sozusagen den Kopf unter dem Arm trugen. Der Arzt war für sie eine große Respektsperson, zu der man höflich sein musste, ein Studierter, der zumindest auf medizinischem Gebiet fast alles wissen und können musste. Er war jemand, dem man vertraute und vieles zutraute. So kam es, dass mein Vater eines Tages zu einem Krankenbesuch besonderer Art abgeholt wurde, zu einer kranken Bäuerin, wie er meinte.

Als er wieder nach Hause kam, schaute ihn meine Mutter sprachlos an: »Aber Hugo, wie siehst du denn aus? Was hast du denn gemacht?« Und sie schaute missbilligend auf sein mit Blut und Schleim verschmiertes Oberhemd, seine befleckten Hosen und sein verschwitztes Gesicht. Vater brummte breit grinsend: »Das war Hugo.« Meine Mutter sagte verblüfft: »Wie bitte, wer war das?« Er lachte: »Ich sagte es ja, es war Hugo, ich meine das Kalb Hugo war es.« Ich platzte heraus: »Das Kalb Hugo?« Meine Mutter hielt das für eine Beleidigung ihres geliebten Hugo und holte mit der Rechten aus, ich meine heute, wohl mehr im Scherz. Trotzdem: Ich tauchte zur Sicherheit wie so oft geübt darunter weg. Mein Vater wehrte lachend ab: »Lass ihn, er hat Recht!« Na, und dann berichtete er amüsiert über seine neuartige und sogar auch erfolgreiche Tätigkeit.

Als er in die Wohnung des Bauern gehen wollte, so erzählte er uns, schüttelte der Pole den Kopf und sagte, dass nicht seine Frau krank sei, sondern eine Kuh beim Kalben Schwierigkeiten habe. Man hatte Sorge, dass sie sterben würde. (Schade, in dem Moment hätte ich zu gern das verblüffte Gesicht meines Vaters gesehen!) Die ganze Familie habe erwartungsvoll um ihn herumgestanden, erzählte mein Vater. Zunächst habe er sich für nicht zuständig erklärt. Mein Gott, Geburtshilfe bei einer Kuh?

Das war völlig neu! Die Bäuerin habe erstaunt gefragt: »Warum nicht? Ein Gelehrter wie Sie kann doch alles?!« Da hätten ihn der Ehrgeiz und die Neugier gepackt. So sei er schließlich doch in den Stall gegangen. Es habe begreiflicherweise anders als in seinem Sprechzimmer gerochen. Er habe, um sich Mut zu machen, kurz, aber trotzdem tief durchgeatmet, dann die Ärmel hochgekrempelt und die werdende Mutter untersucht, was ihm trotz der etwas anderen anatomischen Verhältnisse offensichtlich gut gelang. Er kam ins Schwitzen, als er feststellte, dass das Kalb verkehrt lag. Er führte eine Wende durch, worunter seine Kleidung ziemlich litt. Der Bauer bekam Angst um seine Kuh.

Die fühlte sich auch nicht wohl und gab während dieser Behandlung allerlei Unmutslaute von sich. Aber sie ließ doch alles mit sich geschehen. Es muss eine beeindruckende Situation gewesen sein, ungefähr so: Der Bauer schrie, die Kuh brüllte, mein Vater keuchte! Aber dann kam ein munteres Stierkalb zur Welt. Alle Beteiligten jubelten und waren zufrieden. Mein Vater wusste nicht zu erklären, wie ihm das gelungen war!

Die polnische Familie war ganz aufgeregt und erging sich in Respektsbezeugungen. Der Bauer wollte ihm wohl eine Freude machen und sagte ehrerbietig: »Wir werden es nach Ihnen Hugo nennen, wenn der Herr Doktor einverstanden ist.« Wieder hätte ich gern das Gesicht meines Vaters gesehen. Die Bäuerin nickte ihm anerkennend und bittend zu, sodass er verlegen lächelnd zustimmte. Man packte ihm einen großen Schinken und sonstige Esswaren ein und versicherte ihm, man habe in Galizien nicht so einen großen Doktor gehabt.

»Ja, ich habe schließlich auf meinem Schild an der Hofeinfahrt stehen ›Praktischer Arzt und Geburtshelfer‹. Da haben die Polen sicherlich gedacht, Geburtshelfer ist Geburtshelfer, der muss alles können, egal ob bei Mensch oder Tier! Hoffentlich«, sagte er lächelnd, »hoffentlich spricht sich das unter den Kühen nicht herum. Das könnte Probleme geben!«

Mutti nickte ihm anerkennend zu, schüttelte dann aber den Kopf: »Aber jetzt musst du erst einmal baden, sonst bleiben alle Kühe auf der Straße vor Bewunderung stehen!«

Trotz dieser ungewöhnlichen Erweiterung seines Patientenkreises machte es ihm Spaß, dass er wieder in seinem Beruf arbeiten konnte. Er war Arzt mit Leib und Seele. Für ihn war es Berufung. Man schränkte ihn auch in keiner Weise ein. Ein Jahr später jedoch nahm man ihm allerdings seinen Röntgenapparat weg und brachte diesen in ein entferntes, kleines Krankenhaus, in dem ein polnischer Arzt arbeitete. Natürlich wurde dadurch die Diagnostik erschwert. Aber das hat meinen Vater gar nicht entscheidend gestört. Er arbeitete eben wie die alten Mediziner mit allen seinen fünf Sinnen und seiner enormen Erfahrung. Mir erklärte er Jahre später, nachdem ich ihm als Medizinstudent von neuen Geräten und Labormethoden berichtet hatte, ganz ruhig: »Ja, mein Sohn, so macht ihr das jetzt in der Medizin. Ihr braucht für alles Apparate. Ihr müsst alles zerlegen, sonst könnt ihr nichts erkennen. Ihr müsst einen Furz erst analysieren, wir Alten riechen ihn und können dann schon etwas sagen. Der Fortschritt ist ja in Ordnung, aber wenn ihr eure Sinne nicht mehr voll anwendet, nutzt euch der technische Fortschritt nur zum Teil! Außerdem, was macht ihr, wenn der Apparat kaputt ist? Könnt ihr noch riechen, tasten, hören, sehen? Hört ihr noch, was ein kranker Körper euch sagt? Seht ihr noch, spürt ihr denn noch, wie er euch anschaut?«

Das Gebiet, das mein Vater zu versorgen hatte, war wesentlich größer als früher. Er war daher oft lange unterwegs. Eines Tages kam ein Patient, als mein Vater wieder gerade unterwegs war. Meine Mutter sagte dem Polen, dass er warten müsse: Der Doktor sei bei dem Woiwoden (entspricht ungefähr einem deutschen Regierungspräsidenten), da könne es wohl noch eine Weile dauern. Der Pole lachte und sagte ungeniert, wenn er beim Woiwoden wäre, dann würde er dort sitzen und mit ihm saufen. Meine Mutter erwiderte empört. Das sei nicht möglich, ihr Mann trinke nicht, und saufen würde er schon gar nicht. Der Pole lachte augenzwinkernd.

Die Zeit verging. Nach einer guten Stunde kam das Pferdefuhrwerk mit meinem Vater. Meine Mutter wollte ihm erwartungsvoll entgegenlaufen, blieb aber wie angewurzelt stehen. Was da ausstieg, das konnte nicht ihr Hugo sein! Wie ging ihr gepflegter Mann sonst so aufrecht und gerade! Und was stolperte ihr da entgegen? Ein bleicher Mensch mit einem schwachen Lächeln auf den Lippen, mühselig kleine Kurven drehend! »Aber, Hugo, du, du, ja was ist denn los mit dir?«, stammelte meine Mutter. Ihr fehlten die Worte, und das wollte etwas heißen! Hugo murmelte nur etwas Unverständliches. »Haha! Der ist voll wie eine Strandhaubitze«, erlaubte ich mir zu bemerken. Meine Mutter sah mich fassungslos an, schüttelte den Kopf und murmelte betroffen: »Aber ich glaube, du hast Recht. Den haben sie irgendwie, na ja, voll gemacht.« »Aber«, fügte sie entschlossen zu seiner Ehrenrettung und ein wenig triumphierend hinzu, »sicher ohne dass er es bemerkt hat. Vielleicht haben sie ihm Schnaps in den Kaffee getan! Natürlich, die wollten ihn voll machen! Er kann bestimmt nichts dafür, mein Hugo!« Ich stimmte ihr leicht schmunzelnd zu.

Es dauerte nicht lange, da hatte Mutti ihren ersten Schock überwunden und wusste wieder, was zu tun war. Sie eilte mit flatternder Küchenschürze ihrem bedenklich schwankenden Ehemann entgegen, legte ihren Arm um seine Hüfte und den Hugo ins Bett. Den wartenden Polen verarztete sie rasch selbst aufgrund jahrelanger Erfahrung durch die Mitarbeit in der Praxis. Sein Grinsen übersah sie geflissentlich.

Mein Vater sagte am nächsten Tag mit schmerzendem Kopf und einem leichten, entschuldigenden Lächeln: »Das Zeug, das der mir angeboten hat, das muss viel konzentrierter gewesen sein, als ich dachte ... Vielleicht hatte ich auch vorher zu wenig gegessen!? Ich kann mir das sonst nicht erklären! Ihr denkt doch nicht etwa, ich hätte zu viel getrunken?!« Nun, keiner wagte zu denken. Wir bemühten uns redlich, ihm zuzustimmen. Mutter sah sich um und kontrollierte misstrauisch, ob sich in unseren Gesichtern nicht doch vielleicht ein kleines Lächeln verirrt hatte. Außer ihr und unserem Vater durfte im Augenblick niemand lächeln!

Später haben wir mit unseren Eltern allerdings immer wieder darüber gelacht.

Doch in der damaligen Zeit war es mit dem Lachen grundsätzlich schwieriger. Wir machten uns nämlich allmählich große Sorgen um Gisela, hatten wir doch seit Wochen nichts von ihr gehört.

Immer wieder kamen nachts frühere Dorfbewohner heimlich über die Neiße. Wir versorgten sie mit Schmalz, Speck und Fleisch. Endlich wusste einer etwas von Gisela! Er erzählte uns, dass sie nicht bei Schöners untergekommen war. Auch habe sie der Kreisarzt nicht wie gehofft im Labor unterbringen können. Sie arbeite jetzt als Putzfrau in einem Hilfskrankenhaus. Sie werde dort ziemlich schikaniert, erzählte man. Ein früheres Dienstmädchen von uns sei ihre Chefin und genieße diese Situation anscheinend ausgiebig. Schließlich war Gisela keine Arbeiter-, sondern eine Arzttochter, gehörte also zur »ausbeutenden Klasse«. Und der konnte man es jetzt einmal richtig zeigen! Die sollte jetzt einmal ordentlich arbeiten! Aber Gisela sei guten Muts und habe zu essen, und sie würde das schon schaffen, ließ sie uns ausrichten.

Ja, Gisela, sie hatte sicher Heimweh. Später einmal versuchte sie, regulär über die Grenze zu kommen, um uns zu besuchen. Sie versuchte, in Zittau beim russischen Kommandanten eine Genehmigung zum Grenzübertritt zu bekommen, um ihre Sachen zu holen. Vom humanitären Standpunkt wäre das nur billig gewesen. Aber die Vorschriften hatten nichts mit Menschlichkeit zu tun! Also ging es schief. Eben wegen der »Menschlichkeit«: Der russische Kommandant sagte, er müsse erst die Zustimmung des polnischen Grenzkommandanten haben. Der sagte dagegen, er müsse erst die Zustimmung des russischen Kommandanten haben. Na fein! Also passierte gar nichts.

Die Eltern baten Gisela aber dringend, nicht etwa heimlich über die Grenze zu gehen. Sie tat es auch nicht.

Sie sollte ihre Heimat nie mehr wiedersehen …

Meine Eltern waren sehr bedrückt. Auch Hanne litt darunter. Meine Schwestern waren überhaupt ein merkwürdiges Paar. Sie haben sich oft und heftig gestritten. Es bestand wohl eine gewisse Eifersucht. Waren sie aber getrennt, es reichten wenige Kilometer, so entdeckten sie ihre geschwisterliche Liebe, sie hätten dann das letzte Hemd füreinander hergegeben. Sie litten über die Entfernung hinweg füreinander und miteinander und schrieben sich, sobald es ging, entsprechende Briefe. Hanne hat offensichtlich manche davon kopiert oder irgendwie zurückerhalten. Einen davon habe ich vor einigen Tagen unter ihren hinterlassenen Papieren gefunden:

»Liebe Gisel,

gestern kam Dein erster Brief seit der Ausweisung. Er steckte morgens in der Dielentür. Du glaubst gar nicht, wie selig wir darüber waren! Gesprochen haben wir von Dir nämlich gar nicht. Wie auf Verabredung schweigen wir darüber. Wir würden sonst in die lang zurückgehaltenen Tränen ausbrechen, das Heimweh nach einander würde uns kaputt machen ... Hoffentlich, hoffentlich geht es dir wirklich gut! So, nun Schluss. Man bekommt beim Schreiben nur Sehnsucht, liebes Schwesterlein. Geht es Dir auch so? Was wird uns alles noch bevorstehen? Geb's Gott, dass wir immer die Kraft haben, alles zu ertragen! Wir werden versuchen, Dir einen Kuchen zu schicken. Wenn Du ein Haar darin findest, so betrachte das als einen besonderen Gruß von mir und Deiner Heimat. Sei ganz lieb gegrüßt von Deiner Hanne.«

Aber in der ersten Zeit gab es höchst selten Briefe, meist nur vereinzelte mündliche, ungewisse Nachrichten. Diese Ungewissheit wirkte natürlich nicht gerade beruhigend. Alle Briefe, die wir hatten, wurden wieder und wieder gelesen ...

Hanne machte sich also Sorgen um ihre Schwester und stürzte sich vor Kummer in die Arbeit (ich fand das bei ihrer bekannten Arbeitsunlust bemerkenswert!), das heißt, sie half meinem Vater bei der Versorgung von Patienten, deren Zahl stark zunahm. In einem größeren Nachbardorf, Reichenau, versorgten sie ein kleines

Krankenhaus, selbstverständlich mit rotem Kreuz auf weißer Binde am linken Arm. Hanne hätte gern Medizin studiert und erzählte mir begeistert und mit gewissem Stolz von ihrer Tätigkeit. Alle Arbeit wurde natürlich ohne Bezahlung verrichtet. Aber wozu auch Bezahlung, es gab sowieso nichts zu kaufen!

Sie musste etwa eine Stunde nach Reichenau laufen. Verkehrsmittel gab es nicht. Aber es war ein schöner Fußweg, abseits der Autostraße, vorbei an der alten, nicht mehr benutzten Windmühle, in der wir oft herumgeturnt hatten, vorbei an der noch älteren Windschänke, einem verlassenen Ausflugslokal am Rande des großen Waldes, vorbei an den vielen Feldern und Wiesen und an großen Obstplantagen.

Ich habe sie einmal begleitet. Ich wollte sehen, wie es bei Gerhard Rolle in Reichenau aussah. Gerhard war ein Klassenkamerad im Gymnasium in Zittau. Vielleicht hatte man die Familie Rolle nicht ausgewiesen? Seine Eltern besaßen eine große Schnapsfabrik, so sagten wir der Einfachheit wegen. Es wurden dort wohl auch andere Dinge hergestellt wie Marmeladen. Möglicherweise hatte man Rolles nicht ausgewiesen, um die Produktion aufrechtzuerhalten. Ich kannte das Haus. Dort war ich einmal zur Geburtstagsfeier von Gerhard eingeladen gewesen.

Als ich aber bei dem wunderschönen Haus ankam, standen einige fremde Leute, wohl Polen, im Garten und sahen mich misstrauisch, fast drohend an. Da gab es keine Rolles mehr, die seit Jahrhunderten in Reichenau gelebt hatten, wie mir Gerhard später versicherte. (Sein Hobby war Ahnenforschung!) Die Fabrik war verlassen. Alles tot! Im verdreckten Hof lagen verfaulte Äpfel herum. Es stank zum Himmel! Einige Türen standen offen. Ich ging enttäuscht wieder nach Hause.

Gerhard erzählte mir später, dass er besonders nach der so genannten Wende sein Elternhaus immer wieder besucht habe. Die Polen hätten ihn sogar in das Haus hineingelassen. Er hat mir nie gesagt, mit welchen Gefühlen er dieses Haus betrat. Ich wollte ihn auch nicht danach fragen. Die Produktion von Obstschnäpsen war aber wieder in Gang gekommen. Allerdings arbeitete man unwirtschaftlich und kam nicht aus den roten Zahlen heraus. Man bot daher Gerhard bei einem seiner Besuche unverblümt und ungeniert an, die Fabrik zu kaufen! Unverschämtheit oder Hohn des Schicksals?! Die eigene Fabrik, die man seinen Eltern genommen hatte, einfach zurückkaufen?! Er hat das abgelehnt.

Nun, Hanne ging weiterhin nach Reichenau. Eines Tages kam sie jedoch recht bedrückt nach Hause. Auch die nächsten Tage sprach sie kaum, starrte oft still vor sich hin. Ich war natürlich neugierig und fragte sie, was los sei. Sie wollte mir aber nichts sagen und wies mich geradezu unwillig wie einen lästigen Bittsteller ab. Erst als ich schließlich beleidigt in brüderlicher Herzlichkeit sagte: »Liebe große Schwester, du hältst mich wohl noch für zu kindlich, um an deinen höheren und sicher edleren Sorgen teilzunehmen?« »Ach, quatsch nicht so dumm«, murmelte sie und begann etwas stockend zu erzählen.

Vor ein paar Tagen habe man morgens vor dem Krankenhaus ein junges, wohl ehemals hübsches Mädchen mit strähnigem blonden Haar in einem Kinderwagen gefunden. Die Füße und Arme hingen seitlich heraus. Eine alte Frau sei gekommen und habe weinend erzählt, dass man das bei der Ausweisung allein laufende Mädchen einfach aus dem Vertriebenenzug herausgezerrt habe. Man hatte sie gezwungen, in einer alten Villa mit einigen Milizlern (Russen oder Polen?) zusammenzuleben. Sie musste putzen und kochen und Schnaps ausschenken. Man hatte sie immer wieder geschlagen und vergewaltigt, bis sie zu nichts mehr nütze war. Dann habe man sie in einen Kinderwagen geworfen und einfach weggeschoben.

Da war sie nun. Sie lag halb nackt, völlig verwahrlost und verdreckt in dem Wagen mit einem weltfremden Lächeln. Sie konnte nicht einmal mehr ihren Namen sagen, brachte nur unverständliche Worte heraus und ließ einfach nur alles mit sich geschehen. Ihr Alter war in diesem Zustand bei den eingefallenen Wangen nicht zu schätzen. Man wusch und kämmte sie, legte sie in ein Bett und versorgte sie, so gut wie es ging. Manchmal schrie sie ohne ersichtlichen Grund gellend auf, verdrehte die Augen und schlug wild um sich, wobei ihr der Speichel aus dem Mund lief. Auf beruhigende Ansprache reagierte sie nicht. Niemand wusste, wie man ihr helfen sollte. Psychopharmaka gab es nicht, auch keinen Psychologen. Irgendein Beruhigungsmittel zur Nacht ließ sie ein wenig schlafen, das verkrampfte Gesicht entspannen.

Meine Schwester setzte sich oft zu ihr und versuchte es immer wieder mit tröstenden Worten. Ob sie verstanden wurden? Wenn Hanne sich zu etwas entschlossen hatte, dann pflegte sie sich sehr dafür einzusetzen, dann war ihr nichts zu viel. So gab sie sich täglich unendliche Mühe ohne wesentlichen Erfolg.

Immerhin begann das Mädchen nach einigen Tagen wieder ohne Hilfe zu essen und zu laufen. Jetzt ging sie oft hin und her, mit einem unmotivierten Lächeln auf den Lippen. Gesprochen hat sie aber weiterhin nichts. Meist presste sie ihre aufgerissenen und bleichen Lippen fest zusammen und hielt die Augen geschlossen. Manchmal summte sie leise ein Lied ohne Worte vor sich hin. Wenn man sie streichelte, zuckte sie zunächst zurück, schaute dann verwundert auf und schüttelte den Kopf.

Nach einigen Tagen sagte sie plötzlich: »Wie furchtbar!« Hanne jubelte: »Es geht los! Sie fängt an zu sprechen! Und sie hat ja Recht: Alles war furchtbar für sie!« Die Betreuer freuten sich. Bald aber mussten sie mit Entsetzen feststellen, dass das Mädchen offenbar nur diese beiden Wörter sprechen konnte und damit auf jede Anrede antwortete. Wenn man beispielsweise »guten Morgen« sagte, antwortete sie, ohne eine Miene zu verziehen: »Wie furchtbar!« Man fragte sie: »Willst du etwas essen?« Antwort: »Wie furchtbar.« Man versuchte vergeblich, andere Wörter aus ihr herauszulocken, indem man sie ihr übertrieben deutlich und immer wieder vorsprach. Vergeblich.

Hanne verlor irgendwann doch die Geduld und schrie die Patientin schließlich an: »Sag endlich etwas anderes, du kannst doch sprechen! Ich weiß das!« Sie aber schaute sie nur an und antwortete emotionslos wie ein Roboter: »Wie furchtbar.« Mein Vater meinte, das sei entweder ein psychischer Schock oder die Folge einer Hirnblutung nach Schlägen oder einem Sturz. Der Zustand könne lange andauern, wenn er sich überhaupt einmal zurückbilden würde!

Eine entsprechende Behandlung war nicht möglich. Was sollte man mit ihr machen? Sie über die Grenze in psychiatrische oder psychologische Behandlung bringen? Wohl kaum möglich! Ein heimlicher Grenzübergang war ihr nicht zuzumuten. Außerdem, wohin sollte man sie bringen? Wer hätte sie denn genommen? Schließlich löste sich das Problem auf bedrückende Weise von selbst: Eines Morgens war sie verschwunden, einfach weg! Man rief nach ihr, keine Antwort, schaute in den benachbarten Häusern nach. Nichts!

Sie wurde nie mehr gesehen. Vermisst, wie viele Menschen in dieser Zeit. Vermisst? Was heißt das schon?! Wer hat sie vermisst? Ein zerbrochenes Leben, vom Schicksal auf die Seite gestellt, von den Menschen missbraucht, weggeworfen und vergessen.

Als das passiert war, konnten wir beide nichts dazu sagen; aber wir drückten uns die Hände. Dann schluchzte Hanne plötzlich: »Sie hatte ja Recht: Für sie war alles nur noch furchtbar! Alles furchtbar! Ich habe um sie geweint! Mein Gott, wie gut es uns dagegen geht!«

Sie hatte im Grunde Recht, aber es würde nicht so bleiben.

Hanne ging nun nicht mehr so gern in das Krankenhaus. Sie musste immer wieder an das arme Mädchen denken. Warum war es gegangen und wohin? Oder hatte es sogar jemand abgeholt? Entführt, sozusagen als ein willenloses Spielzeug? Nun, Hanne ging ihrer Arbeit nach, zunächst nur mechanisch. Aber sie wurde gebraucht, und gerade das machte ihr dann schließlich doch wieder Spaß. Meine Eltern waren nicht damit einverstanden, dass sie immer allein über die Felder nach Reichenau marschierte, aber unsere Hanne hatte schon immer einen unbeugsamen Willen, besonders wenn es darum ging, sich gegen die Meinung oder Ratschläge anderer durchzusetzen. Also ging sie.

Sie erzählte jetzt – im Gegensatz zu früher – nicht ungern von ihren »Fällen« und diskutierte sie nicht ohne Stolz mit ihrem Vater. Aber schließlich geschah etwas, das ihr das Krankenhaus ganz verleidete. Sie kam abends blass und abgekämpft nach Hause, wollte nichts essen und begann halb weinend zu erzählen:

Man hatte einen kleinen polnischen Jungen gebracht, ein wimmerndes, bleiches Etwas, blutüberströmt. Er hatte mit herumliegender Munition gespielt, die die deutschen Soldaten beim Einmarsch der Roten Armee zurückgelassen hatten. Plötzlich gab es eine Explosion, und der Junge wurde durch die Luft geschleudert. Ein Soldat entdeckte ihn und zog ihn aus dem Straßengraben. Aber es gab keinen Arzt. Mein Vater war mit einem Pferdefuhrwerk zu einem Kranken unterwegs und nicht erreichbar. Die Telefone funktionierten ja nicht. Eine Krankenschwester sah den aufgetriebenen Bauch des Kindes. Sie meinte, es bestünden sicherlich innere Verletzungen, das Kind müsse rasch operiert werden. Doch wer sollte operieren? Die Operationsausrüstung war äußerst dürftig, und einen Chirurgen gab es schon gar nicht! Man stand ratlos vor dem Bett mit dem blutenden, kleinen, schweißnassen Jungen.

Hanne ergriff plötzlich die Initiative. »In Zittau, jenseits der Grenze, gibt es einen guten Chirurgen, Dr. Thumstädter, ein guter Bekannter meiner Eltern. Ein Arzt von echtem Schrot und Korn! Holt ihn! Der kommt, egal wie! Schnell!« Die erfahrene, polnische Krankenschwester schüttelte den Kopf: »Zittavia, Zittau? In Ostzone? Nicht möglich! Keine Genehmigung.« Man redete hin und her. Kostbare Zeit ging verloren. Schließlich erklärte sich ein Soldat bereit, zur Grenzkommandantur zu fahren. Alle atmeten erleichtert auf. Das musste doch klappen! In diesem Falle musste sich die Bürokratie doch überwinden lassen! Schließlich ging es um ein Leben, um ein junges Leben! »Noch dazu um ein polnisches Leben«, sagte meine Schwester grimmig.

Man fragte nach den Eltern. Niemand wusste Bescheid. Die Mutter sei wohl mit Soldaten unterwegs, sagte jemand. Hanne fragte: »Mit welchen, deutschen oder polnischen?« Man antwortete: »Ist doch scheißegal!«, und lachte sie aus.

Die Zeit kroch dahin. Dem Kind ging es schlecht. Es jammerte nach seiner Mutter. Die Schwester hängte ihm eine Infusion an und spritzte ihm ein Schmerzmittel. Hanne setzte sich an das Bett, wischte ihm den Schweiß von der Stirn. Sie begann zu beten, dass der Chirurg doch kommen möge. Die polnische Krankenschwester betete mit, obwohl sie Kommunistin war. Laute Gebete in zwei verschiedenen Sprachen bei zwei verschiedenen Weltanschauungen! »Hätten beide Völker nur öfter zusammen gebetet!«, sagte meine Schwester.

Das Kind erbrach sich mehrmals und stöhnte nur noch leise.

Stunden waren vergangen. Plötzlich begann das Kind ebenfalls zu beten, leise und stockend. Als ihm Hanne wieder den Schweiß abwischte, öffnete es noch einmal die Augen und lächelte wie unter einer zärtlichen, mütterlichen Berührung. Dann fiel der Kopf zur Seite. Es war still …

Die knochige, durch den Krieg an Schicksale gewöhnte Krankenschwester weinte laut. Nach einer Stunde kam der Soldat zurück. Er hatte lange verhandelt. Trotzdem: Die Genehmigung für den deutschen Chirurgen war nicht erteilt worden.

Hanne sagte eine Weile nichts mehr. Dann schaute sie meinen Vater an: »Ich bin richtig dankbar geworden, dass wir hier so gesund zusammen sitzen dürfen. Aber das heute, diese schreckliche Sache hat mir das Krankenhaus total verleidet. Soll ich denn da wieder hingehen? Nein.« Meinem Vater war das recht; denn die Alleingänge seiner Tochter hatten ihm eh nicht gefallen. »Ich könnte sowieso gut Hilfe gebrauchen. Fahr doch lieber bei mir mit und begleite mich bei den Krankenbesuchen. So kannst du auch etwas dazulernen.«

Der schlimmste Tag

Heidrich-Karl und ich versorgten inzwischen eine größere Herde Kühe. Wir ließen sie einfach im Freien und melkten sie alle zwei Tage. Wir hatten viel zu tun, aber es war zu machen; die Milchproduktion ging auf diese Weise langsam zurück, doch es war immer noch genug für uns. Wesentliche Probleme hatten wir nahezu keine. Da taten wir etwas Unüberlegtes, was schwere, unvorhergesehene Folgen haben sollte.

Die Kühe mussten immer wieder auf andere Weiden getrieben werden. Das war nicht ohne Mühe bei diesen inzwischen halb verwilderten Tieren. Also mussten wir oft mit Stöcken und Peitschen nachhelfen, um einigermaßen Ordnung zu schaffen. Eines Tages sahen wir, als wir wieder einmal nach geeigneten Stöcken suchten, beim Dorfbach ein viele Meter langes, etwa gut daumendickes Kabel. Da es mit seinem freien Ende in das Wasser hineinhing, waren wir sicher, dass es nicht oder nicht mehr benutzt wurde. Das war es, was wir brauchten! Wir schnitten uns deshalb ein etwa eineinhalb Meter langes Stück ab und machten in das Ende einen Knoten. Dieses Ding konnte man herrlich schwingen. Damit ließen sich die Kühe sicherlich besser treiben! Wir hielten das für eine gute Idee. Sie war aber nicht gut …

Was mochte das für ein Kabel sein? Darüber machten wir uns keine Gedanken. Die deutschen Soldaten hatten, um schneller voranzukommen, bei ihrem Rückzug alles Mögliche liegen lassen: alte Blechbüchsen, beschädigte Autoreifen, Uniformen, alte Drähte, zum Teil verrottetes, verschiedenstes Versorgungsmaterial, Munition, sogar Waffen. Warum also nicht alte Kabel? Auch die Flüchtlingstrecks hatten viele Sachen weggeworfen. Was hätte also Besonderes an so einem vergammelten Kabel sein sollen?

Es sollte Leute geben, die anders darüber dachten.

Als wir fröhlich unsere Peitschen schwingend zurück zu unseren Kühen gehen wollten, trat ein Soldat aus einem gegenüberliegenden Haus und wollte wissen, was wir da machten. Wir sagten es ihm, so gut wir das mit unseren polnischen Wortbruchstücken konnten, und zeigten ihm unsere Spezialpeitschen. Er lachte (ein wenig hinterhältig, wie wir später fanden):

»Ihr Deutsche, ihr Schweine!« Und ließ uns gehen. Das Wort »Schweine« für uns Deutsche waren wir gewöhnt. Es hatte für uns Jungen keine wesentliche Bedeutung mehr. Wir gebrauchten es für die Polen ja auch, wenn wir das für notwendig hielten. Also schien alles in Ordnung. Aber es war gar nichts in Ordnung, wie wir bald sehen würden!

Wir trieben die Kühe mit unserer neuen Peitsche auf eine umzäunte Wiese und schlossen das Gatter ab. Jeder ging zufrieden heim, ohne an irgendetwas Besonderes zu denken. Wir aßen zu Hause zu Mittag. Es schmeckte gut. Alles schien friedlich. Warum auch nicht?

Plötzlich bollerte es gegen unsere Haustür. Ich sah durch das Fenster. Da standen zwei schwer bewaffnete Soldaten und ein vierschrötiger, dickleibiger Offizier draußen. Sie schlugen erneut mit den Gewehrkolben gegen die Tür. Was hatte das zu bedeuten?

Mein Vater öffnete die Tür und sprach sie freundlich an. Sie stießen ihn zur Seite, brüllten etwas und drangen einfach in unser Haus ein. Der Dicke starrte uns mit hochrotem Gesicht an, fuchtelte mit seinen Armen in der Luft herum und brüllte irgendetwas von Sabotage. Wir lachten. Es musste sich um einen Irrtum handeln. Ich betrachtete mir daher den Herrn ohne Aufregung. Doch meine Ruhe wurde jäh unterbrochen. Denn plötzlich zog er seinen Revolver, die Soldaten hielten die Gewehre im Anschlag und gingen, ohne sich um unsere Protestlaute zu kümmern, von Zimmer zu Zimmer, aus einem schoss unser Seppl mit wütendem Gebell. Einer der Soldaten schlug kurzerhand mit dem Gewehrkolben zu, sodass der Hund laut jammernd in einer Zimmerecke landete. Sie gingen weiter, als ob sie etwas suchten.

Mein Vater brüllte schließlich ebenfalls: »Was soll denn das? Was sucht ihr?« Der Dickbauch warf unser Sofa mit einem imponierenden Ruck um, drehte sich blitzschnell zu mir, stieß mir seinen Zeigefinger vor die Brust und schrie: »Du Saboteur!« Ich starrte ihn fassungslos an. Das konnte doch nur ein Irrtum sein! Da ich inzwischen die rauen Soldatentöne gewöhnt war, schrie ich zurück: »Das nicht wahr, ich nicht Saboteur!« Er sah mich kurz an, knurrte wie eine gereizte Bulldogge und sagte meinem Vater etwas auf Polnisch. Der blickte entsetzt zu mir und fragte mich: »Hast du wirklich ein Telefonkabel durchgeschnitten? Ein Wachtposten hatte angeblich gerade telefoniert und wurde unterbrochen, warst du das?«

Na, also telefoniert haben konnte mit dem Kabel niemand! Ich atmete erleichtert auf und sagte: »Ach so, das, nein, ein Telefonkabel war das nicht. Das war ein frei endendes, dickes Kabel, das im Bach herumlag. Mit dem kann niemand telefoniert haben. Wir wollten nur ein Stück als Peitsche zum Kühehüten haben.« Ich weiß nicht, ob der Offizier mich verstanden hatte. Jedenfalls wollte ich das Kabelstück holen, um ihm zu zeigen, dass es gar kein Telefonkabel war, aber der Dicke hielt mich am Arm fest und sagte höhnisch: »Haha, du nicht ausreißen, Kleiner, du hier bleiben, du Saboteur, du gesehen worden, wie du Kabel schnipp-schnipp, du verhaftet.« Mir verschlug es die Sprache.

Mein Vater versuchte etwas zu sagen, aber der Offizier schnitt ihm mit einer wütenden Handbewegung das Wort ab. Er schob mich zwischen die beiden Soldaten und brüllte etwas. Die beiden packten mich rücksichtslos, drehten mir blitzschnell die Arme auf den Rücken (verflucht, tat das weh!) und marschierten mit mir los.

Meine Mutter schrie laut: »Das könnt ihr doch nicht tun! Mein Sohn ist unschuldig! Bitte! Er wollte doch nur …« Der Dicke unterbrach sie grob: »Du Schnauze halten!« Als meine Mutter mich festhalten wollte, stieß er sie roh zurück, so dass sie über einen Stuhl stürzte. Sie lag am Boden und rief hilflos und unter Tränen: »Hugo, geh mit ihm!« Mein Vater ging mit.

Für das Kabel interessierte sich niemand mehr. Man hatte es gar nicht weiter gesucht. Es wurde auch nicht geprüft, ob es wirklich ein funktionsfähiges Telefonkabel war. Man hatte den vermeintlichen Saboteur. Das genügte anscheinend.

Draußen stand ein zerbeultes Fahrzeug, in das man uns hineinbugsierte. Dann rasten sie los. Niemand sprach ein Wort. Ich dachte an den Soldaten, der uns am Bach gesehen hatte. Ein Telefongespräch des Wachtpostens unterbrochen?! Das war doch nicht möglich! Das konnte doch nur eine böswillige Unterstellung sein! Das Kabel hatte frei im Bach geendet! Klar, dachte ich, der Kerl war ein Deutschenhasser und versuchte uns zu schikanieren! Aber was konnten wir dagegen tun? Wir waren entsetzlich hilflos.

Schließlich hielten wir am Bürgermeisteramt. Dort empfing uns der Spitzbart mit bitterböser Miene. Ja, unser Freund, der frühere Kommandant, war nicht mehr da! Mit dem hätten wir vernünftig reden können. Der hätte die komische Sache mit dem fragwürdigen Telefongespräch rasch aufgeklärt. Jetzt waren wir ganz auf uns selbst angewiesen! Aber mit diesen Kerlen war wohl kaum zu reden! Die Einwände meines Vaters hatten sie nicht einmal angehört!

Man stieß mich in der Wachstube ziemlich grob auf einen Stuhl. Mein Vater versuchte zu vermitteln und nochmals alles zu erklären, doch man hörte ihn wieder nicht an. Auf eine Handbewegung des Dicken hin schob man ihn in ein anderes Zimmer und schlug die Tür mit einem lauten Knall zu. Jetzt war ich mit dem Offizier allein. Der stand zunächst stumm da und betrachtete mich eine Weile, nein, er starrte mich an! Wie eine Schlange das Kaninchen, dachte ich entsetzt. Dann zog er langsam, wie wenn er es genoss, ganz langsam einen Stuhl heran, setzte sich breitbeinig darauf, lümmelte sich auf die Lehne und kam mit seinem Gesicht bis auf wenige Zentimeter an das meinige heran. Er stank wie abgestandener Wodka. Er rülpste vernehmlich und begann das Verhör.

Ich sehe es heute noch manchmal im Traum, im Albtraum: Das schwielige, unrasierte, verschwitzte Gesicht. Ein Zigarettenstummel klebte an den Lippen, die immer wieder die gleiche Frage wiederholten: »Tak, tak, ja, ja, du mir sagen, warum du schnippschnipp, eeh, warum du schnippschnipp?« Dabei machte er mit den Fingern eine schneidende Bewegung. Ich gab ihm immer wieder die gleiche Antwort, dass ich eben nur eine Peitsche zum Kühehüten machen wollte. Und er fragte weiter immer das Gleiche. Es war zermürbend und grenzte an Wahnsinn! Ich wollte ein wenig zurückrutschen, weg von seinem Gesicht, aber er hielt mich eisern fest. Und erneut: »Warum du schnippschnipp …«

Es war widerlich! Schließlich stand er auf und setzte sich an den Schreibtisch, sah mich lange nachdenklich an, knurrte etwas und machte sich einige Notizen. Ich schaute zum Fenster hinaus und dachte, nun sei es vorüber. Ich atmete erleichtert auf. Aber zu früh!

Er stand nach einer Weile wieder auf und ging im Zimmer hin und her. Dann zündete er sich eine Zigarette an, und das Ganze ging von vorne los. »Du mir sagen, warum du …« Ich weiß nicht mehr, wie lange das so ging. Ich weiß nur noch: Es war entnervend!

Plötzlich fragte er mich, woher ich glaube, dass das Kabel stamme oder wem es gehöre. Ich dachte: »Na, endlich wird er vernünftig«, und antwortete ahnungslos, dass es wohl von deutschen Soldaten bei ihrer Flucht zurückgelassen worden sei wie viele andere Sachen, die noch im Wald herumliegen würden, wie Kochgeschirre, Uniformen, Telefone, Munition.

Da sprang er auf und schrie mich an, dass die Scheiben klirrten: »Deutsche Soldaten? Munition! So, so, also, du wissen, wo Munition und deutsche Soldaten! Du mir sofort sagen, wo deutsche Soldat! Du doch Saboteur. Du mir sagen, wo deutsche Soldat, sonst …« Er sah mich lauernd an: »Du vielleicht selber deutsches Soldat? Du Volkssturm oder Werwolf?« Da hatte ich mir was Schönes eingebrockt! Das wurde ja immer schlimmer! Ich war schweißnass. Werwolf! Ich hatte von dieser Kampf-Organisation gehört, wusste aber nichts Näheres darüber! Ich war fertig. Ich schrie fast weinend zurück: »Das ist doch alles nicht wahr! Verstehen Sie mich doch! Nein, nein, nix deutsche Soldat! Nein! Es gibt ja gar keine deutschen Soldaten mehr! Nein! Nein!« Er sah mich wieder lange nachdenklich an. Ich glaubte in seinen kleinen Augen ein kaltes, böses Funkeln zu sehen. »Aha! Du vielleicht Partisan oder Spion, du Auftrag zu ääääh, zu Sabotage, zu Terror? Waaaas?!«, murmelte er. Dann schrie er, dass ich fast vom Stuhl fiel: »Du gestehen, los, los! Sonst …!« Er hob drohend die geballte Rechte. Ich saß zitternd auf meinem Stuhl und jammerte hilflos: »Nein, nein, nein!« Da drehte er sich um, stieß den Stuhl zurück und holte den Spitzbart herein, mit dem er einige Minuten lang heftig gestikulierend sprach. Ich verstand kein Wort. Mir war nur klar, dass sie nichts Freundliches sprachen.

Plötzlich waren beide still, unheimlich still. Ich hatte das Gefühl, jetzt würde etwas Entsetzliches passieren. Ich fror. Der Dicke nickte mehrmals mit dem Kopf. Dann schlug er mit der Faust auf den Tisch, schaute mich nochmals böse an und verließ wortlos und achselzuckend das Zimmer.

Der Spitzbart schwieg zunächst. Er wirkte irgendwie unentschlossen, sah mich eine Weile fast mitleidig an, schüttelte mehrmals den Kopf und schrieb hastig etwas auf, strich es wieder durch und schrieb erneut, schließlich beugte er sich zu mir herüber. Jetzt wirkte er verändert, eiskalt. Mich entsetzte sein starrer Blick. Dann sagte er ganz langsam, jedes Wort betonend, wie wenn er Sorge hätte, dass ich ihn nicht verstehen könnte: »Du bleiben hier, du verhaftet. Du verurteilt. Morgen du nach Görlitz. Dort sie dich aufhängen! Du Saboteur und Spion. Du verstehen? Aufhängen!? Du morgen schon verstehen!« Sein Gesicht war zu einer kalten, grinsenden Maske erstarrt.

Ich war fassungslos. Das konnte doch nur ein Irrtum sein, vielleicht nur eine Drohung, dachte ich für einen Moment hoffnungsvoll. Aber dann sah ich wieder das steinerne Gesicht des Spitzbarts, den Mund leicht geöffnet mit seinen raubtierhaften Zähnen. Er wiederholte, wie wenn es ihm Spaß machte: »Tak, tak, ja, ja, Saboteur, dich morgen aufhängen!« Mein Gott, aufhängen, dachte ich entsetzt. Ich hatte einen deutschen Soldaten an einem Baum hängen sehen, angeblich ein Deserteur! Entsetzlich! Er schwankte im Wind hin und her, immer hin und her, hin und her, die Zunge hing heraus, die Augen weit offen! Das konnte doch nicht wahr sein!

Ich stürzte zu dem Spitzbart, fasste ihn bittend am Arm und schrie: »Nein, nein, das könnt ihr doch nicht machen! Ich bin kein Saboteur! Kein Spion! Ich bin unschuldig! Ich habe doch nichts verbrochen! Lasst mich doch leben! Was kann ich denn machen, damit ihr mich leben lasst?« Er schob mich mit einem kurzen, brutalen Ruck zur Seite wie einen lästigen, bettelnden Hund, ohne mich anzuschauen. Dann brüllte er: »Saboteure sein gehängt! Und du Saboteur!« Er sah mich lauernd an: »Hah! Du gehabt planen Terror?«

Wahnsinn! Ich, der harmlose, schüchterne Dorfjunge, sollte Terror geplant haben?!

Habe ich geweint? Vielleicht konnte ich es vor Entsetzen nicht. Ich weiß es nicht und mag heute nicht mehr daran denken. Ich wollte noch etwas sagen, brachte aber kein Wort mehr heraus. Was hätte ich auch sagen sollen?

Die Tür zum Nachbarzimmer sprang auf. Dort sah ich meinen Vater, wie er auf den Dicken einsprach. Ich hörte immer wieder das polnische Wort für »bitte«,

»prosze«. Er bat für mich! Der vornehme, aufrechte Mann bettelte für mich! Das hatte er bisher sicher noch nie in seinem Leben getan! Mein Gott, es war tatsächlich ernst! Sonst hätte er nie gebettelt!

Sein Gesicht war blass, die Wangen eingefallen. Er sah mich erschrocken an, dann versuchte er zu lächeln. Es blieb beim Versuch.

Mir brach erneut der Schweiß aus. Der Spitzbart sprang auf, knallte die Tür zu. Obwohl keiner von uns etwas gesagt hatte, zischte er wütend: »Ruhe! Kein Wort!« Dann packte er mich am Kragen und zerrte er mich aus dem Zimmer, schleppte mich den Gang entlang, riss die Kellertür auf und gab mir einen Stoß, sodass ich die Treppe hinunterstürzte. Die Tür krachte zu. Der Schlüssel drehte sich knirschend. Es war stockdunkel. Ein Knie tat mir weh. Da lief etwas herunter, wohl Blut, aber das spielte jetzt auch keine Rolle mehr. Morgen würde ich es sowieso nicht mehr spüren …

Die Gedanken rasten durch meinen Kopf. Was denkt man in so einer Situation? Ich habe es niemals aufgeschrieben und kann es auch heute nur schwach nachempfinden. Ich fühlte mich auf jeden Fall elend, sehr elend, kotzelend. Das konnte doch alles nicht wahr sein! Das war doch alles Lüge! War das wirklich das Ende? Was denkt man über das Ende mit 14 Jahren? Was weiß man darüber? Das Ende gilt doch immer nur für die anderen, meint man, vor allem für ältere Menschen. Vielleicht, so kam es mir vorsichtig in den Sinn, vielleicht war das alles bloß Theater, und man wollte mich nur erschrecken? Eine kleine Hoffnung! Ich fühlte mich für einen Augenblick etwas besser. Doch dann kroch langsam und hämisch grinsend wieder die Verzweiflung in mir hoch, und ich sah das Gesicht des Dicken vor mir und dann den gehängten Soldaten. In meinem Kopf rauschte und sauste es. Ich war müde, unendlich müde, und legte mich auf den Boden. Scheußlich schmierig war er und schmutzig, aber das war alles gleichgültig.

Plötzlich hörte ich ein schlurfendes Geräusch, dann berührte mich eine kalte Hand. Ich muss vor Entsetzen laut aufgeschrien haben; denn da sagte eine leise Stimme: »Bie ruhig, ich bie's, de Koarl (Sei ruhig, ich bin's, der Karl).« Es war der Heidrich-Karl. Er hatte gesehen, wie man mich vorhin die Treppe hinuntergestoßen hatte. Er erzählte mir, dass sie auch ihn abgeholt hätten, und dass er wohl schon einige Stunden hier unten liege. Verhört hätten sie ihn bisher nicht. Von meiner Verurteilung sagte ich ihm nichts. Wir sagten überhaupt nichts mehr, aber jeder wusste, dass auch der andere am liebsten vor Angst geschrien hätte. Da saßen wir beide, starrten in das Dunkel und warteten wie gelähmt auf das Unsagbare, dem wir nicht entrinnen konnten, dem wir aber doch zu entrinnen hofften. Wir waren verflucht allein. Es war kalt und feucht und roch modrig! Wie im Grab, dachte ich entsetzt. Ich fror und zitterte am ganzen Körper.

Die Zeit verging, langsam oder schnell? Wir wussten es nicht, aber es erschien uns wie eine Ewigkeit. Ich dachte an meine Eltern und begann still zu beten. Das tat gut und beruhigte etwas. Ich wusste, meine Mutter würde jetzt auch beten. Mein Vater würde wohl keine Zeit dafür haben. Der saß jetzt gewiss irgendwo über mir und würde seine gesamten Sprachkenntnisse und

Überredungskünste einsetzen, um mir zu helfen. Mein Gott, hoffentlich hatte er Erfolg! Er musste doch Erfolg haben! Und was, wenn nicht? Nein, das konnte nicht sein, das durfte nicht sein! Ich dachte wieder an den gehängten Soldaten. Der hatte sicher auch gehofft, gehofft bis zum letzten Augenblick. Und dann war er da, der letzte Augenblick! Dann hatte er verloren, endgültig! Warum sollte ich nicht auch verlieren? Bei diesem Gedanken wurde mir noch übler.

Irgendwann ging die Tür auf. Wir rührten uns nicht. Eine heisere Stimme schrie: »Eh, du raufkommen!« Wir rührten uns immer noch nicht. Ging es schon los? Vielleicht wollten sie uns schon holen zum ... Wen von uns meinten sie denn? »Du, Saboteur, raufkommen«, krächzte es erneut. Mein Gott, wer von uns beiden war der Saboteur?! Wir schlichen beide zögernd die Treppe nach oben in den Lichtkegel. Da packte mich jemand an den Haaren und riss mich nach oben, sodass ich laut aufschrie. Karl stieß er vor die Brust, dass er nach unten taumelte. Dann knallte die Tür wieder zu. Ich schloss zunächst geblendet die Augen. Als ich sie wieder öffnete, sah ich den widerlichen Dicken breitbeinig vor mir stehen (im Mundwinkel klebte wieder ein nasser Zigarettenstummel). Daneben sah ich meinen Vater, blass und erschöpft auf eine Stuhllehne gestützt, aber zu meinem großen Erstaunen leicht lächelnd. Herrgott, er versuchte es nicht, nein, er lächelte wirklich! Wusste er nichts von dem, was der Spitzbart gesagt hatte? Ich konnte kaum stehen, lehnte mich kraftlos an die Wand und sah hinüber zu dem an der Tür stehenden Spitzbart, der nervös und widerlich lächelnd mit einer Reitpeitsche an seine Stiefel klopfte.

Der Dicke sah mich lange merkwürdig an und kam dann langsam näher. Ich dachte: »Wie ein drohendes Ungeheuer kommt er, ooh, jetzt geht das schon wieder los!« Ich wich mit einem lauten »Nein, nein, nein« zurück. Da lachte der Dicke plötzlich: »Du Angst, kleines Deutscher, hahaha, ja, Angst vor Polen, das gutt, sährr gutt! Wenn du Angst, dann du wohl doch kein Saboteur! Du jetzt versprechen, du nicht mehr machen schnippschnipp, nie, nie, nicht mehr machen schnippschnipp?« Ich schüttelte heftig den Kopf: »Nein, nein, nie, nie mehr!« Er lachte wieder: »Sährr gutt! Sährr gutt!« Dann wandte er sich an meinen Vater: »Dein Sohn deutsch, also gefährlich, aber noch sährr jung und dumm, zu sährr dumm für Saboteur, zu jung für deutsches Soldat oder Partisan. Du haben Recht, panie doctorze. Ich auch Sohn, auch noch sährr jung und dumm. Ich denken, besser nicht aufhängen! In Görlitz sicher genug andere zum Aufhängen, hahaha! Vielleicht er werden später gutes Pole!? Hahaha! Du gehen mit Sohn nach Hause zu matka. Du geben aber besser Acht auf kleines dummes Sohn!«

Ich war sprachlos, am liebsten hätte ich den verschwitzten, stinkenden Dicken umarmt ... »Nicht nach Görlitz?«, quetschte ich mühselig hervor. Er spuckte den Zigarettenstummel ins Zimmer und grinste: »Nie, noch nicht, dummes Kleiner, aber nächstes Mal sährr ganz bestimmt!« Ich schaute meinen Vater an. Der nickte mir kurz zu und sagte leise mit etwas zittriger Stimme: »Bedanke dich.«

Ich murmelte wie im Traum: »Dziekuje, danke, danke, danke.« Ich hatte in meinem Leben noch nie so gern danke gesagt.

Ich sah noch einmal zu dem Dicken. Hatte der jetzt nicht einen weichen Zug im Gesicht? Er klemmte sich eine neue Zigarette in den Mundwinkel und nickte mir zu. »Los, los, gehen!« Ich rief: »Aber was ist denn mit Karl? Was habt ihr mit ihm vor? Der hat doch auch nichts getan!« Mein Vater seufzte erleichtert: »Den wollen sie auch laufen lassen, aber erst morgen, haben sie gesagt. Ich weiß auch nicht, warum. Aber sie haben versprochen, ihn freizulassen. Den halten sie für noch dümmer als dich!« »Versprochen? Der hat das versprochen?! Ob der sich wirklich daran hält?«, fragte ich misstrauisch. Mein Vater nickte und flüsterte: »Sei jetzt still! Der Dicke ist zwar ein Aas, aber immerhin, man kann ihm vertrauen. Doch jetzt gehen wir lieber schnell, bevor er es sich anders überlegt.«

Er klopfte mir auf die Schultern, lächelte mir noch einmal herzhaft aufmunternd zu, gab mir einen Stoß in den Rücken, und wir gingen, wir gingen schnell, nein, wir rannten fast. Fort, fort, nur fort von hier! Wir hielten uns an der Hand wie in Kindertagen und gingen wortlos in die Dunkelheit. Ich atmete mehrmals tief durch. Oh, frische, freie Luft! Es war schon tiefe Nacht. »Eine herrliche Nacht«, dachte ich, »da scheinen die Sterne und der Mond, Vollmond. Herrlich!« Mein Gott, ich durfte sie wieder sehen! Die Luft war mild und roch nach Sommer. Langsam verschwand der Modergeruch des Kellers aus meiner Nase.

Dann sagte ich plötzlich: »Danke, Vati.« Er drückte mir die Hand und nickte: »Ja, alles in Ordnung. Es ist schön, wenn Eltern und Kinder etwas füreinander tun und sich ›danke‹ sagen können.« Er lachte, drückte mich fest an sich und sagte fröhlich: »Wir sind quitt, mein Sohn.« Er dachte wohl daran, wie ich neulich die Soldaten unseres früheren Kommandanten geholt hatte, als der Plünderer ihn mit seinem Revolver bedroht hatte.

Nach einer Weile murmelte er: »Das war Todesnähe, mein Sohn. Im Krieg, an der Front ist man oft in Todesnähe. Ich habe das im Ersten Weltkrieg so manches Mal gespürt. Aber das ist anders, als es bei dir war, ganz anders. Im Schützengraben, da hat man auch Angst, sicher Todesangst. Man schwitzt vor Angst. Aber da ist noch etwas anderes im Kopf wie Vaterland, Verteidigung, ja, du kannst und musst dich wehren, du kannst dich manchmal verstecken, die bessere Deckung suchen. Du hast eine Chance, wenn du etwas tust!« Er schwieg einen Augenblick und drückte mir wieder die Hand: »Aber ganz der Willkür anderer ausgeliefert zu sein, einfach so verurteilt zu werden, ja sogar zum Tode verurteilt zu werden, das heißt keine Chance zu haben, das heißt Verzweiflung! Das war verflixt viel für dich.« Er schwieg. Ich flüsterte: »Ich glaube, für dich auch. Haben sie dir etwas von der Verurteilung gesagt? Du weißt alles?« Er nickte: »Alles.« Er legte mir beruhigend seinen Arm um die Schultern: »Aber jetzt ist alles vorbei, gut und glücklich vorbei, und nur das zählt. Vergessen, nur rasch vergessen, sobald es geht!«

Wir marschierten in fröhlichem Gleichschritt, ungeheuer erleichtert. Ich war wieder frei! Alle Müdigkeit und Schwäche waren verflogen.

Ach, konnte das Leben schön sein!

Ich hätte am liebsten etwas gesungen. Aber welches Lied? Nein, lieber nicht! Vielleicht hätte das jemand gehört und missverstanden, vielleicht für ein Soldatenlied gehalten!

Zu Hause öffnete uns Mutter mit verweintem Gesicht vorsichtig die Tür. Aber dann, als sie uns beide und unsere trotz aller Erschöpfung strahlenden Gesichter sah, schrie sie laut und riss die Tür weit auf. Wir lachten und weinten durcheinander und wollten gar nicht aufhören, uns zu umarmen. Wir hatten uns wieder! Unser Seppl schien unsere Freude zu spüren. Er jagte heran, sprang immer wieder an uns hoch und jaulte vor Freude. Ich glaube, ich habe mitgejault! Ja, das Leben war wirklich wieder schön! Glück? Ja, das musste das Glück sein! Wenn das Unglück vorbei ist, ist es immer Glück.

»Egal, was war«, sagte mein Vater, »aber heute hat dich das Glück angeschaut.«

Hanne kam die Treppe heruntergestürzt. Sie war außer Haus gewesen und hatte meine Verhaftung nicht miterlebt. Aber dann, als sie zurückkam und mein Vater und ich weg waren, da hatte auch sie die Angst voll gepackt. Doch jetzt weinte und schluchzte auch sie vor Freude. Alle waren glücklich. »Wodka«, rief Hanne, »wo ist der Wodka?« Mein Vater schüttelte den Kopf: »Nein, Töchterlein, das ganze Gemeindeamt hat nach Wodka gestunken. Wir haben das beide stundenlang riechen müssen. Im Keller liegt noch eine Flasche Rheinwein, den genießen wir jetzt. Schließlich habt ihr«, er wurde plötzlich todernst, »schließlich haben wir unseren Werner wiederbekommen. Schatz«, rief er und schlug meiner Mutter übermütig auf die Schulter, dass sie schwankte, »Schatz, unser Sohn ist wieder da! Es ist wie eine zweite Geburt! Ich komme mir vor, als wäre ich noch einmal Vater geworden! Feiern wir ein Fest! Wir haben zwar nichts zum Feiern da, aber umso mehr einen Grund dazu! Wie sagte Aristoteles: ›Feste sind dazu da, das wiederherzustellen, was sich im Alltag allzu leicht abnutzt.‹ Wir haben im Alltag in unserer so beschissenen Situation (ich wunderte mich, dass er so einfach ›beschissen‹ sagte) ein wenig die Freude verlernt. Sie hat sich geradezu abgenutzt. Heute wollen wir sie wieder lernen. Wisst ihr was? Wir ziehen uns jetzt gut an, und dann feiern wir wie in alten Zeiten, ha, wie in alten Zeiten, wenn auch ohne besonderes Essen, ohne Kaviar und Sekt, ohne Lachs und Hummer (eine seiner Lieblingsspeisen bei besonders festlichen Angelegenheiten). Vielleicht fällt auch wieder der Strom aus. Dann machen wir ein Candlelight-Dinner. Das Wichtigste ist, wir feiern voll Freude!« Und so taten wir es.

Mein Vater zog den dunklen Anzug an, meine Mutter ein elegantes Kleid, das so genannte »kleine Schwarze«. Auch Hanne und ich putzten uns heraus. Die Flasche Rheinwein wurde entkorkt. Wie erwartet ging das Licht aus. Wir zündeten eine Kerze an, wohl die letzte. Dann saßen wir da, sahen uns an und lachten erst einmal über uns. Vater hob das volle Glas und stand auf wie zu einer Festrede. Seine blauen Augen funkelten im Kerzenlicht: »Vielleicht eine verrückte Idee, unser bescheidenes Fest, aber verrückte Zeiten sollte man auch mit verrückten Ideen angehen. Wer weiß, wann wir wieder so zusammensitzen, aber heute freuen wir uns, dass wir es können. Und danken wir dem Herrgott dafür. Und wenn es uns wieder einmal ganz schlecht geht, dann wollen wir an diesen Tag denken!«

Natürlich sprachen wir immer wieder über das Geschehene, aber dahinter steckte die Freude: Wir hatten es geschafft!

Unsere Mutter konnte zunächst nichts essen. Natürlich wollte sie erst einmal genau wissen, was geschehen war. Vater erzählte ein wenig stockend, wie die entsetzlichen Stunden abgelaufen waren. Wie man auch ihn immer und immer wieder befragt habe, ob er Verbindung zu deutschen Soldaten hätte, ob sein Sohn nicht vielleicht doch beim »Volkssturm« oder sogar beim »Werwolf« aktiv sei und den Auftrag hätte, Sabotage zu verrichten. Die Deutschen hätten ja zum Schluss sogar Kinder in den Krieg geschickt. Meine Mutter drückte mir dabei immer wieder verstohlen die Hand, wie um sich zu vergewissern, dass ihr Sohn auch wirklich da war, und unterbrach ihren Mann immer wieder mit einem entsetzten »mein Gott«.

»Obwohl das mit dem unterbrochenen Telefongespräch sicher nicht gestimmt hat, haben die Polen anscheinend tatsächlich furchtbare Angst vor Sabotage und versteckten deutschen Soldaten. Widerstand jeder Art sollte sofort im Keim erstickt werden. Sie meinten es daher ernst, man wollte, wie es so schön heißt, ein Exempel statuieren und damit alle eventuellen Saboteure warnen«, sagte mein Vater immer noch erschüttert. »Wenn der Dicke nicht selbst einen Sohn gehabt hätte! Ich habe ihn immer wieder daran erinnert … Ich weiß nicht, ob er weich geworden wäre …«

»Und wenn du dich nicht so eingesetzt hättest! Ich habe dich einmal kurz gehört«, beeilte ich mich hinzuzufügen. Er trank einen kräftigen Schluck und lächelte müde: »Natürlich, natürlich, was glaubst du, was ich alles gesagt und versucht habe, aber wer weiß?! Wenn wir nicht auch ein wenig Glück gehabt hätten! Was geht schon ohne?« Er sah mich merkwürdig, aber irgendwie zufrieden an. »Mir kommt dein heutiges Glück wie ein Zeichen des Schicksals vor, ein Zeichen, dass du auch später immer wieder Glück haben wirst.«

»Na klar!«, lachte meine Mutter. »Er wird und soll es haben!«

Dann erzählten die Eltern von Oberschlesien und von der Zeit, in der es ihnen schon einmal schlecht ging, als sie aus Königshütte weggezogen waren und sich eine neue Existenz aufbauen mussten. Mutter lächelte: »Aber damals waren wir jünger und steckten die Schwierigkeiten leichter weg. Aber du«, sie wandte sich zu mir, »aber du hast nichts davon mitbekommen. Du warst noch ein kleiner, goldiger Fratz von noch nicht einem Jahr. Vor lauter Sorge habe ich dich über ein Jahr gestillt. Als bei dir schließlich ein kleines Zähnchen erschien, habe ich aufgehört; denn du fingst an, dieses mit einem kleinen spitzbübischen Lächeln beim Stillen zu benutzen.« Sie lachte. »Aber schon damals hat Vati gesagt, wenn wir schlechter Stimmung waren: Kläre, jetzt ziehen wir uns gut an und gehen aus, selbst wenn das Geld noch so knapp ist. Ja, das war dann schön und hat uns viel geholfen. Wir hatten wieder neuen Lebensmut.« Wir fassten uns zum Schluss alle vier an den Händen, als wir uns gute Nacht sagten. Wir sagten: »Gute Nacht zusammen. Wir sind alle wieder zusammen!« Und meine Mutter fügte hinzu: »Lieber Gott, wir danken dir! Wir danken dir!«

Wir gingen schlafen. Schlafen? Wer konnte das! Immer wenn ich die Augen schloss, sah ich ihn wieder vor mir, den Dicken mit dem nassen Zigarettenstummel im Mundwinkel. Ich hörte den Spitzbart immer wieder sagen: »Aufhängen!« Ich fühlte mich wieder im Keller und zum Tode verurteilt.

Irgendwann muss ich doch eingeschlafen sein. Anscheinend habe ich einmal laut geschrien; denn plötzlich stand meine Mutter an meinem Bett und strich mir wie in Kindertagen beruhigend über die Stirn. Oh, das tat gut!

Karl kam am nächsten Morgen nach Hause, bleich und übernächtigt. Wir hatten beide blutige Knie von der Kellertreppe, die wir hinuntergestoßen worden waren. Aber blutige Knie waren für uns nichts Besonderes! Wir begrüßten uns ernst und setzten uns an den Straßenrand.

Beide hatten wir zum ersten Mal eine nicht mehr kindliche Angst gehabt, nein, brutale Angst, nackte Lebensangst!

Wir spürten es: Wir waren dabei wieder etwas älter geworden, waren unserem eigentlichen Alter noch einmal ein Stück vorausgeeilt. Wir haben über die Sache nicht mehr gesprochen. Karl meinte nur, es sei verdammt knapp gewesen. Dann legten wir uns auf die Wiese und sahen still und lange in den blauen Himmel mit seinen kleinen weißen Wolken, die ruhig dahinzogen, wie wenn nichts geschehen wäre. Und wir waren froh, dass der Himmel wieder für uns da war, und auch der Wind, der wie eine beruhigende Hand über unsere noch angespannten Gemüter strich …

Das Ereignis ging uns noch lange nach, sodass wir trotz des guten Ausgangs in unseren Familien nicht so recht fröhlich waren. Merkwürdig, wir hatten doch wirklich allen Grund, froh zu sein! Irgendwie warf das bedrückende Erlebnis einen großen Schatten über unsere Freude und ließ uns immer wieder zurückdenken. Die Abende verliefen daher zunächst ziemlich still. Es gab nichts Lustiges, über das wir hätten lachen können. Das änderte sich erst, als mein Vater eines Abends auffällig vergnügt nach Hause kam – mit einer Geschichte, die mir half, über diesen schlimmsten Tag in meinem Leben ein wenig mit Humor hinwegzukommen:

An diesem Abend winkte mein Vater und rief lachend: »Kläre, ich brauche dich!« Meine Mutter blickte ihn ein wenig nachdenklich an. Beide verschwanden im Herrenzimmer. Hanne und ich sahen uns verdutzt an. Bald hörten wir die Eltern zunächst unterdrückt, aber dann immer wieder laut lachen. Wir platzten fast vor Neugierde. Merkwürdige Gedanken gingen uns durch den Kopf, die sich aber keiner auszusprechen getraute. Nach einiger Zeit konnte Hanne nicht mehr an sich halten (sie war ja genauso neugierig wie ihre Mutter) und klopfte vorsichtig an die Tür. Mutti rief vergnügt: »Kommt, Kinder, kommt ruhig rein!«

Hanne war vor mir im Zimmer. Sie hatte natürlich als die Ältere das Vorrecht, ihre Neugierde zuerst zu befriedigen. »Was lacht ihr so komisch? Was macht ihr denn?«, platzte sie heraus. Vater saß ungeheuer entspannt an seinem Schreibtisch, ein Bein über der Sessellehne – ein für mich wirklich ungewöhnlicher Anblick! Mutter lehnte mit rotem Kopf auf der Couch und kicherte: »Was wir machen? Wir schreiben einen Liebesbrief!« Ich hatte sie noch nie so kichern gehört! Wir müssen ziemlich blöd dreingeschaut haben, sodass beide wieder zu lachen anfingen. Nach der vergangenen Aufregung wirkte das ansteckend, und wir lachten allmählich mit. Aber was sollte das nun?

Schließlich begann mein Vater: »Also, man hat mich heute wie üblich mit einem Pferdekarren abgeholt, diesmal zu Wladek, den Werner ja kennt. Der saß mit traurigem Gesicht am Küchentisch und trank Wasser. Ich dachte, ja, der ist echt krank, Wladek und Wasser trinken! Das ist neu! Ich habe ihn nach seinen Beschwerden gefragt. Er druckste eine Weile herum, kratzte sich mehrmals am Kopf und rutschte unruhig auf dem Stuhl hin und her. ›Tut etwas weh?‹, fragte ich ihn. Er nickte heftig und sagte verlegen: ›Ja, Kopf, nein, Herz.‹ Ich war verblüfft. So pflegte sich jemand mit Herzschmerzen nicht zu benehmen. Nach einiger Zeit, als ich schon ungeduldig wurde, rückte er langsam heraus: Er liebe eine Deutsche, ganz sehr liebe er sie! ›Liebe ganz groß, säährr groß, kann nicht aushalten‹, betonte er immer wieder. Aber die große Liebe sei vor zwei Tagen über die Neiße gegangen, obwohl er doch alles für sie tun würde, sogar stehlen! Er war untröstlich. Ich habe ihn verwundert gefragt, was ich da tun könne. Er machte ein spitzbübisches Gesicht und meinte, ich müsse für ihn in Deutsch einen Liebesbrief schreiben, damit sie zurückkomme, da er sonst sterben würde. Als Arzt dürfe ich nicht zusehen, wie er langsam und qualvoll stürbe. ›Also schreiben an mein kleines Äpfelchen, meine Goldherz: Wladek viel Liebe, nicht mehr schlafen, nicht mehr essen, nicht mehr lachen können! Sie guter, bester Doktor, Sie können alles‹, sagte er mit leichtem Augenzwinkern. Immerhin fühlte ich mich geschmeichelt, dass man mir noch Liebesbriefe zutraute. Ich sah ihn mir an, diesen Wladek mit seinem Rübezahlgesicht, mit einer Figur wie ein Preisboxer, mit groben, immer leicht schmutzigen Händen. Ich versuchte mir vorzustellen, wie er damit wohl sein ›Äpfelchen‹ streicheln würde. Nun, er ließ nicht locker, und da habe ich dann irgendwann zugesagt. Doch bei meinen Bemühungen musste ich feststellen, dass ich ein wenig aus der Übung bin. Deshalb habe ich mir Mutti zu Hilfe geholt. Und nun sitzen wir beide hier, denken an unsere Jugendzeit und schreiben, wie schrecklich lieb wir einander haben, dass wir vor Sehnsucht sterben, dass wir nicht mehr schlafen können, dass wir … Nun ja, wir überlegen noch.«

Hanne war zunächst still, dann meinte sie aber, sie fände das wirklich geschmacklos. Ich war anderer Meinung. Mich überkam ein unbekanntes Gefühl, und ich strahlte: »Zeigt mal her, da mache ich sofort mit!« Meine Mutter sah mich erst verblüfft, dann nachdenklich an und schüttelte energisch den Kopf: »Ah, ah! Wie alt bist du? So kenn ich dich gar nicht! Du bist wohl ganz … Nein, mein Kind, das könnte dir so passen, das lernst du noch früh genug!« Meinen Eltern tat das Nachdenken über die Liebe sichtlich gut. Sie wirkten geradezu verjüngt.

»Also, noch einmal von vorn: ›Meine Allerliebste‹«, begann mein Vater. »Nein, ›Meine Liebste‹ genügt«, fuhr meine Mutter dazwischen, »wir Frauen wissen, dass ihr Männer in diesem Punkt gern übertreibt. Und den Band mit den altmodischen, lateinischen Liebesgedichten, den kannst du weglegen, wie heißt der, der alte Römer? Catull, sagst du?« Sie las eine Übersetzung aus dem Lateinischen:

»Liebste, küsse mich hundert- und tausendmal,
und noch einmal tausend und tausend,
damit wir das Schicksal verwirren,
dass es die Anzahl nicht kennt und uns beide
beneidet.«

»Klingt doch toll«, schwärmte mein Vater. Mutter schüttelte den Kopf: »Nein, das mag für einen Ästheten wie dich noch so schön klingen. Aber unser Wladek ist kein Ästhet und seine Freundin sicher auch nicht! Nein, nein, den Band kannst du getrost weglegen. Das haben vielleicht die alten Römer so gesagt, aber so schreibt heute kein Mensch mehr an seine Liebste. Und das mit den tausend Küssen, das stimmt sowieso nicht. Ihr Männer könnt einfach nicht zählen! Also, du schreibst jetzt einfach so, wie du vor 30 Jahren an mich geschrieben hast! Weißt du noch, damals!« Sie schwelgte in alten Erinnerungen und war so in Schwung gekommen, dass sie meinem Vater derart temperamentvoll auf den Oberschenkel schlug, dass der erschrocken aufsprang.

So »arbeiteten« sie noch lange und amüsierten sich köstlich dabei.

Das Ergebnis haben sie mir leider nicht gezeigt, aber der Brief muss wirklich gut geworden sein; denn die »große Liebe« kam schleunigst zurück, und Wladek wurde wieder gesund. Ob die Liebste gemerkt hat, dass der Brief nicht von Wladek verfasst worden war? Er hatte ihn natürlich mit ungelenker Hand abgeschrieben.

Ich habe viel später Gedichte von Catull gelesen. Sie sind von einer kunstvollen Schönheit, hinter der der

Dichter anscheinend seine zitternde Leidenschaft verbarg. Ja, aber für Wladek und seine verlorene Freundin wären sie wirklich nichts gewesen. Mein Vater hätte sie auch gewiss nicht verwendet. Er hat sie wohl nur benutzt, um in Stimmung zu kommen. Und dazu waren sie durchaus geeignet!

Ende Juli

Das Korn wurde reif. Die wenigen inzwischen zurückgekehrten Bauern begannen das Getreide zu mähen, mit der Sense natürlich; denn Benzin für Mähmaschinen und Traktoren (die sowieso meist abtransportiert worden waren) bekamen sie nicht, und auch Pferde gab es keine. Die hatten entweder gleich die Russen mitgenommen, oder sie wurden von den Polen benötigt: Sie spannten sie vor Kutschen oder funktionierten sie sogar bisweilen als Reitpferde um. Und wieder andere waren einfach geschlachtet worden.

Also geschah alles von Hand, und vor die Erntewagen wurden Kühe gespannt. Das geschnittene Getreide wurde in Garben gebunden, die wir zu Strohpuppen aneinander lehnten, wie das auf alten Bildern zu sehen ist. Die Erntewagen wurden hoch und kunstvoll beladen. Das war nicht ungefährlich und das Aufladen sehr mühselig. Jemand hockte auf dem Erntewagen und nahm die Garben entgegen, die ein anderer mit einer Gabel nach oben schob. Diese Garben mussten entsprechend vorsichtig gelagert werden. Es war tatsächlich eine Kunst; denn bei ungleichmäßiger Beladung konnte so ein Wagen umkippen.

Ich half bei Heidrichs mit wie in früheren Zeiten. Zuweilen kamen polnische Soldaten, um uns wichtigtuerisch zu kontrollieren. Hatten sie geglaubt, wir würden das Getreide auf den Feldern verfaulen lassen oder wir wüssten nicht, wie wir es einbringen sollten? Verstanden sie überhaupt etwas davon? Nein, überhaupt nicht! Einige waren freundlich, andere brüllten herum. Wir waren das ja nun gewöhnt und nicht mehr so ängstlich, also brüllten wir einige polnische Brocken ebenso laut und unfreundlich in der gleichen Tonlage zurück. Somit verstanden wir uns ganz gut. Wir lernten auch allmählich, dass die rauen Soldatentöne nicht unbedingt böse gemeint waren.

Den Mittag verbrachten wir oft auf dem Feld im Schatten eines Baumes und aßen, was es gerade so gab. Der Schweiß stand uns auf der Stirn. In der Bibel hatte ich einmal gelesen, Gott habe zu Adam gesagt, als er ihn aus dem Paradies geworfen hatte: »Im Schweiße deines Angesichts sollst du dein Brot essen.« Dass es der Herrgott nach so vielen Jahrtausenden noch so genau nahm! Ich wusste es noch nicht, aber bald würde ich erfahren, wie es ist, wenn man kein Brot hat, gleichgültig ob man schwitzt oder nicht! Da hätte ich dann gern im Schweiße seines Angesichtes …

Zum Schwitzen brachte uns auch das Dreschen des Getreides. Wir mussten das von Hand verrichten, da die schon im Kriege meist ungenügend gewarteten Dreschmaschinen schlecht oder gar nicht funktionierten. Also wurde nach alter Sitte das Getreide mit hölzernen Dreschflegeln auf dem gestampften Lehmboden einer Scheune gedroschen. Das musste gelernt sein; denn das Schwingen der Dreschflegel musste in einem bestimmten Rhythmus geschehen, da immer mehrere Personen zugleich droschen und man natürlich nicht den Mitdrescher schlagen wollte. Das gab dann das charakteristische Klappern – ein Geräusch, das ich gelegentlich noch im Traum höre, das aber sicher keiner der heutigen Bauern mehr kennt. Nach dem Abdreschen einer Lage wurde das Stroh abgeräumt, und die liegen gebliebenen Körner wurden zusammengekehrt. Dann wurde die nächste Lage Getreide ausgebreitet. Diese Arbeitsweise war schon mühselig. Das heute so gern benutzte Wort »Rationalisierung« war uns unbekannt. Außerdem, wie hätte es anders gehen sollen? Und wir waren immerhin guten Mutes bei dieser anstrengenden Arbeit; wir bekamen sozusagen eine besondere Verbindung zum Brot. Wir aßen es anders, nahezu wie ein selbst gefertigtes Kunstwerk. Wir wussten eben, wie es entstanden war. Ich darf wohl sagen, wir aßen mit dankbarer Freude – und wir waren dabei glücklich. Wie sagte Goethe einst so schön?

»Wer freudig etwas tut
und sich des Getan'nen freut,
der ist glücklich.«

Ja, wirklich, trotz der im Grunde unglücklichen Situation waren wir glücklich, solange wir nicht in der Erinnerung kramten oder an die Zukunft dachten. Wir lernten immer wieder, uns ganz der Gegenwart zu widmen.

Getreide hatten wir also genug, aber unser Mehlvorrat war aufgebraucht! Und aus Körnern Mehl mahlen, das konnte keiner von uns! Der Heidrichbauer meinte, man könne vielleicht das Schrot essen, mit dem auch das Vieh gefüttert wurde. Der Altmannbauer habe eine

Schrotmaschine. »Also Schrot wie das Vieh fressen?! Na, das haben wir noch nie gemacht!«, sagte meine Mutter etwas verdutzt. Mein Vater war nicht dagegen: »Im Schrot ist noch der lebendige Getreidekeimling mit viel Vitamin B und E enthalten. Diese Vitamine fehlen uns inzwischen wahrscheinlich sowieso. Wenn wir das Zeug mit Himbeeren, Äpfeln und ein paar Haselnüssen aus unserem Garten mischen, wäre das recht gesund.« Gesagt, getan! Ich setzte Altmanns Schrotmaschine in Gang. Sie war nicht gerade besonders sauber, aber Mutter war ja nicht dabei. Dann mampften wir die ungewohnte Rohkost in uns hinein. Sie schmeckte einigermaßen. »Nur manchmal knirscht es beim Kauen so eigenartig«, maulte Hanne. Ich schaute gleichgültig in die Luft. Ich wusste natürlich, warum es knirschte. Das war der Dreck aus der Schrotmaschine.

Trotzdem fehlte das Mehl. Unsere Mutter erklärte: »Ich bin schließlich kein Wiederkäuer! Es muss doch irgendwo Mehl geben! Der Bäcker in Seitendorf muss doch etwas wissen! Also gehen wir hin!« Sie sah mich auffordernd an. Also gingen wir.

Wir waren noch nicht weit gegangen, als uns ein kleiner, grauhaariger Mann mit Knebelbart entgegenkam. Mutti machte fast einen Luftsprung: »Hallo, Mensch, Herr Soukop! Sie schickt der Himmel! Wo kommen Sie denn her?« Herr Soukop war der Besitzer einer Windmühle, unser Müller, deshalb Mutters überschwängliche Freude! Er lachte: »Ja, ich durfte zurückkommen, weil ich Tscheche bin. Eigentlich hätten die mich gar nicht rausschmeißen dürfen!« Er hatte in unserem Dorf gelebt, ohne dass seine Nationalität ihm irgendwelche Probleme oder Schwierigkeiten bereitet hätte. Er war eben der Windmüller am Berg. Mutter fragte vorsichtig: »Geht Ihre Mühle?« »Wenn ich Korn kriege und genug Wind ist, geht sie«, erwiderte er kurz. »Hurra! Korn kann ich Ihnen genug bringen«, rief ich begeistert. »Dann bring 's!«, sagte er kurz. Er zog seinen Tabaksbeutel aus der Hosentasche und steckte sich mit zwei Fingern eine Prise in den Mund. Meine Mutter kannte das nicht und rief entsetzt: »Mein Gott, der frisst, nein«, sie verbesserte sich rasch, »nein, ich wollte sagen, der isst ihn!« Er sah Mutter belustigt an, schüttelte den Kopf und kaute genüsslich. »Also gut«, sagte meine immer noch fassungslose Mutter schließlich, »also gut, der Werner bringt Ihnen einige Säcke mit dem Leiterwagen.«

Herr Soukop genoss die Reaktion meiner Mutter auf sein Tabakkauen sichtlich. Seine Augen funkelten geradezu vor Vergnügen. Er spitzte plötzlich seine Lippen, und dann zuckte ein Strahl brauner Brühe ziemlich dicht an meinem rechten Ohr vorbei und klatschte auf die Straße. Als er sich danach zu meiner Mutter umwandte, wich diese zurück und schrie: »Halt! Wehe! Untersteh'n Sie sich!« Er spuckte den Tabak an meinem anderen Ohr vorbei und kicherte: »Aber Frau Doktor, wer wird denn gleich! So macht man das eben!« »Na gut, gut, aber muss man dabei wie ein Lama spucken? Machen Sie das zu Hause auch so?«, fragte sie unwirsch. »Aber sicher, aus dem Mühlenfenster«, erwiderte er grinsend, »aber seien Sie nur unbesorgt! Ich habe noch nie ins Mehl getroffen, nur einmal meine Schwiegermutter. Die war nicht so schnell wie Sie!« Er winkte beschwichtigend mit der Hand: »Also, ich mahle Ihnen Mehl so viel Sie wollen!«

Wir gingen zurück. Mutter sah mich misstrauisch von der Seite an: »Hör endlich auf so blöd zu feixen! Hast du gewusst, dass er solche Scherze macht?« Ich nickte vergnügt: »Das Besondere war nur, dass er sich das vor dir getraut hat. Beinahe hätte er bei dir vorbeigespuckt. Im letzten Moment hat ihn wohl ein gewisser Respekt die Richtung ändern lassen.« »Und das bedauerst du wohl?«, bohrte Mutter weiter. »Ach weißt du …«, begann ich vorsichtig. Aber da lag glücklicherweise ein frischer Kuhfladen auf der Straße, in den meine Mutter gerade hineintreten wollte. Ich schrie also aus Leibeskräften »Halt!« und stieß meine Mutter zurück. Sie taumelte und blitzte mich an: »Sag mal, bist du noch ganz bei Sinnen?« Ich zeigte auf das duftende Etwas vor ihren Füßen: »Na?« »Donnerwetter! Das hast du gut gemacht«, sagte sie erschrocken, »aber jetzt gehen wir schleunigst nach Hause. Ich glaube, heute ist nicht so ganz mein Tag.«

Heidrichs waren hoch erfreut, als sie hörten, dass der Soukopmüller wieder da war. Wir beluden rasch einen Holzkarren mit mehreren Säcken voll Roggenkörner, spannten eine Kuh davor, und los ging es den Windmühlenberg hinauf. Der Alte saß vor seiner Mühle. Er lachte, als er mich sah, und hielt mir eine Prise Kautabak unter die Nase: »Na, willste?« Ich wollte nicht. Dann schleppten wir gemeinsam die Säcke in die Mühle, deren Flügel sich schon langsam und knarrend bewegten. »Morgen kriegt ihr Mehl, schönes, frisches Mehl!«, rief er fröhlich.

Doch kaum war dieses Problem gelöst, kam auch schon ein neues auf. Der Heidrichbauer kam wenig später mit sorgenvollem Gesicht zu uns: »Apernkafer

(Kartoffelkäfer)! Haufenweis uff ’m Acker!« Heute spritzt man mit gutem Erfolg dagegen. Aber in dieser Zeit?! Wir gingen auf das Feld. Tatsächlich! Zu Tausenden waren da zwar schöne, gelb bebänderte, aber gefräßige Tiere, und dazu die hässlichen roten Larven! Wir lasen sie tagelang mühselig von den Pflanzen ab, eine nicht sonderlich appetitliche Arbeit. Am nächsten Tage waren immer schon wieder neue Käfer da, sodass wir ernsthaft Sorge hatten, dass wir es nicht schaffen würden. Glücklicherweise erkannten auch einige Polen die Gefahr und halfen uns beim Ablesen der Käfer. Sie waren also gar nicht so faul, die Polen, wie ich zunächst gedacht hatte. Sie waren sogar sehr fleißig! So entwickelte sich eine erste Form echter Zusammenarbeit, friedlicher Zusammenarbeit! Wir aßen und tranken zusammen in den Arbeitspausen und merkten, dass man miteinander gut auskommen konnte.

Ab und zu kamen neue Polen. Offiziell hießen sie Umsiedler oder Umgesiedelte, aber es waren von den Russen Vertriebene. Vielleicht nicht ganz so brutal vertrieben wie wir, aber eben doch vertrieben! Vertriebene folgten also Vertriebenen. Sie hatten ihre Heimat ebenso verloren wie wir. Sie waren dagegen ebenso ohnmächtig wie wir. Hätten wir uns deshalb nicht sehr bald verstehen müssen? Hatten wir nicht ein gemeinsames Schicksal?

Doch das ist die Sicht von heute. Damals waren sie uns gegenüber, den Menschen mit der weißen Armbinde, sehr zurückhaltend, ja sogar enorm misstrauisch. Die Feindbilder saßen tief. Man wird ihnen wohl ähnliche Schauermärchen über uns erzählt haben wie die Nazis uns über die Russen, na, und überhaupt über die Slawen. Und es waren ja auf beiden Seiten tatsächlich fürchterliche Dinge geschehen. Also waren auch wir misstrauisch – genauso misstrauisch.

Die ankommenden Polen wirkten in der für sie fremden Umgebung scheu und machten nicht gerade den Eindruck, als seien sie glücklich darüber, nun hier leben zu müssen. Vielleicht war es manchen auch etwas peinlich, in Häuser einzuziehen, in denen man noch die Spuren der gewaltsamen Vertreibung sah: herumliegende Wäsche, verlorene Familienbilder, zerschlagenes Geschirr usw. Außerdem verstanden sie außer Polnisch höchstens Russisch, aber kein Deutsch. Auch Englisch sprachen sie so gut wie gar nicht. Es kam also noch eine erhebliche Sprachbarriere hinzu. Wie sollte man da Vertrauen schaffen? Oder vielleicht gar Freundschaft? Nun ja, Freundschaft sowieso nicht! Sie waren Fremde, zugehörig zu einem Volk, das uns brutal behandelt hatte. Das Gleiche dachten wohl auch die Polen. Sie bezogen leer stehende Häuser. Es gab ja genug davon. Wie erwähnt, hielten die meisten zunächst nicht viel von der Feldarbeit, und es halfen nur wenige bei der Ernte, so dass die Gefahr bestand, dass nicht alles eingebracht werden würde. Irgendeine zentrale Organisation der Erntearbeit gab es sowieso nicht.

Manche der Neuankömmlinge schienen ganz im Gegensatz zu unseren Kartoffelkäferlesern ausgesprochen faul zu sein. Oder habe ich das falsch gesehen? Vielleicht sollte man sagen, sie hatten eine uns fremde Lebenseinstellung. Sie gingen zum Beispiel nicht einmal in den Wald, um Feuerholz zu holen, sondern brauchten einfach das Holz des unbewohnten Nachbarhauses auf. Dagegen war nichts einzuwenden.

Wenn dieses Holz jedoch zu Ende war, verfeuerten sie die in den Wohnungen stehenden Möbel, zerhackten sogar die Holztreppe samt Geländer! Wie war das nur möglich? Es war nicht zu begreifen! Eine völlig andere Mentalität, eine uns völlig fremde Denkweise! Ich habe versucht, einen Polen deswegen anzusprechen. Er hat mich verständnislos angeschaut: »Na und? Warum nicht? Haus geht kaputt. Dort niemand wohnen! Niemand braucht Treppe. Aber wir brauchen Essen, brauchen Holz zum Kochen, und Wald sein weit!«

Am Anfang war es für uns beklemmend zu sehen, wenn die Häuser unserer Nachbarn von den neu ankommenden Polen in Besitz genommen wurden. Das änderte sich jedoch im Laufe der Zeit, und schließlich waren wir sogar froh darüber; denn die unbewohnten Häuser wirkten vernachlässigt und begannen langsam zu verfallen: Regenwasser drang durch eingeschlagene Scheiben ein, die Wände verschimmelten, und verwilderte Hunde und Katzen, Ratten und andere Tiere machten es sich darin bequem. Nein, es war schon gut so. Wir glaubten ja immer noch, dass die Häuser für unsere Dorfbewohner erhalten werden müssten. Die Anwesenheit der Polen konnte doch nur vorübergehend sein. Was für ein Irrtum!

Immerhin machte sich in uns ein unangenehmes, unterschwelliges Gefühl breit, dass mit der Ansiedlung der Neuankömmlinge die Vertreibung vielleicht doch allmählich einen endgültigen Charakter annehmen könnte. Und so war es ja auch.

Wir Jungen pflegten bei einem Neueinzug immer mehr oder weniger fachmännisch zuzuschauen, gelegentlich sogar mitzuhelfen, das allerdings sehr selten.

Da zogen eines Tages Polen in das uns gegenüberliegende Haus ein. Sie kamen mit einem Pferdefuhrwerk voll Gepäck und kleineren Möbeln. Es war nicht viel, jedoch viel mehr, als unsere Dorfbewohner mit sich schleppen durften. Auch viel mehr, als meine Eltern bei ihrer späteren Ausweisung mitnehmen durften. Empfand ich Neid? Ich glaube nicht.

Sollte ich beim Hineintragen mithelfen? Helfen, eine Wohnung in Besitz zu nehmen, die ja Bekannten gehörte? Polen helfen? Die Polen hatten meine Freunde hinausgejagt! Denen konnte ich doch nicht helfen! Aber es waren ja nicht diese Polen gewesen! Gut, aber es waren Polen! Nein, ich wollte nicht helfen. Mir kam damals noch nicht die Idee, dass ich genauso ungerecht und unüberlegt wie unsere ehemaligen Feinde dachte, die alle Deutschen zu Nazis stempelten.

Ich wollte schon weggehen. Da sah ich, wie sich ein Mädchen verzweifelt mit einer Holzkiste abmühte und schließlich mit dieser hinstürzte. Sie schrie hell auf. Ich weiß auch nicht, wie es kam, aber plötzlich stand ich neben ihr, schob sie wortlos und ein wenig großtuerisch zur Seite und lud mir die Kiste auf. Sie war wirklich schwer, fast zu schwer, und ich schleppte sie mit zusammengebissenen Zähnen in den Hausgang. Ich habe mich sehr angestrengt, aber wohl etwas geschwankt; denn mir sprang plötzlich ein Mann zu Hilfe, obwohl ich das gar nicht wollte. Schließlich wollte ich vor einem Mädchen nicht schwach erscheinen! Ich sah ihn geradezu böse an. Er aber grinste nur, packte einfach zu und zerrte mich samt Kiste mit einem kräftigen Fluch in das Haus. Wir setzten das Ding gemeinsam im Wohnzimmer ab.

Da stand ich nun. Ich sah mich ein wenig wehmütig um. In diesem Zimmer hatte ich mit dem Nachbarsjungen Siegfried bei schlechtem Wetter »Dame« und »Mühle« oder auch »Domino« gespielt. Hier hatte ich ihm Gesellschaft geleistet, als er sich bei einer unserer gemeinsamen Unternehmungen beide Unterarme gebrochen hatte und im Bett liegen musste. Hier hatte er mir erzählt, dass er im nächsten Jahr ausreißen wolle aus diesem dämlichen Dorf, um nach Madagaskar zu gehen. Oh, Madagaskar! Das klang ungeheuerlich! Sehr wahrscheinlich hatte ihn der geheimnisvolle Klang dieses Namens fasziniert. Ich bin überzeugt, er hat gar nicht gewusst, wo das liegt! Aber die Idee und der Wagemut hatten mir damals ungeheuer imponiert. Komisch! »Ausreißen, einmal in die große Welt ausreißen.« Das war damals der Wunsch mancher um die zwölf Jahre alter Jungen! Sie wollten nicht etwa wegen irgendwelcher Schwierigkeiten mit den Eltern weg. Sie wollten nur einmal das große Wagnis, das große Unbekannte. Völlig unüberlegt, wie es sich für die Jugend, gerade für die noch an der Grenze zum Kindsein befindliche Jugend, gehört! Siegfried war dann auch tatsächlich mit zwölf Jahren ausgerissen. In Dresden hatte ihn die Polizei erwischt, als er dort hilflos, übernächtigt und hungrig am Bahnsteig hin und her lief und anscheinend einen Zug nach Madagaskar suchte. Man brachte ihn zurück, und er war froh darüber. Die Reiselust war ihm vergangen. Er wollte nie mehr ausreißen, nie mehr weggehen, versprach er, und wollte nun immer in seinem Dorf bleiben. Das Schicksal meinte es aber anders. Nun war er unfreiwillig aus dem »dämlichen« Dorf gegangen, nein, gejagt worden und hatte dabei bitterlich geweint.

Hier würde jetzt alles anders werden. Ich stand unschlüssig da. Ich muss eine Weile verträumt und still vor mich hingestarrt haben. Der Mann, der mir so gegen meinen Willen geholfen hatte, riss mich in die Wirklichkeit zurück, indem er auf Polnisch »Danke« sagte und mir dabei freundlich zulächelte. Das zierlich gebaute Mädchen stand neben ihm, den Kopf leicht zur Seite geneigt, und wiederholte den Dank mit heller Stimme, dabei lachte sie mich an. Ja, aber das waren doch Polen! Was sollte ich jetzt tun? Ich wusste es einfach nicht, sah verlegen an ihr vorbei und ging nach draußen. Vorher drehte ich mich noch einmal um und sagte trotzig laut auf Deutsch »Bitte«. Sie sprang unbekümmert hinter mir her und rief mir etwas nach, was ich nicht verstand. Ich benahm mich alters- und situationsgemäß ungeschickt und dumm. Sie war ja ein Mädchen, noch dazu ein polnisches! Mit dem wollte ich schließlich nichts zu tun haben! Aber doch war da etwas anders! Ich hatte eine äußerst merkwürdige, unbeschreibliche Empfindung. Jedenfalls ließ ich sie stehen und ging nach Hause. Ich fühlte mich irgendwie komisch und benahm mich auch so.

Am nächsten Tag sagte Karl zu mir, dass »Neue« angekommen seien, und er zeigte auf das Haus gegenüber. Da hingen Kleider zum Auslüften draußen. Das, meinte er, seien sicher Sachen von Profts (so hießen die früheren Bewohner), die diese nicht mitnehmen konnten. Der Polacke würde schon hineinpassen, sagte er mit durchaus gehässigem Unterton. Dann lachte er: »Doa is a Madel dabei, ob die die Hos'n vom Siegfried oazieht?« Wir lachten laut und kamen uns dabei sehr überlegen und ungemein männlich vor. Oder lachten wir nur gegen die schmerzliche Erinnerung an, die natürlich gleich wieder aufkam? Ach, was wusste ich schon!

Meine Mutter hatte uns offenbar gehört und rief: »Junge, du solltest doch noch den Seppl ausführen. Der war heute noch nicht draußen! Der muss unbedingt noch mal! Es ist höchste Zeit!«

Ach, das kannte ich! Den Seppl ausführen! Natürlich! Selbstverständlich wieder ich! Wer sonst? Eigentlich hätte da auch einmal mein liebes Schwesterchen gehen können. Die hatte natürlich etwas viel Wichtigeres zu tun. Verhandlungen darüber würden keinen Sinn haben. Karl grinste mich verständnisvoll an und verzog sich. Er wusste, dass ich Spaziergänge, vor allem derartige, nicht so sehr schätzte. Also nahm ich, wieder mal ich, unseren Hund an die Leine. Er jaulte und sprang vor Freude in die Höhe. Ich brüllte ärgerlich: »Ruhe!«, und rannte wie üblich barfuß mit ihm los über die Nachbarswiese. Das Rennen liebte er sehr, na, und ich auch; denn da war die Chance viel größer, dass er sein »Geschäft« rascher erledigte.

Da stand sie plötzlich da, das Mädchen vom Hause gegenüber. Ich blieb unwillkürlich stehen, wie vom Donner gerührt! Das ermunterte sie offenbar. Sie war mit drei Sätzen neben mir, barfuß wie ich. Da standen wir. Ich verlegen, sie nicht. Unser fremdenfeindlicher Hund beschnupperte sie freundlich und wedelte zu meinem grenzenlosen Erstaunen sogar mit seinem schwarzweißen Ringelschwanz. Ich zog ihn unwillig zurück. Der hatte sie wohl nicht alle! Was nun?

Ich ging einfach weiter. Und sie ging einfach mit. »Hoffentlich sieht das der Karl nicht, so was Blödes, muss diese Ziege ausgerechnet neben mir herlatschen!«, dachte ich grimmig. So gingen wir eine Weile wortlos nebeneinander. Ich war offensichtlich in dem merkwürdigen Alter, in dem sich das Interesse für das andere Geschlecht zu regen beginnt. Andererseits hielt man es noch für unjungenhaft oder sogar unmännlich, sich mit einem Mädchen auch nur in harmlosester Form zu beschäftigen. Und etwa zu sagen, dass man verliebt sei, war fast eine Beleidigung. Eben der alterstypische Zwiespalt!

Schließlich schaute sie auf meinen linken Arm und sagte: »Nie mowisz po polsku?« Du sprichst nicht Polnisch? Wenigstens hatte sie nicht die übliche Frage gestellt, ob ich ein Deutscher sei. Ich trug nämlich nicht die für Deutsche angeordnete weiße Armbinde, obwohl meine Eltern mich immer wieder dazu drängten, da das doch Vorschrift war.

Das sei wie ein Brandzeichen auf dem Hintern einer Kuh, hatte ich behauptet. Meine Schwester könne so etwas tragen, ich doch nicht!

»Tylko troche«, nur ein wenig, antwortete ich unwillig. Sie lachte wieder ihr silberhelles Lachen (habe ich »silberhell« geschrieben? Tatsächlich, ich habe!) und sagte: »Ich nix po niemiecku.« Ihre Augen leuchteten plötzlich auf: »Lernen!« Dann tippte sie mir mit ihrem Zeigefinger auf die Brust – ich zuckte unwillkürlich zurück, fand es aber doch ein bisschen angenehm, und sie sagte fröhlich: »Ty«, dann zeigte sie auf sich und nickte mir zu: »Ja.« Und sie lachte schon wieder.

»So etwas Kindisches«, dachte ich, das hatte ich schließlich auch schon gewusst: du und ich. Was bildete sich diese Ziege eigentlich ein? Ich korrigierte mich: Eine Ziege war sie eigentlich nicht. Ich sah sie mir von der Seite an, das heißt, ich wollte sie von der Seite anschauen, aber sie, viel kecker als ich, sah mir direkt ins Gesicht. Sie war hübsch, sehr hübsch, dachte ich, eigentlich nett, nein, bestimmt nett und vielleicht so alt wie ich. Schwarze Augen, schwarze Haare! Sie hatte ein einfaches, blaues Kleid an, das mir gefiel. Während ich so in meine Betrachtungen versunken war, stupste sie mich plötzlich keck in die Seite und sagte erwartungsvoll fragend: »Po niemiecku, und auf Deutsch?« Ja, so fing es an, ein unerwarteter Sprachunterricht begann. Wir rannten nicht mehr, sondern gingen jetzt ganz gemächlich spazieren (ich fand das plötzlich schön!), obwohl Seppl unwillig an der Leine zerrte. Mit lebhafter und manchmal lustiger Gebärdensprache gelang eine erstaunlich gute Verständigung. Ja, die Kinder verschiedenster Nationen können sich auch ohne Sprachkenntnisse meist rasch und gut verstehen! Die Erwachsenen haben damit viel mehr Probleme. Sie genieren sich, etwas fehlerhaft zu sagen oder falsch auszusprechen. Wir genierten uns nicht. Merkwürdig, mir kam das Mädchen gar nicht unangenehm und polnisch vor. Das Wort »polnisch« hatte ich später in meinen Notizen durchgestrichen.

Schließlich erledigte unser Hund sein Geschäft. Sie lachte wieder – das Lachen begann mich erstaunlicherweise zu beunruhigen –, zeigte auf den Hund und sagte mir ungeniert, wie das auf Polnisch heißt, was er da tat. Ich habe das inzwischen vergessen.

Nachdem nun Seppl so tätig geworden war, schlugen wir den Rückweg ein. Ich gab ihr merkwürdigerweise die Leine, was Seppl ebenso merkwürdigerweise gar nicht störte. Ich wunderte mich über Seppl und mich selbst. Was war denn in mich gefahren, ihr die Leine zu geben? Sie merkte das offensichtlich und gab einen erstaunten und etwas unwilligen Laut von sich. Es klang wie ein »Pöh!«. Dann packte sie mich am Arm und gab mir die Leine zurück, sagte strahlend auf Wiedersehen, wiederholte das noch einmal, fügte etwas auf Polnisch hinzu, das ich nicht verstand, und rannte in ihr, ja, jetzt eben in ihr Haus. Und ich rannte auch nach Hause.

Also, das Mädchen war zwar eine Polin, aber eine Ziege war sie wirklich nicht! Im Gegenteil! Wobei ich mir nicht im Klaren war, was das Gegenteil einer Ziege sein könnte. Und dass der Seppl sie so mochte! Unser wählerischer Seppl! Das war schon auffällig! So hatte er sich Fremden gegenüber noch nie benommen. Ich allerdings auch nicht (aber das bemerkte ich damals noch nicht.) Wie war sie denn? Nett? Ja, nett, erfrischend angenehm, ja, das war sie! Ich ging versonnen in unser Haus.

Meine Mutter sah mich erstaunt von der Seite an: »So kenn' ich dich gar nicht. Hast du was, du bist so verträumt?« Ich schüttelte den Kopf: »Ich? Nein gar nicht! Was soll denn sein? Ach so, ich habe gerade angefangen, etwas Polnisch zu lernen.« Sie lachte laut: »Du lernst freiwillig? Da hast du dich aber verändert! Merkwürdig! Wie kommt denn so was? Hast du etwa Sehnsucht nach der Schule? Ich habe übrigens heute zufällig eine alte polnische Grammatik gefunden. Stammt wohl noch aus Oberschlesien. Ich hab sie dir auf den Schreibtisch gelegt. Ich meine, wenn du Lust hast …« Ich antwortete nicht. Das fehlte gerade noch: Oh weh, Sehnsucht nach der Schule, und eine Grammatik lag schon auf dem Tisch! Ob ich Lust hatte zu lernen? Was für eine Idee! Die konnte nur eine Mutter haben!

Schule! Wie wenn damit das Stichwort gefallen wäre.

Nach dem Abendbrot saßen wir noch ein wenig im Garten. Die Abende waren jetzt schon länger hell. Es war noch warm. Wir tranken kalten Tee von grünen Blättern der wild wachsenden Pfefferminze. Das schmeckte recht gut. Mineralwasser oder irgendwelche Fruchtsäfte gab es ja nicht. Alles war friedlich, und alles wäre schön gewesen, wenn, ja wenn der 22. Juni nicht gewesen wäre. Plötzlich hörten wir Schritte. Es kam jemand von hinten in unseren Garten. Das war ungewöhnlich um diese Zeit. Wir sahen beunruhigt in die Richtung der Hainbuchenhecke.

Wir trauten unseren Augen nicht. Es war Grabowski, unser ehemaliger »polnischer« Bürgermeister. Er ging ungeniert durch die offene Gartentür und setzte sich fröhlich grinsend an unseren Tisch. »Das darf doch nicht wahr sein! Sie sind wohl verrückt geworden?! Am hellerlichten Tage einfach hier herumzuspazieren, wenn die Polen Sie erwischen!«, sagte meine Mutter verblüfft. Er lachte leise: »Die suchen mich schon lange nicht mehr. Bin schon seit gestern hier bei einer polnischen Familie, der ich etwas mitbringen sollte.« Jetzt grinste er breit: »Der Mann ist sogar Soldat, Grenzsoldat! Ich besorge ihm mancherlei, was er gut gebrauchen oder verscherbeln kann. Dann sieht er mich einfach nicht. Also keine Sorge! Aber ich habe euch etwas auszurichten, deshalb komme ich: Nachricht und Grüße von Gisela.«

Meine Mutter sprang wie elektrisiert auf und unterbrach ihn sofort: »Gisela? Wie geht es ihr? Ist sie gesund? Was macht sie? Hat sie zu essen?« Sie hätte sicher noch viel mehr gefragt. Mein Vater stoppte sie aber und legte ihr beruhigend die Hand auf die Schulter: »Lass ihn doch erst einmal erzählen!« Unser Besucher fuhr lächelnd fort: »Sie hat einigermaßen zu essen. Auf jeden Fall muss sie nicht direkt hungern. Sie muss zwar hart arbeiten als Putzhilfe im Krankenhaus in Jonsdorf, in dem zurzeit viele Typhuskranke liegen, aber Sie sollen sich keine Sorgen machen. Es geht trotzdem alles ganz gut, hat sie gesagt. Sie will versuchen, sich für das Medizinstudium zu bewerben. Da scheinen einige Chancen zu bestehen. Vielleicht auch deshalb, weil sie jetzt Arbeiterin ist. Aber ich soll Ihnen unbedingt sagen: Sie hat gehört, dass im September oder Oktober die Schule in Zittau wieder losgehen soll, also das Gymnasium. Sie sei daraufhin zum ›Schwarzen‹ gegangen. (Den ›Schwarzen‹ nannten wir unseren allgemein geschätzten naturwissenschaftlichen Lehrer.) Der hat gesagt, dass das stimmt, wenn auch der Zeitpunkt noch nicht genau feststeht. Ja, das soll ich unbedingt ausrichten wegen Werner. Der wird ja wohl wieder in die Schule gehen sollen« – er grinste süffisant –, »der freut sich bestimmt schon sehr darauf.« Er boxte mich in die Seite: »Na, ich hab doch Recht?!«

Ich glaubte, mich verhört zu haben. Die Schule hatte ich mir gerade so schön abgewöhnt!

»Da wird Werner über die Neiße müssen, ach, du ahnst es nicht, der kleine Junge!«, sagte meine Mutter angstvoll. »Ja, aber, und Gisela, geht es ihr wirklich gut? Ach, dass wir ihr gar nicht helfen können! Und

Typhuskranke! Hoffentlich steckt sie sich nicht an! Mein Gott, unser Kind, wer weiß?! Hugo, was sagst du denn dazu?! Glaubst du, sie wird sich anstecken? Sag doch was!« Mein Vater streichelte sie beruhigend. Er sagte nichts. Was hätte er auch sagen sollen? Unser falscher Bürgermeister erzählte nun alles Mögliche. Die Eltern hörten aber gar nicht mehr zu. Ihre Gedanken kreisten um das neue Problem: Wie geht es Gisela wirklich, und was wird mit der Schule? Er merkte das und verabschiedete sich bald: »Wird schon alles gut werden! Ich gehe diese Nacht wieder rüber. Ich besuche Sie das nächste Mal wieder. Da können wir noch mal über alles reden, und Sie können sich bis dahin alles in Ruhe überlegen. Die Grenze ist jedenfalls kein Problem. Grabowski macht das schon!« Er trank noch einen Schluck aus der Wodkaflasche und trällerte mit funkelnden Augen: »Jeszsce raz za ceski do tei malei flaszczetzki ...«, ein Lied in Wasserpolnisch, wie man den einfachen polnischen Dialekt der oberschlesischen Grenzbevölkerung nannte. »Noch einmal für zehn Pfennig aus dem kleinen Fläschchen ...«, hieß es. Dabei hüpfte er im Takt herum.

Das Lied hat unendlich viele Strophen, und zwar immer die gleiche. Alle Oberschlesier kannten es. Ein recht gefährliches Lied; denn zwischendurch trank man eben immer wieder aus dem kleinen Fläschchen. Und da es so viele Strophen hatte ...

Im Deutschen haben wir ein ähnliches Lied mit der gleichen Melodie: »Trink' 'mer noch a Tröppche, trink' 'mer noch a Tröppche aus dem kleinen Henkeltöppche ...« Anscheinend wollte er meine Eltern ein wenig aufmuntern. Es gelang ihm nicht so ganz.

Er lachte, warf einen wehmütigen Blick auf die halb leere Flasche, winkte fröhlich und zog wieder ab. Zurück blieben drei sorgenvolle Gesichter. Wir waren alle zunächst einmal still. Jeder machte sich seine Gedanken. Schließlich begann mein Vater langsam: »Kläre, wir müssen an die Zukunft unseres Jungen denken. Hier bekommt er keine Ausbildung. Er soll doch einen anständigen Beruf ergreifen! Hier verwildert er allmählich, wenn auch die Landarbeit seiner körperlichen Entwicklung sichtlich gut getan hat.« Er sah schmunzelnd zu mir herüber und betastete vorsichtig, aber anerkennend meine Oberarmmuskulatur. Meine Mutter hob hilflos die Arme: »Aber wo soll er denn hin? Er kann doch nicht irgendwo allein wohnen. Das Kind ist doch gerade erst 14 Jahre! Wer soll sich um ihn kümmern? Der kann doch nicht so ganz alleine ...« Sie betrachtete mich, wie wenn mir etwas Schlimmes passiert wäre, als sei der kleine Junge wieder einmal hingefallen und stünde nun mit blutendem Knie vor ihr.

Ja, ich war wieder ganz Kind. Aber sie hatten in gewisser Hinsicht Recht. Von Selbstständigkeit konnte noch nicht die Rede sein. Die ganze Erziehung war damals auf Behütetsein ausgerichtet. Eigene Entscheidungen waren in meinem Alter nicht zumutbar. Mit Geld konnte man nicht umgehen; denn über Geld wurde in unserer Familie nie gesprochen. Und dazu die vielen Versuchungen und Verlockungen in der Stadt! So sah man es eben in einem Dorf. Der arme Junge! Das Dorfkind! Seelisch noch gar nicht gefestigt! Aufgeklärt war ich natürlich auch noch nicht. Was konnte dem Kind nicht alles passieren!

Jedenfalls meinten das die Eltern. Es wurde ja auch jedes Gespräch über das heikle Thema Sexualität vermieden. Sicherlich war gelegentlich schon eine Unterhaltung begonnen worden, vorsichtig natürlich, mit Erklärungen, wie die Bienen das machten mit dem Befruchten usw. So hatte man sich sozusagen herangetastet, um jeden Schock zu vermeiden. Ein heutiger Junge würde in diesem Alter sich sicherlich darüber totlachen. Aber damals! Dabei hatten wir Dorf- und Bauernjungen ein viel natürlicheres Verhältnis zur Sexualität, als die Eltern glaubten. Wir wussten, wie die Tiere das machten. Wir sahen das auch gelegentlich. Na, und so ähnlich würde es bei den Menschen auch sein, dachten wir schließlich, wenn auch ein wenig unsicher und gespannt ...

In unserem Dorf kursierte ein Witz (den wir unseren Eltern selbstverständlich nicht erzählten! Ob sie ihn kannten?), ein Witz, der die falsche Einschätzung über das Wissen der Jugend und ihre Gedankenwelt in dieser Hinsicht köstlich wiedergab: Ein Bauernjunge geht mit einer jungen Kuh zum Stier. Der Dorfpfarrer sieht ihn auf der Straße und fragt ahnungs- und sorgenvoll: »Sag mal, mein lieber Junge, wo gehst du denn hin mit der Kuh?« Der Junge antwortet ihm freimütig, aber mit wichtiger Miene: »Ich bringe die Kuh zum Stier.« Der Pfarrer schüttelt missbilligend den Kopf: »Ja, kann das nicht dein Vater machen? Ich meine, das wäre besser, wenn er ...« Nun schüttelt der Junge den Kopf über so viel Unwissen des Pfarrers: »Nein, Hochwürden, der kann das nicht, da muss schon ein richtiger Stier her ...« Wir saßen still da und dachten nach, jeder auf seine Weise. Die Eltern: »Wie soll das gehen?«

Und ich: »Scheiße, die Zeit der großen Freiheit ist vorbei!«

Hanne kam herunter, um noch ein bisschen Abendluft zu genießen. Sie stolperte in unser Schweigen und bohrte neugierig, bis sie alles wusste. Dann meinte sie: »Das habt ihr jetzt von eurer Erziehung zur Unselbstständigkeit. Natürlich kann der so sehr behütete Junge jetzt ohne eure dauernden Ratschläge und Ermahnungen unmöglich allein zurechtkommen. Er ist ja völlig unselbstständig. Ein Zimmer mieten? Haha, dass ich nicht lache, und wenn er einen Ofen anheizen soll«, sie lachte wieder so aufreizend unangenehm, »der kann nicht einmal im Traum ein Feuer machen. Der ist eben noch ein Kind! Am besten, ja klar, am besten, ich gehe mit ihm!« Ich platzte verblüfft heraus: »Das fehlte gerade noch! Du blöde …« Ich unterdrückte eine nähere Bezeichnung; denn mir war im Grunde klar, dass sie es gut meinte und auch nicht völlig Unrecht hatte. Sicher meinte sie es wirklich gut, und ich hielt sie wirklich nicht für blöde! Das »Kind« aber und das mit dem Feuermachen nahm ich ihr übel! »Hatte die eine Ahnung«, dachte ich wütend, »was für Feuer hatten wir Jungen schon auf dem Feld gemacht! Kartoffeln hatten wir in der Glut gebraten und kleine Würstchen, und wir hatten eine (wenn auch nicht sehr gelungene) Suppe gekocht, eben unsere Suppe! Und geschmeckt hatte das, jawohl! Ach, was wusste die schon!«

Mein Vater schien meine Gedanken zu ahnen und lächelte (aber nicht so recht entspannt): »Kannst du kein Feuer machen? Natürlich kann das ein Junge. Glaubst du wirklich, du könntest ihm mehr Selbstständigkeit und Sicherheit vermitteln? Jeder Vogel muss irgendwann allein fliegen. Natürlich darf er nicht gerade aus dem Nest fallen! Das wäre fatal! Aber das wird er nicht! So sehr unselbstständig haben wir ihn doch nicht erzogen! In mancher Hinsicht aber magst du Recht haben. Trotzdem, lass es gut sein, Töchterchen! Es wird allmählich kühl. Gehen wir hinein. Wir haben noch viel Zeit, zu überlegen.«

In den nächsten Tagen wurde in der Tat viel überlegt. Mehr als mir lieb war! Immerhin, auch ich dachte nach. Das machte mich geradezu unkonzentriert. Beim Schleifen einer Sense mit dem Wetzstein rutschte ich mit dem rechten Daumen in die Klinge. Verflucht, hat das geblutet und wehgetan! Ich habe die Narbe heute noch! Ich habe die Wunde einfach zugepflastert, natürlich vorher Jod darauf geträufelt. Den brennenden Schmerz kannte ich von manchem blutigen Knie her. Aber damit hatte es sich auch schon. Heute hätte man wahrscheinlich eine Naht gelegt, in jedem Fall Tetanusgegenmittel gespritzt. Auch mein Vater kümmerte sich nicht darum. Er war viele kleinere Verletzungen dieser Art bei seinen Kindern gewöhnt und auch, dass sie diese selbst versorgten. Unsere Bauern sind mit so etwas nie zum Arzt gegangen. Manche urinierten einfach darauf, weil das die Eltern eben auch so machten. »Pfui Teufel«, sagte meine Mutter dazu, als ich ihr das erzählte. Das war meine erste Begegnung mit der Naturheilkunde. Später im Studium erinnerte ich mich daran, als ich von der medizinischen Wirkung des Harnstoffs hörte. War also doch nicht so schlecht gewesen!

Der August verging rasch mit viel und anstrengender Erntearbeit. So schlurfte ich abends wieder einmal verdreckt, hungrig und müde in Richtung elterliches Haus, zu müde, um noch über meine Zukunft nachzudenken.

Da stand sie plötzlich vor mir, das polnische Mädchen aus der Nachbarschaft. Sie begrüßte mich auf Polnisch, begleitet von einem aufmunternden Lächeln, dann sagte sie kichernd auf Deutsch »guten Tag«. Ich hatte inzwischen auch etwas aus der alten Grammatik gelernt und brachte mühselig einige polnische Brocken hervor. Sie lachte herzlich darüber. Dieses Lachen! Zum Donnerwetter, wie kam das, das gefiel mir auf einmal immer mehr! »Du sprechen lernen«, sagte sie und rollte dabei das bei den Slawen halbvokalische R auf der Zungenspitze. »Lernen«, ahmte ich sie und ihr Rrr vorsichtig nach, und sie rief begeistert: »Dobrze, dobrze, gut, gut, noch einmal!« Wir hockten plötzlich nebeneinander auf der Wiese und gaben uns wieder Sprachunterricht. Meine Müdigkeit war merkwürdigerweise auf einmal verflogen. Unsere Rrr's rollten geradezu über die Wiese. Wir hatten beide Freude daran. Ja, so machte das Lernen Spaß!

Irgendwann aber waren wir still und lauschten in den warmen Abend. »Es ist schön!«, sagte sie schließlich, »schön, deine Heimat!« »Und deine Heimat? Woher kommst du?«, fragte ich sie leise. Sie schwieg zunächst. Ich sah plötzlich Tränen in ihren Augen. Dann flüsterte sie kaum hörbar: »Hinter Lemberg. To jest, nein, da ist alles viel weiter, viel weiter …« Und sie sah mit halb geschlossenen Lidern in die Ferne, wie wenn sie dort ihre Heimat sähe. Sie zerpflückte ein Blatt und blies die Stückchen in den Wind. Dann sagte sie plötzlich, ohne mich anzusehen: »Du sein traurig, dass wir gekommen? Wir auch gern zu Hause bleiben gewollt! Aber die Russen … Aber weißt du, du machen deine Heimat schön für mich, sehr schön.« Ich murmelte betroffen, aber ein wenig froh: »Ja, ja, aber natürlich bin ich nicht traurig, dass ihr gekommen seid …« Mehr fiel mir nicht ein.

Dann erzählte ich ihr aber von unserem, nein, von meinem Wald, dem Tschau, dem Zauberwald, den sie noch nicht kannte. Den wollte ich ihr zeigen, mit ihr durch sein weiches, hohes Gras barfuß laufen, darin liegen, an nichts denken und den Wolken nachschauen …

Es geschah leider nie! Doch sie hörte mir mit großen Augen zu. »Wir zusammen alles sehen«, sagte sie und fasste mich dabei an der Hand. »Aber«, fügte sie mit einem leicht schelmischen Lächeln hinzu, »du mussen auch kommen!« Ich weiß nicht, wie lange wir da gesessen haben. Da hörte ich meine Mutter laut rufen: »Werner, Werner, essen kommen!« Diesen Ruf mochte ich gar nicht. Er war so kleinkindhaft. Das umsorgte Bübchen sollte nach Hause kommen! Herrje, das musste sie ausgerechnet jetzt rufen!

Die Bauernjungen hatten mich gelegentlich deswegen verulkt und mir spöttisch nachgerufen: »Werner, heimkommen, Kaffee trinken!« Und jetzt dieser fürsorgliche Ruf vor dem Mädchen! Meine Nachbarin sah das aber gar nicht so negativ. Sie blickte mich aufmerksam an: »Werner?«, sagte sie freundlich fragend. Und wie schön sie den Namen aussprach! Ich nickte eifrig. Sie sagte: »Wioletta.« Ein herrlicher Name! Mein Gott, wir hatten uns bisher nicht einmal vorgestellt! Aber das war auch gar nicht notwendig gewesen. Wir hatten uns auch so gut verstanden. Also, jetzt kannten wir uns noch besser! Sie rief fröhlich: »Werner, essen kommen!« »Ja, Wioletta, bis morgen«, antwortete ich ebenso fröhlich. Und dann rannten wir in entgegengesetzten Richtungen nach Hause.

Ich stürmte strahlend in unser Wohnzimmer. »Halt! Halt! Warum so wild? Hast du so einen Hunger?«, ertönte es aus der Küche. Meine Mutter steckte ihren Kopf aus der Tür und rief mir mit gerunzelter Stirn zu: »Uuuh, mein Lieber! Du solltest dich erst einmal duschen, aber ordentlich! Du riechst nach Heu und Stroh, und so siehst du auch aus. Wo warst du denn? Und nach Kuhstall stinkst du auch! Und wie! Bah! So kannst du nicht an den Tisch!« »Wioletta hat aber nicht Bah gesagt«, rutschte es mir heraus. »Was hast du da gesagt?«, fragte meine Mutter erstaunt. Hatte sie mich verstanden? Ich schüttelte unwillig den Kopf, murmelte etwas Unverständliches und ging duschen.

Beim Abendessen sprach man zu meinem Leidwesen wieder von der Schule. Obwohl es meinen Eltern große Sorge bereitete, waren sie entschlossen, mich irgendwie nach Zittau in das alte Gymnasium zu schicken. Über Grenzgänger, die jetzt öfter kamen, versuchten sie Gisela zu aktivieren. Sie sollte sich um irgendeine Unterkunft für mich bemühen. Es war erstaunlich, wie gut der Nachrichtendienst über die Grenze inzwischen funktionierte. Auch Briefe wurden transportiert und dabei an den unmöglichsten Stellen untergebracht. Wie immer war auch hier die Not der größte Erfinder.

Eines Abends kam dann die Nachricht: »Werner kann in Zittau bei Vogts wohnen.« Vogts, ich hatte sie noch nie gesehen. Sie waren mir völlig fremd. Und da sollte ich wohnen!? Vogts, das waren jene Bekannten meiner Eltern, die auch Gisela vor kurzem vorübergehend aufgenommen hatten. Gisela war anscheinend leider sehr aktiv gewesen! Es wurde also langsam ernst. Oh je! Ich sollte meine Eltern, meine Heimat verlassen!

Meine Eltern machten sich darüber sicher noch viel mehr Gedanken. Ich kann mir das heute als alter Mann gut vorstellen. Damals, jung und entsprechend unerfahren, da war das anders. Gut, ich bekam ein unruhiges Gefühl und auch ein wenig Angst, aber überwiegend war ich gespannt und einfach neugierig auf die Zukunft, von der ich nicht die geringste Vorstellung hatte. Meine Angst bezog sich darauf, dass ich meine Heimat verlassen musste und dass ich mir dunkel ausmalte, wie es sein würde, wenn ich niemanden mehr fragen könnte. Ich würde plötzlich, von einem Tag auf den anderen, selbst entscheiden müssen! Das schien mir zwar ungeheuerlich, war mir aber noch nicht in der vollen Tragweite bewusst. Das kam erst, als es so weit war.

Meine Mutter versuchte mir auf ihre sonnige Art und mit einer energischen Handbewegung die Schwermut zu nehmen: »Noch haben wir August, vor Ende September wird nichts unternommen.«

Also lief alles wie bisher. Die Eltern begannen aber, den bei uns auftauchenden Grenzgängern Kleider und Wäsche für mich mitzugeben, auch etwas Mehl und Weizenkörner; denn wir wussten, dass man in der Ostzone hungerte. Das machte meinen Eltern die meisten Sorgen. Wie sollten sie mir helfen? Wie sollten sie das Finanzielle regeln? Ich brauchte Geld; denn völlig ohne Entschädigung konnten die Vogts mich doch nicht versorgen! Woher sollte das Geld kommen? Wie sollte die polnische Währung getauscht werden? Gab es dafür schon irgendwo eine offizielle Möglichkeit?

Eines Abends holten mich Vater und Mutter ins Herrenzimmer. In diesem Raum fanden stets wichtige Dinge statt. Hier besprachen die Eltern ihre Sorgen und Zukunftspläne. Hier fielen wesentliche Entscheidungen. Es war also kein fröhliches Zimmer. Hier wurde nämlich auch mit den Kindern gesprochen, wenn sie schlechte Zensuren nach Hause brachten oder wieder einmal etwas angestellt hatten. Da waren öfter ernstere Worte gefallen. Nun saßen wir also im Herrenzimmer. Da musste etwas Ernstes kommen. Und es kam.

Der große Ledersessel war immer der Ausgangspunkt. Dort saß also mein Vater und begann: »Junge, es ist nun allmählich so weit. Wir haben schon manchmal kurz darüber gesprochen, aber jetzt müssen wir dir deutlich sagen: Du musst uns bald verlassen. Wir haben uns das immer wieder überlegt. Es ist einfach nicht anders möglich. Ohne Abitur kannst du nicht studieren. Und das willst du doch!? Das Schlimme ist, wir kennen die Situation in der Ostzone nicht, wir wissen nichts über die Probleme, die auf dich zukommen können. Wir können daher kaum etwas miteinander besprechen, wenn wir auch das Gefühl haben, es gäbe so viel zu bereden. Mein Gott, wirklich, es gäbe so viel zu bereden!« Er schwieg.

Ja, was sollten wir bereden? Ich war zwar in einem

Alter, in dem man glaubt, es wäre schöner, ohne elterlichen Rat und ohne elterliche Entscheidung leben zu können. Jetzt aber spürte ich, dass das gar nicht so einfach und nicht unbedingt erstrebenswert sein würde. Wenn heute Kinder aus dem Elternhaus ausziehen, selbst wenn sie das in Zorn und Ablehnung tun, so sind sie meist etwas älter als ich damals und in jedem Fall aber nie ganz allein. Außerdem haben sie, auch wenn sie sich dessen nicht stets bewusst sind, letzten Endes doch immer die Eltern oder wenigstens irgendeine stützende Hand im Rücken, wenn etwas schief geht. Ich würde das nicht mehr haben. Hinter meinem Rücken würde zunächst einmal nur die kalte Neiße sein. Kein schönes Gefühl!

Ich sagte plötzlich: »Ich habe Angst.« Mein Vater sah mich an: »Wir auch. Aber das nützt uns nichts. Na, vielleicht doch«, philosophierte er, »vielleicht doch. Schließlich kann Angst zu Höchstleistungen führen. Auch Helden haben Angst. Man darf nur nicht zu viel davon haben; denn dann macht man Fehler. Also hab ruhig etwas Angst. Auf jeden Fall, du hast deine Chance, es ist die Chance, dich zu bewähren, auch mit Angst, vielleicht auch aus Angst.« Er lachte vor sich hin: »Irgendein Zyniker hat einmal gesagt: Der Mensch lebt mit der Angst und von der Angst, vielleicht sogar wegen der Angst. Er besteht aus Angst. Und ohne Angst ist er tot.« Er sah zum Fenster hinaus. Meine Mutter sagte nach einer Weile: »Angst, ja, die haben wir, viel Angst, mein Junge! Aber wir wollen auch etwas Gottvertrauen haben. Wem der Herrgott eine Last auflädt, dem gibt er auch die Kraft, sie zu tragen.«

Mein Vater nickte: »Ich denke, Mutti hat Recht. Vertrau auf Gott, aber vertrau auch auf dich! Gottvertrauen heißt nun einmal nicht, sich in den Sessel zu setzen und den lieben Gott alles machen zu lassen. Und dann denk auch manchmal an uns. Zum Beispiel, wenn du etwas Schwieriges zu entscheiden hast, so frag dich ab und zu: Würden meine Eltern auch so entscheiden, könnte ich mit dieser Entscheidung vor meine Eltern treten? Wenn du einen Menschen kennen lernst, dann frage dich unter anderem, könnte ich diesen Menschen mit in mein Elternhaus nehmen? Das ist wohl alles, was wir dir an guten Ratschlägen mitgeben können. Das meiste wird dir das Leben selbst beibringen. Vielleicht nicht immer auf schöne Art und Weise. Aber du wirst es eben lernen, lernen müssen.«

Dann fügte er ein wenig zögernd hinzu: »Aber eines will ich dir noch sagen: Wir vertrauen auch auf dich. Daran sollst du manchmal denken! Dieses Bewusstsein soll und wird dir helfen!«

Ich wusste nichts dazu zu sagen. Ich hatte schließlich auch nicht die geringste Vorstellung von dem, was auf mich zukam.

»Natürlich haben wir nicht vergessen«, fuhr er fort, »dass du auch Geld brauchst. Wir werden dir eine begrenzte Vollmacht für die Bank in Hirschfelde mitgeben. Hoffentlich ist das Konto nicht von den Russen gesperrt worden. Geh vorsichtig mit dem Geld um; denn wir wissen nicht, ob wir später Geld von hier überweisen oder bringen können. Na, wir werden sehen. Es wird schon klappen.«

Er runzelte die Stirn: »Dass man seinem Schicksal anscheinend nicht entgehen kann! Ich war als älterer

Student plötzlich in Geldschwierigkeiten und musste fremde Menschen anpumpen. Ich hatte mir daher vorgenommen: Deinem Sohn darf so etwas nicht passieren. So habe ich bereits bei deiner Geburt entsprechende Versicherungen abgeschlossen. Das Geld dürfte jetzt wohl verloren sein. Dich trifft es also schon als Schüler! Na, wir werden sehen. Wir werden dir irgendwie zu helfen wissen. So, und jetzt tun wir mal so, als hätten wir keine Sorgen. Kläre, spiel doch ein bisschen Klavier!«

Meine Mutter spielte schön Klavier. Das tat sie immer an großen Festen wie zu Weihnachten. Sie hatte das auch meinen Schwestern beigebracht, die es später jedoch leider nie genutzt haben. Bei mir hat sie sich auch versucht, allerdings vergeblich. Wenn ich mit beiden Händen das Gleiche spielen musste, ging es noch einigermaßen. Aber mit jeder Hand anders spielen, wo die Rechte sozusagen nicht wusste, was die Linke tat, das war zu viel. Außerdem war es draußen viel schöner. Meine Mutter hatte es daher mit mir aufgegeben und beendete – wie die Juristen sagen – den tauglichen Versuch am untauglichen Objekt.

Wir hörten verträumt zu. Schließlich kamen Heimatlieder: »Oh du, mein liebes Riesengebirge« oder »Mein Schlesierland«. Und mein Lieblingslied spielte sie, und ich sang es voller Rührung mit: »Das Rehlein«, ein trauriges, aber ergreifendes Lied von einem Reh, das erlegt wurde, dem der Jäger aber danach in die brechenden Augen sah. Dieser schlug daraufhin seine Büchse an einen Baum und dachte an sein eigenes Ende. Kitschig? Vielleicht für einen Fremden! Aber nicht für uns. Ach, das ging unter die Haut! Wir sangen alle mit, ich mehr oder weniger schön (nein, sehr wahrscheinlich weniger). Als kleiner Junge hatte ich immer am Ende des Liedes Tränen in den Augen. Ich denke heute noch gern daran zurück, unwiederbringliche Augenblicke, die später im Leben manchmal wie Nordlichter aufleuchteten! Aber unsere Stimmung begann darunter zu leiden. Meine Mutter ging daher zum Schluss zu einigen lustigen Liedern über, und wir sangen: »Wenn der Hund mit der Wurst über 'n Eckstein springt, und der Storch den Frosch in der Luft verschlingt …«

Wir plauderten noch einige Zeit über alles Mögliche, vielleicht, um uns abzulenken, und gingen trotzdem ein wenig bedrückt und vor allem recht nachdenklich ins Bett. Beim Überlegen und Grübeln, wie wohl alles zu meistern sei, schlief ich schließlich doch ein.

Die nächsten Tage vergingen unbarmherzig.

Ich sah ab und zu Wioletta.

Wir trafen uns ohne große Heimlichkeit. Und wir lernten tatsächlich miteinander Sprachen, sie Deutsch und ich Polnisch. Und es machte uns Spaß. Irgendwann erklärte ich ihr, dass ich im Gymnasium Latein lerne oder gelernt hätte, dass es da verschiedene Konjugationen gebe, die man immer wieder üben müsse. Ich weiß nicht, warum ich das tat. Vielleicht wollte ich mich nur ein wenig wichtig machen. Jedenfalls verlangte sie ein Beispiel. Ich begann harmlos und ahnungslos, so wie wir es eben gelernt und geübt hatten, wie es in der Grammatik stand: amo – ich liebe, amas – du liebst, amat – er liebt, amamus – wir lieben usw. Ich weiß auch nicht weshalb, aber die Grammatik begann wirklich mit dem Wort »lieben«. Ich, ein immer noch relativ harmloser Junge, dachte mir nicht viel dabei. Sie aber sprang begeistert auf und sagte mir, das müsse ich natürlich auch auf Polnisch üben, also sagte sie blitzschnell: »Was heißt ›Wir lieben uns‹?« Ich wusste es nicht, vielleicht aus Verlegenheit. Da fragte sie fast unwillig: »Was heißt ›Du liebst mich‹?« Ja, was hieß das? »So ein Weibsbild«, dachte ich, »die bringt mich glatt in Schwierigkeiten!« Herrje! Ich konjugierte mit einem Mädchen, noch dazu mit einem so hübschen, das Verb »lieben«! Das war völlig neu und brachte meine noch frischen sprachlichen Kenntnisse ganz durcheinander! Offensichtlich wurde ich dabei rot und stotterte etwas. Sie blitzte mich jedenfalls aus ihren schwarzen Augen an, dass mir ganz anders wurde, und lachte. Dann drehte sie sich plötzlich um, rannte davon und rief: »Morgen weiter!« Sie lachte laut: »Morgen weiter üben! Aber du auch wirklich kommen auf unsere Wiese!«

Dann schlug sie die Gartentür bemerkenswert heftig zu. Ja, morgen, noch gab es das für kurze Zeit! Oh, sie wusste davon nichts!

Als ich nach Hause kam, rief meine Mutter: »Junge, du könntest ein paar Schuhe putzen.« Das war nicht gerade begeisternd, aber na ja. Ich holte mir also die Schuhe und begann im Freien vor unserer Hintertür zu putzen. Langweilig war das und lästig! Also pfiff ich eine Melodie vor mich hin. Ich war merkwürdig fröhlich. Irgendwann fing ich an zu singen mit krächzenden Stimmbruch-Oktaven. Ich fand das ungeheuer männlich. Mir fiel ein Schlager ein, den ich irgendwo einmal gehört hatte: »Sechzehn Jahre, schwarzbraune

Haare, das wär' das Richt'ge für mich.« Dann kam in dem Lied der Name Marianka, ich aber murmelte einen anderen Namen, der mir besser gefiel und passender schien … (Ich habe ihn aber nicht aufgeschrieben! Wenn ich auch … na ja!) Dann sang ich schlicht weiter: »Ich liebe dich.« Ich hatte offensichtlich etwas lauter gekrächzt und das Lied ein paarmal wiederholt; denn plötzlich öffnete sich ein Fenster, und meine Mutter rief erstaunt: »Junge, nanu, was singst du denn da?« Ich schaute etwas verlegen nach oben: »Ich? Hab ich gerade gesungen? Ach so, ja, das hab, das hab ich halt einmal gehört. Ich sing eben, weißt du, weil das Schuhputzen so blöd und extrem langweilig ist.« Meine Mutter nickte langsam, schaute aber ahnungsvoll und ein wenig nachdenklich drein: »Ach ja, so, so, wenn du meinst!« Und schloss das Fenster.

Ja, wir begegneten uns immer wieder einmal, Wioletta und ich, völlig zufällig natürlich! Ist es nicht schön, wenn man sich so zufällig finden kann?! Wir machten allmählich Fortschritte im Sprechen, sie deutlich mehr im Deutschen als ich im Polnischen. Aber langsam war ich in der Lage, eine einfache Unterhaltung zu führen, Smalltalk zu machen, würde man heute sagen. Wir saßen wieder im Sommerwind auf unserer Wiese und schauten verträumt über die Felder. Nichts störte. Alles war so herrlich friedlich. Wir fühlten uns beide wohl, nein, »sauwohl«, habe ich damals geschrieben. Es war einfach schön, hier zusammen zu sitzen. Warum sollte es nicht so bleiben? Ich wünschte es mir jedenfalls.

Sie kaute an einem Grashalm herum und sah anscheinend belanglos in die Ferne, dann sagte sie nachdenklich: »In zwei Wochen ist Schule. Ich soll auch gehen. Mein Vater ist Lehrer, du weißt. Da bin ich dann viel weg.« Sie beugte sich vor und sah mir voll ins Gesicht: »Du gehst mit? Wäre schön, gleicher Schulweg und wir auf der gleichen Bank!«

»Ach, du ahnst es nicht, jetzt auch hier Schule!«, dachte ich. »War doch so schön und friedlich ohne … Was alle bloß so wild darauf sind, dass ich in die Schule gehe!«

Aber was sagen? Ich sollte doch bald nach Zittau ins Gymnasium! Das sollte ich aber um Himmels willen niemandem erzählen, hatten meine Eltern mich dringend ermahnt. Man konnte nicht wissen, wie die polnischen Behörden auf so ein Ausreisevorhaben reagieren würden. Es gab ja keine offizielle Ausreise. Ich wusste nicht, was ich antworten sollte. Wioletta würde mich natürlich nicht verraten, keine Frage, aber sie könnte sich verplappern! Bei diesem Gedanken fühlte ich mich ungeheuer männlich, natürlich, Mädchen konnten sich verplappern, wir Jungen selbstverständlich nicht!

Sie spürte, dass etwas nicht in Ordnung war und sah mich forschend an: »Nein? Du willst nicht? Warum nicht? Du sollst aber wollen!« Mir kam eine gute Idee: »Dafür kann ich nicht gut genug Polnisch.« Da lachte sie wieder ihr helles Lachen, das ich inzwischen so gern hörte: »Macht nichts, das lernst du bei mir schnell, wir müssen uns natürlich viel mehr sehen und«, jetzt lächelte sie spitzbübisch, »ich werde dir Hausaufgaben aufgeben! Aber wird nicht schlimm! Ich kann dir dabei helfen! Nur müssen wir dann wirklich öfter üben!« Verflucht, sprach die schon ein gutes Deutsch!

Aber Hausaufgaben! Das gefiel mir weniger. Allerdings, sie öfter zu sehen, das wäre schon besser! Immerhin, vielleicht war das Ganze doch nicht so schlecht? Ach, war das eine blöde Situation! Was sollte ich antworten? »Ja, die Schule! Da muss ich erst einmal, äh, mit meinen Eltern reden, weißt du, ääh, außerdem muss ich jetzt nach Hause«, druckste ich herum, »aber schön wäre es doch, wirklich!«, fügte ich schnell hinzu. Sie rief ein langes »Jaaa« und sagte leise mit großen Augen: »Das Ja im Deutschen kann man übrigens viel schöner aussprechen als unser kurzes Tak.« Sie lachte: »Du musst also immer wieder Jaaa zu mir sagen! Jaaa, wir gehen zusammen in die Schule! Sage einfach Jaaa! Klingt doch viel schöner als nein. Nein ist nicht gut!«

Dann stand sie langsam auf, summte eine fröhliche Melodie, schüttelte ihre schwarzen Locken und sagte ein langes Jaaaa. Plötzlich rannte sie davon und ließ mich im Gras sitzen.

Die Trennung

Es war so weit! Meine Eltern waren beim Abendessen ungewöhnlich ernst. Hanne kaute auf dem Brot herum, als äße sie Kieselsteine. Ich sagte nichts; denn als Junge in meinem Alter war man bei schweigsamen Eltern immer vorsichtig, auch wenn man kein schlechtes Gewissen hatte. Man konnte nie wissen …

Das Essen war vorüber, mein Vater lehnte sich zurück: »Ja, mein Sohn, es ist so weit! Wir haben mit der Hilfe von Grabowski alles geregelt, soweit das überhaupt möglich ist. Morgen gegen Abend kannst du mit ihm über die Grenze!«

Er schwieg. Alles war still. Man hörte die alte Standuhr im Herrenzimmer dunkel ticken. Ich erinnere mich minutiös an diesen Augenblick. Die Zeit schien dahinzutropfen. Meine Mutter starrte mit hochgezogenen Augenbrauen vor sich hin auf das weiße Tischtuch und bewegte ihre Finger unruhig hin und her. Mein Vater ergriff meine Rechte, die ich hilflos auf dem Tisch liegen hatte, und drückte sie kurz. Ja, es war so weit, der nächste große Schritt in meinem Leben! Ein Schritt wohin?

Ich sagte nach einer Weile: »Geht ihr mit?« Dabei war mir doch völlig klar, dass ich allein gehen musste. Mein Vater lachte kurz. Es gelang ihm schlecht: »Das weißt du, es geht nicht. Die lassen mich noch nicht weg. Aber bald werden wir dir folgen.« Er sah mich traurig an: »Sehr bald, vielleicht zu bald. So lange wie es geht, werden wir bleiben. Wir wollen euch ja die Heimat erhalten, wenn es möglich ist …« Meine Mutter stand plötzlich auf und verließ rasch das Zimmer. Ich hatte wieder das Gefühl, das ich schon vom Tag der Ausweisung kannte.

Jetzt war ich dran. Aber bei mir würde niemand am Wegrand stehen und weinen und schreien, nicht einmal mir nachschauen, nicht einmal winken. Denn ich würde heimlich gehen müssen, im Dunkeln, ohne noch einmal zurückzurufen, ganz still, und dann würde ich unheimlich allein sein. Kindheit und Jugend waren endgültig vorbei. Ich musste jetzt erwachsen sein. Was macht man, um plötzlich erwachsen zu sein? Und was macht man nicht mehr?

Ich fand meine Mutter in der Küche. Sie sah still aus dem Fenster, blickte in die Nacht hinaus, in die Ungewissheit des Dunklen. Als sie mich kommen sah, umarmte sie mich und drückte mich fest an sich. So standen wir wortlos eine ganze Weile. Dann löste sie ihre Arme ganz langsam und sanft, wie wenn man ein Kind ins Bett legt, strich mir leicht über die Stirn und sagte leise, so als ob ich nur kurz verreisen wollte, vielleicht in die Ferien: »Also, mein lieber Junge, überlegen wir jetzt mal, was wir packen müssen.« Aber dann würgte sie mühsam heraus: »Und was du alles schleppen kannst.« Es ging eben doch nicht in die Ferien!

Ja, was tut man in einen Rucksack, den man vier Stunden tragen muss, zusätzlich noch die Last der Angst im Nacken, dass man von den Grenzsoldaten gefasst, vielleicht sogar angeschossen werden könnte. Aber die Angst wurde weniger, als mir einfiel, dass man mich schon einmal aufhängen wollte. Ich war doch sicher jemand, der Glück hatte. Ich sah meiner Mutter zu, wie sie etwas in den Rucksack legte, dann überlegte und es wieder herausholte. Es war ja auch schwierig. Was war denn am wichtigsten? So ein Rucksack reicht bei einem langen Abschied nicht einmal für das Wichtigste. Plötzlich drehte sie sich zu mir und sagte fast lustig: »Ach was, hören wir auf, morgen ist auch noch ein Tag. Setzen wir uns alle noch ein bissel zusammen. Komm!« »Du hast Recht«, dachte ich, »wir haben noch einen Tag, noch einen ganzen, kurzen Tag!« Ich habe mein Leben lang nie mehr gern gepackt. Und doch musste ich es noch oft.

Wir gingen wieder zu den anderen und saßen im Herrenzimmer zusammen, wussten aber nicht so recht, worüber wir sprechen sollten. Meine Mutter ergriff die Initiative, und wir erzählten uns lustige Geschichten aus der Kindheit. Als kleines Kind soll ich öfter ohne Grund Bauchschmerzen gehabt haben. Meine Mutter behauptete das jedenfalls und hielt in solchen Fällen viel von der Methode eines Herrn Coué. Dieser Mann hatte überzeugend erklärt, man könne eingebildete Beschwerden auch durch Einbildung beseitigen. Also hatte meine Mutter zu mir gesagt: »Du gehst jetzt die Treppe nach oben und sagst bei jeder Stufe: Ich habe keine Bauchschmerzen, ich habe keine Bauchschmerzen«; denn sie war überzeugt, dass meine Beschwerden nur eingebildet sein konnten. Gut, ich tat wie gewünscht. Als ich die letzte Stufe hinter mir hatte, soll ich mich kurz umgedreht und wütend geschrien haben: »Und ich habe doch Bauchschmerzen!«

Dann erzählte sie lächelnd, wie ich in der ersten Klasse der Volksschule meinte, der Lehrer hätte gesagt, wir müssten uns merken, wie viele verschiedene Kästchen auf einer bestimmten Seite in unserem Schulbuch waren. Ich lernte sie also auswendig. Am nächsten Morgen holte mich der Friedrich-Reinhold zur Schule ab. Unterwegs sagte ich mir immer wieder angstvoll die Zahl der Kästchen vor: zwölf rote, sieben blaue, 14 gelbe usw. Plötzlich ging alles durcheinander. Ich drehte mich verzweifelt weinend um und rannte zurück nach Hause, Reinhold lief wacker mit. Zu Hause angekommen, fragte ich weinend meine Mutter nach der Zahl der verschiedenfarbigen Kästchen. Diese lachte nur und fragte den Reinhold: »Weißt du denn die Kästchen?« Der schüttelte treuherzig den Kopf: »Nee, das war'n mir zu viele zum Merken! Ich hab mir gedacht, der wird schon jemand anders fragen.«

Und so kramte sie weitere Kindheitserlebnisse aus. Nach kurzer Zeit entspannten wir uns. Wir lachten sogar laut.

Aber dann sagte jemand: »Schlafen gehen«. Das wirkte wie ein Paukenschlag. Jetzt war alles wieder gegenwärtig, der morgige Tag, die letzte Nacht!

Sie war nicht gut, die Nacht. Aber ich habe wohl besser geschlafen als meine Eltern. Wir haben nie darüber gesprochen.

Der Tag begann schön. Trotzdem war beim Frühstück keiner sonderlich lustig. Es war eher eine reine Nahrungsaufnahme. Mein Vater musste einige Krankenbesuche machen und wurde wie üblich mit dem Pferdewagen abgeholt. Ich ließ meine Mutter allein packen und sagte: »Ich will mich noch vom Garten verabschieden«, und ging hinaus. Meine Mutter blickte mir traurig nach. Ich kehrte zunächst noch einmal um und rannte in mein Mansardenzimmer. Das Bett hatte meine Mutter schon wieder gemacht, wie wenn ich es heute am Abend wieder benutzen würde. Aber ich würde nicht. Würde ich überhaupt jemals wieder ...? »Hör auf, herumzujammern«, sagte ich mir. Ich stand im Zimmer, sah den kleinen Sessel, die Kommode, die wenigen Bilder an der Wand, mein kleines Aquarium. Ich sah alle Gegenstände an, als würde ich sie neu entdecken, und doch war es Abschied, ganz einfach nur Abschied ...

Das waren alles Dinge, die man nicht einpacken konnte, die ich aber alle so gern bei mir gehabt hätte.

Ich sah hinaus. Die Pappeln schwankten im Spätsommerwind. Die Wiesen waren gemäht, die fernen Felder abgeerntet. Ich sah lange über das Dorf. Mir war, wie wenn ich hinweg über meine Jugend blicken würde. Da war alles noch, die Straße, die Hügel, der Wald. Würde ich das alles je wiedersehen?

Ich ging auch noch einmal in mein früheres kleines Zimmer neben der Küche, in das blau gestrichene Kinderzimmer. Da hatten meine Schwestern als kleine Mädchen gespielt, zum Schluss ich. Hier war alles sauber und ordentlich aufgeräumt, die Spielsachen waren sorgfältig im Regal verstaut. Die ganze Kindheit war dort verstaut! Sie war längst beendet.

Ich schlenderte durch den Garten. Ich hatte das Gefühl, die Bäume schauten mich an, die Sträucher, das Haus, wie alte Freunde. Was sagt man alten Freunden, wenn man sie auf unbestimmte Zeit – oder für immer – verlassen muss? Was denn? Dann dachte ich aber: »Nicht weiter grübeln! Mach jetzt Schluss, sonst fängst du an zu heulen.« Ich pflückte mir ein paar Marunken und nahm sie mit mir. Die zwei von mir gepflanzten Bäume hatten tatsächlich dieses Jahr zum ersten Mal getragen! Und was würde nächstes Jahr sein? Ich strich mit beiden Händen vorsichtig über die raue Rinde. Das waren meine Bäume, jawohl, sicher, meine Bäume! Ich ging den Gartenzaun entlang und sah noch einmal zu den Nachbarhäusern.

Das Wort Heimat stieg zaghaft in mir hoch. Heimat, was ist das doch? Eine banale Frage! Man findet es sachlich dargestellt in jedem Konversationslexikon. Aber nirgendwo ist beschrieben, welche Welt der Gefühle dieses Wort umfasst. Bald würde ich es genau wissen. Unbewusst fühlte ich, heute weiß ich es: Es gibt Dinge, Geschehnisse und Begriffe, die man erst beim Verlieren ganz allmählich begreift. Damals begann ich zu begreifen, aber es war eben nur der Anfang des Begreifens. Denn ich begann ja gerade erst, meine Heimat zu verlieren …

»Vielleicht habe ich es doch besser als meine vor Monaten vertriebenen Freunde«, dachte ich. Ich konnte mich in Ruhe verabschieden, ich wurde nicht in einem entsetzlichen Elendszug davongetrieben. Im Gegenteil, ich ging freiwillig und ganz anders. Es war gefährlich! Das war »stark«, würden die Jungen heute sagen. Ich fühlte mich besser bei diesen Gedanken und bekam sogar etwas Ähnliches wie Abenteuerlust, aber nur für kurze Zeit.

Ich blickte von unserer Einfahrt aus auf unser Haus, das ganz in der Sonne lag. Ein zweistöckiges Haus mit einem Walmdach. »Die Villa«, nannten es die Dorfbewohner. Ich hatte bisher nie darüber nachgedacht, ob es schön sei. Es war einfach da, und ich hatte dazugehört. Ja, ich sah es jetzt deutlich, es war schön! »Vielleicht werden eines Tages Fremde darin wohnen«, dachte ich betrübt. Aber ich würde es sicher wiedersehen können. Denn wer sollte es schon zerstören wollen? Warum auch? Es war doch so schön! Ich dachte nicht daran, dass Menschen alles zerstören können, auch alles Schöne, auch ohne Begründung …

Ich weiß nicht, wie lange ich dagestanden habe. Jedenfalls neigte sich die Sonne schon zum Horizont. Ihre schrägen Strahlen trafen unser Fenster. Rotgelb spiegelten sie sich. Feuer, durchzuckte es mich, es brennt! Doch es war ein mildes Feuer, wie ein Abschiedsgruß für mich.

Ja, es wurde immer klarer, jetzt, da ich die Heimat verlassen musste, da ich langsam den kommenden Verlust spürte. Jetzt entdeckte ich sie zum ersten Mal, die Heimat, ihre Gestalt, ihr Wesen, ihre Schönheit. Und ich gab ihr viele schöne Namen … Ganz vorsichtig und behutsam, als wären sie zerbrechlich.

Ich habe sie niemandem gesagt und nicht aufgeschrieben. Und ich tue es auch heute nicht. Wie sollte man auch Unsagbares aussprechen?

Ich ging ein paar Schritte. Dann stand ich auf der Straße, aber ich wusste nicht, dass ich endgültig, zum letzten Male darauf stand! Hätte ich es gewusst, wie hätte ich es ertragen?

Ich schlenderte vor mich hin sinnend über die alte Dorfstraße und näherte mich wie zufällig dem Haus, in dem Wioletta wohnte. Sie stand im Garten, winkte mir strahlend zu, sprang über den niedrigen Zaun und begann sofort wieder mit unserem Sprachunterricht. Ich hörte sie lachend sagen: »Was heißt: ›Mir gefällt es auf dieser Welt, weil sie schön ist‹?« Ich war allerdings nicht ganz bei der Sache. Verflucht noch einmal! Mein Gott, dieses Lachen! Wann würde ich es wieder hören? Sie schaute mich von der Seite an: »Du sagst nichts! Was hast du? Du bist so, so, so … ja, einfach so, so …« Sie suchte anscheinend das deutsche Wort für »traurig«, und so sagte ich es: »Traurig«. Sie sah mich erstaunt an: »Warum traurig? Ist die Welt nicht schön?« Ich antwortete nichts und gab ihr eine von den herrlichen, gelbroten Früchten. Sie biss herzhaft hinein, dass der Saft spritzte, und sah mich wieder an: »Warum traurig?« Ich fühlte mich nicht gut und antwortete nicht. Was hätte ich sagen sollen? Unendlich viel! Aber woher die Worte nehmen? Da gab es eine Menge Hindernisse. Vor allem aber ein unbeschreibliches Durcheinander von Gefühlen, dazu Schüchternheit und Unsicherheit.

Meine Stimmung griff auf sie über. Wir gingen still nebeneinander her. Ich durfte ihr doch nichts sagen! Sie würde zwar sicher nichts weitersagen, aber wenn sie aus Versehen ihren Eltern etwas erzählte? Und diese würden vielleicht auch aus Versehen … All das und noch mehr wirbelte in meinem Kopf herum.

Gibt es Gedankenübertragung? Denn plötzlich blieb sie stehen und sah mich mit ihren großen schwarzen Augen erschrocken an: »Gehst du fort?« Sie sagte das mit einer Stimme, die mir durch und durch ging. Sie hatte es gespürt wie eine Schwalbe das kommende Unwetter. Und sie wirkte auch einen Augenblick lang wie ein kleiner, schutzloser Vogel. Nun, ich fühlte mich auch nicht besser. »Jetzt ist es scheißegal«, fuhr es mir durch den Kopf. Ich blickte in ihr Gesicht und nickte hilflos: »Ja, aber bitte nicht weitersagen! Ich soll in die Schule, ins Gymnasium in Zittau!« Sie fasste mich an der Hand, ganz vorsichtig, als könnte sie mir sonst wehtun. »Das war zum ersten Mal kein schönes Ja«, sagte sie leise.

Wir gingen wortlos weiter. Ein paar Minuten? Oder ganz lange? Ich weiß es nicht mehr und habe es auch nicht aufgeschrieben. Es war doch einfach unbeschreiblich!

Nach einer Weile klang es kaum hörbar: »Wann?« »Bald, sehr bald, viel zu bald«, hörte ich mich antworten. Ich wusste nicht, was sagen und was tun, fasste sie fest an der anderen Hand, und dann blieben wir stehen. Schließlich sagte ich in merkwürdig rauem Ton: »Do widzenia, auf Wiedersehen.« Dann riss ich mich los und rannte schnell davon. Kurz vor unserem Haus drehte ich mich um. Ich sah sie zum letzten Mal. Heute weiß ich es, wirklich zum letzten Mal! Sie stand noch immer da, wo ich weggerannt war, und winkte mit beiden Händen in einer großen Bewegung langsam, ganz langsam …

Abschied ist immer ein wenig sterben, das hat doch irgendjemand einmal gesagt. Der muss davon etwas verstanden haben.

Meine Mutter hatte gepackt und war mit dem Abendbrot beschäftigt.

An diesem Abend habe ich nichts aufgeschrieben. Wann sollte ich auch! Ich hatte einen dicken Strich auf diese Seite gemacht. Erst Tage später war ich wieder in der Lage, nach diesem Strich etwas zu schreiben. Es war viel zu viel, was auf mich einstürmte. Für mich begann ein neuer Lebensabschnitt. Herauskatapultiert aus der familiären, elterlichen Geborgenheit, betrat ich sozusagen in jeder Hinsicht neues Land, sicher interessant für einen jungen Menschen, aber ich hatte gar keine Lust, es zu entdecken! Abgesehen davon war es auch voll unbekannter Gefahren. Die erste Gefahr war ganz real: der Grenzübertritt.

Meine Eltern gaben mir an diesem Abend viele Ratschläge. Sie konnten mir ja später keine mehr geben, also meinten sie, sie müssten mir noch so viel wie möglich sagen. Ich glaube, ich habe kaum zugehört. Nicht aus Unhöflichkeit, sondern gepackt von einer ungeheuren Anspannung im Bewusstsein des Verlorenen und in Erwartung des Kommenden.

Dann kam Grabowski.

Er verkörperte ein Signal, war für mich wie ein Trompetenstoß, der den friedlichen, stillen Spätsommerabend plötzlich misstönend zerriss. Es ging los! Alle waren für einen Moment still.

»Wollen Sie noch etwas essen?«, fragte meine Mutter, einfach um etwas zu sagen und die unerträgliche Stille zu durchbrechen. Er strahlte: »Ja, Frau Doktor, da sage ich nicht Nein. Es wird schon einige Stunden dauern, bis wir wieder etwas Gutes zwischen die Zähne kriegen. Vielleicht nicht einmal was Gutes!« Er langte kräftig zu, als hätte er acht Tage gehungert; ich nicht so.

Schließlich lehnte er sich satt und ein wenig müde zurück. Er war ja immerhin rund vier Stunden gelaufen. »Darf ich ein paar Minuten dösen?«, fragte er. »Natürlich, natürlich«, sagte meine Mutter rasch, »wollen Sie aufs Sofa?« Er lachte rau: »Nein, nein, ich kann auch ohne Sofa. Ich hab's gelernt, nein, lernen müssen!« Dann ließ er sich einfach auf den Teppich fallen, nicht ohne eine leere Flasche vom Tisch mitzunehmen. Die schob er sich unter den Kopf, räkelte sich noch ein paar Mal, und schon ertönte ein langsam zunehmendes Schnarchen.

Meine Eltern gingen mit mir ins Nebenzimmer. Meine Mutter drückte mich fest an sich, sagte zunächst nichts, küsste mich, machte mir ein Kreuzzeichen auf die Stirn und flüsterte dann: »Mein Junge, bleib mein guter Junge.« Sie weinte nicht. Wir hatten wohl schon zu viel geweint. Vielleicht gab es einfach keine Tränen mehr. Wir hielten uns eine Weile still fest. Es hatte keinen Wert mehr, etwas zu sagen oder zu fragen.

Ich habe später viel darüber nachgedacht, über den Abschiedskuss, den eine Mutter ihrem Kind gibt, wenn sie weiß, beim erhofften Wiedersehen wird sie kein Kind mehr küssen. Mein Gott, Wiedersehen! Wann? Ja, dieser letzte Kuss meiner Mutter sagte so unsagbar viel, er warf auch Fragen auf, sprach Wünsche aus, wie sie nur eine Mutter wünschen kann, und er versuchte fast verzweifelt, alle mütterliche Kraft auf mich überströmen zu lassen.

Mein Vater nahm mich ebenfalls in die Arme und sah mich an: »Du musst jetzt ganz schnell erwachsen werden, mein Sohn. Du wirst ab jetzt allein sein. Aber du sollst wissen, wir werden irgendwie doch immer bei dir sein. Schau von nun an nach vorn, nicht nach rechts und nicht nach links, sondern nach vorn, immer nach vorn!« Dann versuchte er ein Lächeln, ein unbeschreibliches, unvergessliches Lächeln, das so unendlich viel sagte. Ich sehe es jetzt noch vor mir. Man vergisst so viel im Leben, aber manche Augenblicke werden in das Gedächtnis unauslöschlich und stets abrufbar eingebrannt. Dieser Abschied gehört dazu.

Einen Kuss gab er mir nicht. Wir hatten uns nie geküsst. Wir hielten das wohl für unmännlich. Ich habe ihn doch viel später einmal und das letzte Mal geküsst, als er gestorben war.

Wir gaben uns nicht die Hände. Das war besser so. Sie waren eiskalt und blass wie unsere Gesichter. Wir hätten beim Händedruck wahrscheinlich gefroren!

Wir saßen einige Minuten still nebeneinander, unbeschreiblich still.

Wir gingen wortlos wieder ins Esszimmer. Unser Superschläfer blinzelte uns kurz an. Dann sprang er hellwach auf. Die wenigen Minuten hatten ihm genügt! »Los, Junge! Es wird Zeit!«, sagte er. Mein Vater fragte ihn sorgenvoll: »Wird alles gut gehen? Sie werden ja durchs Werk gehen? Da haben Sie doch am meisten Erfahrung oder?« Grabowski lachte herzhaft sein altes verwegenes Lachen: »Na klar! Wird schon alles schief gehen! Keiner ist so oft rübergegangen wie ich! Keine Angst! Machen Sie sich keine unnötigen Sorgen. Wir fahren mit den Loren des Kohlenzuges rüber. Na, und ein paar polnische Soldaten kenne ich auch! So ein alter Pierun wie ich kommt schon durch. Was?!« Er schlug mir auf die Schultern und lehnte sich wohlig zurück. Er war satt und zufrieden, stemmte einen Wodka hinterher und trällerte: »Dobrze, dobrze trallala, Schnaps is gutt für Cholera ...«, was manche oberschlesische Bergarbeiter am Lohntag nach einigen Schnäpsen zu grölen pflegten. Ob er es aus psychologischen Gründen tat oder nicht, egal, es tat uns gut, wir schmunzelten. Klar, dieser Mann mit seinem Pferdegemüt, auf den konnte man sich verlassen! Trotzdem kam er mir ein wenig zu lustig vor.

Dann kam Hanne verweint hereingestürzt und schluchzte: »Mach 's gut, mein Brüderchen, mein Wernerchen, mach 's gut, pass auf dich auf! Was soll ich dir sagen? Wir denken alle an dich! Vielleicht hilft dir das ein bisschen.« Ich sagte gespielt heroisch: »Na klar, Schwesterchen, kannst dich auf mich verlassen, alte Gouvernante! Aber, aber fehlen wirste mir!« Und wir umarmten einander herzlich.

Unsere Mutter löschte das Licht und sah vorsichtig durch das Wohnzimmerfenster, ob jemand draußen war. Es war alles ruhig und leer. Sie nickte uns zu.

Dann den Rucksack auf – und ab durch die Hintertür, hinaus in die Nacht.

Unser Dienstmädchen hatte mir oft Angst gemacht vor der Nacht. Da gäbe es Gespenster, da tauchten Vampire und böse Geister oder auch Verstorbene auf. Da geschähen seltsame, stets unheimliche Dinge. Selbst als Vierzehnjähriger empfand man noch ein leises Grauen. Aber jetzt war alles plötzlich anders. Die Nacht war auf einmal freundlich, war unser Freund. Wir brauchten sie zum Schutz. Da gab es nichts Unheimliches mehr. Wir tauchten geradezu glücklich in sie hinein. Gut, dass es sie gab! Was hätten wir ohne sie gemacht?!

Wir gingen los.

Der neue Lebensabschnitt hatte begonnen, endgültig!

Wir gingen über die benachbarten Wiesen. Nochmals ein kurzes Erinnern, wie wir als Kinder sorglos darauf herumgesprungen waren. Was wir damals alles ..., nein, jetzt keine zarten Gefühle mehr! Dafür war es nicht mehr die Zeit, sondern nun galt: Äußerste Vorsicht, Konzentration, Acht geben, niemand durfte uns bemerken, alles Fremde war gefährlich!

Wortlos gingen wir dahin über Feldwege, verwachsene Pfade, nach Möglichkeit jede Straße vermeidend. Einmal ließ sich eine Brücke nicht umgehen. Sie lag im hellen Mondschein. Grabowski sah sich sorgfältig um. Der alte Frontkämpfer schien die Gefahr fast zu wittern, wie ein Raubtier! Er setzte langsam und leise einen Fuß vor den anderen, plötzlich schüttelte er den Kopf: »Warten! Und still sein! Da stimmt was nicht! Und zu hell ist es auch!«

Wir lagen im nassen Gras und warteten auf eine Wolke, wenigstens zehn Minuten lang, dann schob sie sich vor den Mond. Wir sprangen auf und hasteten, so schnell wir konnten, auf Zehenspitzen über die Brücke. Gut, dass wir so vorsichtig gewesen waren! Kaum waren wir nach der Brücke wieder auf eine Wiese ausgewichen, da gab mir Grabowski von hinten einen heftigen Stoß, sodass ich in ganzer Länge hinstürzte. Er lag sofort neben mir, hielt mir eine Hand vor den Mund und deutete mit der anderen nach oben.

Ein eisiger Schreck durchfuhr mich. Himmel! Eine polnische Patrouille! Zwei Soldaten gingen über die Brücke. Herrje! Um ein Haar! Mein Gott, wenn die jetzt nach rechts schauen! Sie mussten uns doch sehen! Wir hatten keine Chance! Herrgott, lass sie bitte nicht nach rechts schauen! Ich hatte das Gefühl, ich müsste mit dem Boden verwachsen! Ich drückte mein Gesicht fest in das matschige Gras, hielt die Augen geschlossen und wagte kaum zu atmen. Minuten der Angst! Waren es Minuten? Die beiden Soldaten unterhielten sich laut, grölten Bruchstücke eines Liedes, blieben auf der Brücke stehen, spuckten über das Geländer, lachten ab und zu, und gingen weiter, ohne sich umzuschauen.

Sie gingen weiter! Ach, war das schön! Wir blieben noch einige Minuten ganz still liegen, bis wir sie nicht mehr hörten. Grabowski hob den Kopf und sah eine Weile still in das Dunkel. Dann grinste er und flüsterte kaum hörbar: »Merk dir, mein Lieber, das ist eine alte Soldatenregel: Der Feind steht immer dort, wo man ihn nicht erwartet. Bin damit immer gut gefahren im Krieg. Wenn es irgendwo ganz friedlich, zu friedlich aussieht, dann Vorsicht, dann schau lieber dreimal hin und trau dem Frieden nicht. Das gilt auch für den Alltag und für den Umgang mit Freunden, wenn sie sich zu friedlich oder zu freundlich benehmen. So, und jetzt sind wir wieder ganz still. Bleib noch liegen! Lass mich erst noch mal nachschauen, und dann komm nach, wenn ich winke. Aber latsch nicht immer so vor dich hin, setz deine Füße jetzt was leiser auf! Du machst einen Krach wie eine Kuhherde!«

Er stand mit einer gleitenden Bewegung lautlos auf. Ich blieb wie ein Bündel Angst liegen. Er nickte mir unwillig zu: »Los, alter Freund! Mach dir nicht dauernd in die Hosen, wenn's ein bissel brenzlig wird!«

Wir kamen ohne weitere Schwierigkeiten voran. Nach etwa drei Stunden erkannten wir von fern die Lichter des Braunkohlenbergwerks.

Jetzt kam der spannendste Teil: der Grenzübergang.

»Du machst jetzt alles wie ich und bleibst immer hinter mir!«, murmelte Grabowski. Wir schlichen vorsichtig an den Abbau und dann einen Bahndamm hinauf. Hier standen die Loren, oder auch »Hunde« genannt, in die die Braunkohle von Baggern hineingeschüttet wurde. Deutsche und polnische Arbeiter überwachten den Vorgang, halfen mit Schaufeln nach und verständigten sich durch kurze Zurufe. Langsam, ganz langsam und vorsichtig setzten wir die Füße auf und näherten uns einem bereits mit Kohle gefüllten Wagen in der Mitte eines Zuges.

Grabowski bewegte sich wie eine Raubkatze und blieb immer wieder stehen, nach allen Seiten sichernd. Dann hatten wir einen Wagen erreicht. Wir glitten darunter zwischen die Schienen, zogen uns geräuschlos an den Querstangen in die Höhlung des Wagens hoch und krochen in die äußerste Ecke. Dann geduldiges Warten! Warten, warten!

So ein Warten ist nicht zu beschreiben! Man verliert jedes Gefühl für die Zeit. Auf jeden Fall erscheint die Zeit dabei immer unendlich lang! Nichts geschah. Irgendwann fuhr der Zug schließlich doch los. Er wackelte recht gefährlich hin und her. Er war ja auch nicht für den Transport von Passagieren gedacht. Ja, es war eine völlig andere Art, mit dem Zug zu fahren, eingeschlossen in Dunkelheit und Angst. Ich klammerte mich an den kalten Eisenstangen fest, die Füße hochgezogen. Hinunterfallen war tödlich! Wenn mich meine Mutter hier sehen würde und meine Schwester Hanne! Ob sie sich das so vorgestellt hatten?

Abrupt hielt der Zug. Die Grenze! Grabowski zischte mir kurz zu: »Totenstille!« Er konnte mich im Dunklen nicht sehen, aber er fühlte wohl, dass ich am liebsten vor Angst laut geschrien hätte. Da! Polnische Laute! Sie kamen! Knirschende Schritte! Plötzlich hörten sie auf. Wieder ein paar Schritte. Eine Lampe leuchtete hin und her, warf ihren Schein auf die Schottersteine unter den Wagen, und kam langsam näher, unendlich langsam näher. Ich drückte mich so flach wie möglich an die Wand des Wagens. Ach, wie lange geht das noch! Ich habe gebetet: »Ihr Schutzengel! Bitte! Bitte!« Vor Angst beten, das hatte ich nun schon gelernt! Jedes Wort ist ein Flehen! Und man wird nicht müde, es zu wiederholen. Es geht ja auch immer um das Gleiche, um die Angst!

Wieder verstummten die Schritte. Ich sah den Lampenschein kurz unter uns in die Mitte des Wagens leuchten. Jetzt kam es darauf an. »Jetzt, jetzt werden sie uns gleich sehen«, dachte ich, »nein, nein, nicht!« Mir war, als würde mein Herz aussetzen. Die Arme schmerzten vom verkrampften Festhalten. »Mein Gott, nur nicht bewegen!«, dachte ich verzweifelt. Ein Pole brüllte irgendetwas. Dann endlich wanderte die Lampe weiter. Einige Minuten später fuhr der Zug wieder los. Er fuhr! Er fuhr! Er fuhr! Gott sei Dank!

Grabowski flüsterte: »Hast du gebetet? Ich habe auch gebetet. Haha! Die Scheißkerle haben diesmal verdammt lange gebraucht. Haben wohl einen Tipp bekommen! Jetzt wird nicht mehr kontrolliert. Aber weiter gut festhalten! Egal, ob dir der Arsch und sonst alles wehtut! Festhalten! Festhalten, auch wenn du nicht mehr kannst! Du musst können!« Ich konnte wirklich kaum noch. Trotzdem atmete ich erleichtert tief durch. Die Grenze hatten wir geschafft!

Aber, verflucht, plötzlich hielt der Zug mitten auf der Neißebrücke wieder an. Nein, das durfte nicht wahr sein! Doch noch eine Kontrolle? Er hatte doch gerade gesagt, dass keine mehr ... Ich hörte einige polnische Flüche. Irgendjemand brüllte etwas. Dann ein Pfiff der Lokomotive, der Zug ruckte mehrmals heftig an. Ich stieß mit dem Hinterkopf an die Eisenwand. Scheiße, das tat weh! Aber wir fuhren weiter, wir fuhren. Alles andere war jetzt völlig unwichtig! Gleich hatten wir es geschafft.

Als wir wieder anhielten, waren wir in den Werksanlagen jenseits der Neiße. Wir sprangen ab und hasteten seitlich auf einen hohen Zaun zu. »Mensch, Vorsicht, Vorsicht! Nicht so ängstlich! Nicht auffallen! Du musst laufen, wie wenn du hierher gehören tätst«, mahnte Grabowski. »Du kannst ruhig mal husten und spucken, wie wenn du Kohlenstaub in der Gusche hätt'st.« Ich tat so. Er lachte: »Wie ein alter Werksarbeiter. Also weiter und nicht dauernd umdrehen!« So latschten wir unbekümmert (ich versuchte es wenigstens!) über mit Kohlenstaub bedeckte Wege. Es stank nach verbrannter Braunkohle. Plötzlich blieb er stehen: »Wir müssen jetzt die Rucksäcke über den Zaun bringen und später abholen; denn mit so einem vollen Rucksack kommen wir nicht ungeschoren durch die Sperre.«

Er ging suchend umher und zog schließlich eine leicht gebogene Eisenstange unter dem Zaun hervor. Er klemmte einen Tragriemen des Rucksacks an einem Ende der Stange fest, balancierte den Rucksack blitzschnell über den hohen Zaun und ließ ihn nach kurzem Schütteln auf der anderen Seite hinunterplumpsen.

Als beide Rucksäcke jenseits des Zaunes waren, drückten wir uns rasch hinter ein paar abgestellte Fahrzeuge. »Wir warten hier bis zum Ende der Schicht, dann gehen wir unauffällig, einfach wie wenn wir hier arbeiten würden, ohne viel zu reden mit den Arbeitern durch die Sperre.« Er betrachtete mich kritisch und grinste: »Zieh deine Mütze bissel tiefer, dass man dein müdes Milchgesicht nicht so sieht! Mit dem nimmt dir keiner den Arbeiter ab. Und guck nicht wieder so ängstlich. Du hast doch wirklich schon schlimmere Sachen gemeistert.«

Wir mischten uns unter die zum Ausgang strebenden Arbeiter, ganz so, als gehörten wir dazu. Jeder musste einzeln durch die Sperre gehen und zeigen, dass er nichts bei sich trug. In einem Schalter saß ein

Kontrolleur. »Ruhig, ganz ruhig bleiben!«, flüsterte Grabowski mir rasch zu, »der will bloß wissen, ob wir etwas geklaut haben und mit rausschleppen.« Trotzdem wieder Herzklopfen! Doch wir kamen ohne Schwierigkeiten durch die Sperre. Der Grenzübergang war geglückt! Aber noch war nicht alles geschafft! »Jetzt müssen wir, solange es dunkel ist, schnell die Rucksäcke holen«, sagte Grabowski und sah sich vorsichtig um. Es begann schon zu dämmern

Wir schlichen den Zaun entlang. Da lagen brav unsere beiden Rucksäcke. Wir schnappten sie uns lautlos und wollten verschwinden, als auf der anderen Seite des Zauns ein Uniformierter hervorsprang und schrie: »Halt, stehen bleiben! Was macht ihr da? Halt!« Ein Werkspolizist! »Also zum Schluss doch noch geschnappt«, dachte ich entsetzt. Wir hätten natürlich wegrennen können, aber da hätte der Polizist Alarm geschlagen, ja und dann …

Aber Grabowski, mit allen Wassern gewaschen, setzte alles auf eine Karte. Er blieb ganz ruhig, trat nahe an den Zaun und – ich traute meinen Ohren nicht – sagte mit gedämpfter Stimme: »Mensch, Kumpel, lass uns doch gehen! Ich habe bloß den Jungen da über die Grenze gebracht, den Sohn vom Dr. Kutscha. Der soll wieder in die Schule. Und in den Rucksäcken haben wir nur was zum Fressen!« Der Polizist trat direkt an den Zaun, betrachtete uns misstrauisch und knurrte unwillig mit gedämpfter Stimme: »Ja nu! Was müsst ihr blöden Scheißkerle euch gerade hier am Zaun herumtreiben?! Wenn euch die Russen sehen! Die buchten euch sofort ein! Himmel, Arsch und Zwirn! Wie kann man so blöd sein und so nahe an den

Zaun kommen! Also, ich hab euch nicht gesehen. Und ihr kennt mich nicht und habt mich nie gesehen! Haut schleunigst ab, bevor ich es mir anders überlege.« Oho! Und ob wir schleunigst abhauten! Die Beine liefen von allein!

Als wir weit genug weg waren, schmunzelte der alte Fuchs: »Glück gehabt! Na ja, das braucht man halt! Der war aus eurem Nachbardorf. Gut, dass dein Vater so einen prima Namen hat! So, und jetzt gehen wir zu mir. Da kannst du dich waschen. Sonst lassen dich die Vogts nicht rein, so wie du aussiehst.« Er lachte schallend: »Wirklich beschissen siehst du aus! Wie der dreckigste Mann vom Werk! Deine Mutter würde dich kaum wiedererkennen! Na ja, also jetzt los! Und dann, dann frühstücken wir erst einmal anständig! Wir haben 's uns verdient.«

Und so machten wir es. Wir gingen in seine kleine, primitivst möblierte Wohnung. Nach einer etwas spärlichen Säuberungsaktion braute er auf einer kleinen elektrischen Kochplatte in einer Zimmerecke einen schön scheußlichen Kaffee. »Muckefuck«, nannte man das Zeug damals. Dazu aßen wir ziemlich schweigsam trockenes Brot und Dörrfleisch. Wir hatten Hunger, also schmeckte es. Ich ahnte es noch nicht, aber bald würden Tage kommen, da würde ich voll Sehnsucht an dieses Frühstück zurückdenken. Wir wollten ja nur satt sein. Und das schafften wir. Dann sagte er: »Ich muss in einer Stunde zur Schicht, aber vorher noch mit einem Kumpel etwas bekakeln. Wenn du zu müde bist, und blass genug bist du ja, also dann hau dich aufs Bett, so lange wie du willst, und schnarch dir einen ab. Wenn du gehst, lass die Tür hinter dir gut einschnappen. Wo der Bahnhof ist, weißt du. Fahr nach Zittau, wann du willst. Deine Eltern kriegen heute Abend über diesen Kumpel von mir Bescheid, dass alles gut geklappt hat. Und erzähle ja niemandem, mit wem du über die Grenze gegangen bist! Das braucht niemand zu wissen! Verstehst du?!«

Ich nickte und drückte ihm beide Hände: »Danke!«

Anscheinend habe ich recht bedrückt ausgesehen; denn er betrachtete mich eine Weile. Ich tat ihm offensichtlich leid.

Und dann offenbarte mir dieser einfache, ungebildete Mann in seiner groben Art in wenigen Sätzen seine Lebensphilosophie, die ihn das Leben selbst auf harte Weise gelehrt hatte. Ich habe sie mir gemerkt: »Mein Lieber, wir haben Glück gehabt. Nur das zählt. Guck nicht so wie drei Tage Regenwetter! Und krieg jetzt bloß keinen Katzenjammer, von wegen Heimweh! Na und wenn! Dann steh es eben durch! Rumjammern ist Quatsch. Tu dir bloß nicht selber leid! Das ist wie Selbstaufgabe! In der Zwischenzeit überrunden dich die anderen. Das Leben, egal wie, ob es dir passt oder nicht, es geht immer weiter! Und du musst mitgehen, ob du es verstehst oder nicht, du musst aktiv mitgehen, sonst geht es ohne dich. Glaub 's mir! Der alte Grabowski weiß das!« Er grinste breit und klopfte mir auf die Schulter. Wir drückten uns kurz die Hand. Jetzt verband uns etwas Besonderes. Ich dankte ihm nochmals. Er trat kurz an das Waschbecken, wusch sich mit einer Hand voll Wasser das Gesicht und zog sich mit einem grob gezinkten Stahlkamm seine Haare einigermaßen zurecht. Dann ging er.

Ich warf mich auf das wacklige Feldbett und starrte auf die angegraute, abbröckelnde Zimmerdecke. Ja, müde war ich wirklich. Wir hatten schließlich die ganze Nacht nicht geschlafen. Aber ich war auch angespannt und überspannt, übermüdet. Es rauschte und brummte im Schädel.

Ich wollte nur kurz etwas ausruhen, aber ich muss doch eingeschlafen sein. Albträume plagten mich: Ich rannte vor wütend bellenden Hunden davon, aber meine Beine waren schwer, und ich kam nicht voran. Plötzlich stürzte ich einen Abhang hinunter und schlug schmerzhaft auf. Ich wachte auf und lag vor dem Bett. Es war später Vormittag. Ich setzte mich auf die Bettkante und war froh, dass der Albtraum vorüber war. »Hat nicht irgendein großer Mann einmal gesagt, das Leben sei ein Albtraum?«, fuhr es mir durch den Kopf. Jedenfalls schien es mir so. »Hör auf zu grübeln«, murmelte ich vor mich hin.

In der Fremde

Ich nahm meinen Rucksack und machte mich auf den Weg. Ich habe mich nicht umgedreht, nicht zurückgeschaut. Der Zug war gerade weg. Auf den nächsten hatte ich eine gute Stunde zu warten. »Ach, was soll 's, ist ja alles egal«, dachte ich und döste auf einer Bank vor mich hin, bis ich schließlich einschlief. Ein Arbeiter stieß mich kräftig in die Seite: »Jung', der Zug ist da!« Er lachte spöttisch: »Bist wohl müd, weil d' host a bissel arbeit'n müss'n?«

Der Zug ratterte und wackelte nach Zittau. Ich stolperte aus dem Wagen, lief die Bahnhofstraße hinunter und klingelte bei Vogts.

»Ach Gott, wie siehst du denn aus? Wie nach einer durchzechten Nacht. Wie geht's dir denn?«, rief Frau Vogt. »Komm, ich zeige dir dein Zimmer, und du legst dich gleich schlafen. Oder willst du was essen?« Ich spürte ihren forschenden, etwas mitleidigen Blick. Ich schüttelte den Kopf, kam mir plötzlich sehr heldenhaft vor und sagte großspurig: »Danke, bin überhaupt nicht müde!« Sie lachte verständnisvoll und zog mich fast in mein Zimmer: »So, mach 's dir bequem. Wenn du was brauchst, ich bin oben in der Küche, aber wasch dich noch ein bisschen.« Na so was, und ich dachte, ich hätte mich schon gewaschen. Vor meinem Zimmer gab es eine winzige Toilette mit einem ebenso winzigen Spiegel. Ein kurzer Blick bestätigte mir, dass Frau Vogt Recht hatte. Na ja!

Ich ging in das Zimmer. Da saß ich nun, auf einem der zwei Stühle an einem langen Holztisch unter einer gelben Hängelampe. Die Wände weißlich gestrichen. Nichts erinnerte an meine kleine Mansarde, gar nichts. Auch das Bett war anders. Ich sah durch das Fenster auf den Hof einer Bierbrauerei. Graues Kopfsteinpflaster und gegenüber ein fahlgelbes Gebäude, keine Wiesen, keine Pappeln, kein Wald, kein Vogelgezwitscher, alles fremd, unsäglich fremd … Heimweh?

Warum bin ich eigentlich hier? Ach ja, die Schule! Meine Ausbildung, ja, das haben die Eltern gesagt, meine Zukunft!

Aus einem Fenster des gelben Hauses trat plötzlich Dampf aus. Es war nur die Flaschenwaschanlage der Brauerei, wie ich später hörte. Rasch füllte der Dampf den kleinen Hof aus. Ich starrte hinaus. Ich, der auf dem Land Aufgewachsene, starrte auf einen Fabrikhof! Ich kam mir vor, als hätte ein Erdbeben einen tiefen Spalt aufgerissen. Ich saß noch diesseits davon, aber da drüben, da wartete die Zukunft, im Nebel, im ungewissen, unruhig hin und her ziehenden Nebel.

Und da sollte ich hinein, in diesen Nebel.

»Schau nach vorn, nicht nach rechts und nicht nach links, nur nach vorn!«, klang mir die Stimme meines Vaters in den Ohren. Ja, dachte ich, ab jetzt nur nach vorn! Eben war ich noch bedrückt und fast weinerlich gewesen, jetzt stieg es geradezu in mir hoch: Jawohl, ich werde es schaffen, egal, wie beschissen ich mich fühle, ich werde es euch allen zeigen, ich will nach vorn! Wie hatte Grabowski gesagt? »Du musst mitgehen, sonst geht es ohne dich, das Leben!«

Zur Bekräftigung dieses Entschlusses schlug ich mit der Faust auf den Tisch, der offensichtlich diese Behandlung nicht gewöhnt war und knarzte, als wolle er kurz aufstöhnen. Da saß ich nun und schaute mich immer wieder um. Merkwürdigerweise stand da ein zweites Bett. Kam noch jemand, oder hatte man nur vergessen, es hinauszustellen?

Meine wenigen Sachen hatte ich rasch in einem nicht mehr ganz neuen Schrank untergebracht. Nun wusste ich nichts mit mir anzufangen. Was sollte ich auch tun? Feld- oder Gartenarbeit gab es nicht. Zu lesen hatte ich nichts. Ich kam mir ziellos und haltlos vor wie ein Schiff, dem die Ankerkette gerissen war.

Schließlich holte ich aus meinem Rucksack meine Tagebuchnotizen hervor und schrieb und schrieb, ohne auf die Wortwahl oder eine gepflegte Satzbildung zu achten. Alles war Gefühl! Ich hatte viel nachzutragen. Ich schrieb mir den ganzen Kummer von der Seele. Als ich aufhörte, fühlte ich mich aber nicht erleichtert, sondern lediglich entleert. Da stieg wieder ein Jammergefühl in mir hoch. Gleich würde ich in fremde Gesichter sehen und über fremde Straßen gehen! Unsere alte Dorfstraße würde ich nie mehr richtig sehen; denn wenn ich einmal meine Eltern besuchen würde, dann müsste das nachts geschehen, und auf unserer Straße könnte ich dann schon gar nicht gehen. Ich würde heimlich wie ein Dieb durch Gebüsche schleichen, durch Zäune kriechen. Und wenn ich unser Haus schließlich erreicht hätte, müsste ich erst einmal vorsichtig erkunden, ob meine Eltern noch darin wohnten!

Ich schob meine Notizen zur Seite. »Was hat es eigentlich für einen Sinn, all das aufzuschreiben, für wen, wozu?«, fragte ich mich. Meine eben noch so mutige Einstellung war wieder verschwunden. Nein, ich hatte zu nichts mehr Lust, zu gar nichts mehr, und starrte vor mich hin. Irgendwann habe ich anscheinend den Kopf auf den Tisch gelegt und bin wieder eingeschlafen. Ich wachte auf, als Frau Vogt mich energisch an der Schulter rüttelte: »Donnerwetter, Junge, Junge, hast du fest geschlafen! Auf Rufen und Klopfen hast du nicht reagiert. Komm, es gibt Abendbrot! Du hast sicher großen Hunger.«

Da saß ich nun an einem fremden Tisch mit fremden Menschen, alle freundlich, aber eben fremd. Der gemütliche Herr Vogt, der Braumeister mit einer prächtigen Glatze, seine energische, aber gütige Frau und die schwarzhaarige Tochter Gabi, die so temperamentvoll und etwa im gleichen Alter war wie Gisela. Wir betrachteten uns gegenseitig mit versteckter Neugier. Die Situation war für alle neu und daher erwartungsvoll gespannt. Wir kannten uns ja nicht!

Der Braumeister durchbrach schließlich die Stille, stellte mir ein Halb-Liter-Glas mit dunklem Bier vor die Nase und sagte schmunzelnd: »Trink, das ist flüssiges Brot! Der Mensch braucht zwei Liter Flüssigkeit am Tag! Und du siehst halb verdurstet aus.« »Donnerwetter«, dachte ich, »ein volles Bierglas, sicher ein halber Liter, wenn das mein Vater wüsste!« Frau Vogt lachte über mein verdutztes Gesicht und sagte: »Hast noch kein Bier getrunken? Aber iss auch etwas.« Ich aß. Aber was bekam ich? Trocken Brot und etwas Rübensirup! Drei dünne Scheiben Brot, jede etwa so groß wie eine Handfläche! Als ich aufsah, schaute ich plötzlich in ernste Gesichter. Sie hatten kaum etwas zu essen, aber das teilten sie mit mir! Jeder hatte für mich auf eine Scheibe Brot verzichtet! Das war doch …!

Ich rannte in mein Zimmer und kam mit dem halben Laib Brot und dem Stück Rauchfleisch wieder, das mir meine Mutter eingepackt hatte. Sie hatte gewusst, warum!

Frau Vogt lachte: »Iss du mal zuerst dich selber satt. Musst ja noch wachsen! Es geht schon. Morgen gibt es Kartoffeln und rote Rüben! Und mein Mann wird schon etwas gegen ein paar Kästen Bier eintauschen können.« Dann waren wir wieder still.

Ja, rote Rüben, die aßen wir von nun an mehrmals in der Woche: meist gekocht, in großen Scheiben, in kleinen Scheiben oder in Schnitzeln geraspelt. Frau Vogt versuchte verzweifelt, durch Formwechsel uns vorzugaukeln, dass es etwas anderes wäre. Was sollte sie auch tun? Immerhin war es etwas zum Essen. Ich habe noch Jahrzehnte später keine roten Rüben mehr sehen oder gar essen können.

Herr Vogt schnitt mir ein Stück von dem Rauchfleisch ab, das ich eben gebracht hatte: »So, und nun lass es dir schmecken, du sollst groß und stark werden. Ich bin schon groß und, wie du siehst, auch stark.« Dabei klopfte er lachend auf seinen kleinen Bierbauch.

Frau Vogt sagte nach einer Weile, wohl einfach, um etwas zu sagen: »Ja, ja, die Ausweisung war sicher schlimm, wie wir gehört haben.« Ich schaute leicht betroffen auf: »Wie haben Sie das nur gehört? Was hört man schon! Ich habe sie miterlebt! Ich habe ... Ach, was soll 's.« Ich schwieg und gab mir Mühe, ruhig und diszipliniert zu wirken. Es gelang mir wohl nicht ganz. Ich war im Gegenteil unruhig und ein bisschen gereizt. Gabi schien das zu bemerken, sie lachte mit blitzend weißen Zähnen und boxte mich in die Schulter: »Ja, ja, nu lass mal gut sein und trink noch was! Wie war denn der Grenzübergang? Erzähl mal!« Sie wollte mich wohl ablenken. Der Grenzübergang war nur ein Art Abenteuer gewesen. Darüber war es leichter zu sprechen. Sie fragte glücklicherweise nicht nach dem Abschied, der wie eine dunkle Wand dahinter stand, darin die Umarmung der Eltern, das letzte Lächeln, versteckte Tränen ...

Ich erzählte.

Man hörte mir fast ein wenig zu höflich zu, ohne mich bis auf einige Ahs und Ohs zu unterbrechen. Ich endete schließlich: »Ja, und jetzt bin ich hier.« Es klang ein wenig kläglich und fast wie ein Vorwurf. Die

Frauen waren weiterhin still. Der Braumeister nickte langsam: »Ja, alle haben ihr Schicksal! Wie heißt es? Unter jedem Dach ein Ach! Aber du weißt, warum du hier bist, du hast ein Ziel. Das haben nicht alle! Sicher, das war und ist viel für dich, besonders in deinem Alter. Was für eine Zeit! Armer Kerl, aber auch arme Eltern! Sie werden täglich an dich denken, auch nachts, wenn sie nicht schlafen können! Und wir denken an unseren Sohn Erhard in russischer Gefangenschaft. Wann wird er kommen?« Er umklammerte den großen steinernen Bierkrug: »Hoffentlich, ja hoffentlich ... Na ja.«

Seine Frau klopfte ihm beruhigend auf den Arm. Er nickte und räusperte sich und trank in langen Schlucken sein dunkles Bier. Dann schüttelte er ein paar Mal seinen leicht geröteten Kopf und sagte, wie um mich etwas aufzurütteln, mit energischer Stimme: »Na, trinken wir mal auf deine Eltern, die wir aus besseren Tagen gut kennen! Also Kopf hoch, wenn auch in zwei Tagen die Schule beginnt. Dafür hast du die Strapazen doch auf dich genommen. Aber, was ich noch sagen wollte, ach ja, du wirst nicht allein sein. Du wirst schon morgen Gesellschaft bekommen. Wolfram Müller[3], den du aus eurem Nachbardorf kennst, wird mit dir in dem Zimmer wohnen. Ist ja auch besser, wenn du nicht alleine wohnst. Da sinniert man in deinem Alter zu viel. Wolfram wird so lange bleiben, bis seine Eltern eine Wohnung bekommen haben.«

Ich sah ihn erstaunt an, aber ich fand es auch gut, nicht allein zu sein. Noch dazu war Wolfram eine Art

3 Der Name wurde geändert.

Leidensgenosse. Seine Eltern hatten ein großes Gut in einem Nachbardorf besessen und waren natürlich auch ausgewiesen worden. Der Vater war wohl gerade aus dem Krieg gekommen, aber die Familie konnte nicht zusammen wohnen, weil es eben keine Wohnung gab. Ich erinnerte mich gut an Wolfram. Ich hatte ihn immer beneidet, da er sogar im Krieg eine Lederhose bekommen hatte. Seine Eltern hatten natürlich durch ihre Landwirtschaft mancherlei besondere Beziehungen. Meine Eltern hatten diese nicht. Also hatte ich keine Lederhose. Das schien mir damals schlimm. Heute muss ich lachen über meinen leidenschaftlichen Kinderwunsch. Trotzdem hat er nachgewirkt: Ich habe mir Jahrzehnte später mehrere Lederhosen gekauft.

Während ich noch an die Lederhose dachte, sagte Frau Vogt: »Es ist spät, und du hast noch Schlaf nachzuholen. Geh am besten in dein Zimmer. Hast du was zum Lesen?« »Meine Mutter hat mir nur ein paar Schulbücher eingepackt«, antwortete ich etwas kleinlaut, »aber ich mag heute nichts lesen. Ich geh einfach schlafen.« Ich bedankte mich und ging nach unten in mein im Parterre gelegenes Zimmer.

Da saß ich, starrte auf die Wand und fühlte mich elend und unendlich leer. Müde dachte ich an meine Eltern. »Du hast deine Chance«, hatte mein Vater gesagt. Ja, was für eine Chance?

Ich ging zu Bett. Sicherlich kein schlechtes Bett, aber nicht mein Bett! Auch das war fremd …

Am nächsten Tag kam Wolfram.

Früher hätten wir uns schreiend begrüßt. Aber jetzt lag etwas über uns wie ein Schleier, der jede Freude dämpfte. Worüber sollten wir uns auch freuen? Dass wir zusammen wohnen würden? Natürlich, das war gut, sehr gut. Aber das war einfach eine unvermeidbare Schicksalsgemeinschaft, eine Notwendigkeit. Uns hatte kein freudiges Ereignis zusammengeführt! Er blieb in der Zimmertür stehen und sagte fragend mit einem leichten Lächeln: »Winnetou?« Er gebrauchte wohl meinen Spitznamen, um an etwas Heimatliches zu erinnern, an etwas aus der schönen Vergangenheit, an unsere Indianerspiele in dem parkartigen, riesigen Garten, an die prachtvollen Zuchtpferde auf dem Gut seiner Eltern.

Ja, Winnetou hatte er gesagt. Ich nickte wortlos und ging ihm entgegen. Wir gaben uns die Hand wie zwei Erwachsene. Es war wie ein stummes Versprechen: Wir müssen jetzt zusammenhalten, zusammen aushalten! Er warf seinen Rucksack in die Ecke. Wir standen eine Weile unschlüssig herum. Dann setzte sich jeder an ein Tischende. Wir sahen uns wortlos an. Schließlich brummelte er: »Wie sieht 's daheim aus? Lebt unser Hund noch, der Puma? Was machen die Pferde? Warst du mal auf unserem Hof?« Ich schüttelte den Kopf. Zu Müllers, am Ende von Seitendorf, hätte ich über eineinhalb Stunden laufen müssen, und ich hatte schon genug zu laufen und zu tun gehabt mit der Ernte, mit der Versorgung des Viehs. Davon konnte Wolfram nichts wissen. Nein, da war ich nicht gewesen. Mir kam das jetzt wie eine kleine Unterlassungssünde vor. Und er hätte so gern etwas von »daheim« gehört, natürlich von den Pferden, den Wiesen und Feldern, von der großen Terrasse, auf der er so oft gesessen hatte!

Ich sagte leise: »Lass es gut sein. Es ist alles anders geworden. Besser, man weiß nicht alles.« Wir saßen mit bedrückten Gesichtern da. Wir waren kurz davor, in Tränen auszubrechen, die Augen begannen schon zu glänzen. Doch da kam mir eine Idee, und ich sagte schnell: »Sie haben den Puma sicher freigelassen. Was sonst?! Hoffentlich hat er dabei einen Polen wenigstens einmal so richtig genüsslich in den Arsch gebissen! Wenn ich mir das so vorstelle! Der dicke Bürgermeister mit seinem konvexen Fettarsch, der hat vor Freude sicher gleich seine Nationalhymne gesungen.« Diese primitive Vorstellung lockerte die Stimmung. Wir kamen uns großartig vor, brüllten vor Lachen und schlugen uns dabei auf die Oberschenkel.

Puma war ein Ungarischer Hirtenhund. Imponierend groß wie ein Kalb und mit weißem, dickem, zottigem Fell und Reißzähnen wie eben ein Puma, mit Läufen stark genug, einen Hirsch zu tragen. Ein schönes, stolzes Tier! Er war der Wachhund des Hofes, nachts frei, tagsüber im großen Zwinger, in dem er umherspringen konnte.

Wir beruhigten uns allmählich. Wolfram war plötzlich still. Er sagte kopfschüttelnd: »Ich glaube nicht, dass sie ihn freigelassen haben. Wozu auch? Der hat keinen Fremden an sich herangelassen. Ich seh ihn richtig vor mir. Sie werden ihn erschossen haben, die Schweine! Ja, ja, sie werden ihn erschossen haben. Auf jeden Fall, wenn er jemanden gebissen hat. Er hatte keine Chance. Wir hatten ja auch keine, als sie uns rausgejagt haben. Hoffentlich hat er wenigstens einen gebissen! Aber die werden zu feige gewesen sein und sind gar nicht erst in seinen Zwinger gegangen.« Er hatte sicher Recht. Ich wusste nichts mehr dazu zu sagen. Irgendwie hatten wir beide keine Lust mehr zu sprechen.

Da saßen wir zwei Elenden auf schmalen Holzstühlen, die vor längerer Zeit einmal weiß gewesen waren, auf Stühlen, auf die wir nicht hingehörten. Zwei Verlassene, Hilflose, die nicht wussten, wann, wie und worauf sie reagieren sollten.

Wir blickten beide in den Hof hinaus. Pflastersteine, kein Baum, kein Strauch, nicht einmal Unkraut. »Hast du Heimweh?«, fragte ich ihn so leichthin. »Nein«, log er. Dann sah er mich jämmerlich an und schrie: »Du vielleicht nicht?!« Ich machte sicherlich kein besseres Gesicht und sagte etwas mühselig: »Ach Scheiße!«

Dann waren wir wieder eine Weile still, als ob jeder auf den anderen Rücksicht nehmen wollte. Jeder überlegte und suchte nach weniger schmerzlichen Dingen, von denen er sprechen könnte. Ich erzählte ihm schließlich von dem Grenzübergang. Das war aber auch nicht das Richtige. Er zuckte mit den Schultern: »Hat für mich keinen Sinn. Von uns ist niemand mehr drüben. Gehst du noch mal rüber?« »Auf jeden Fall«, antwortete ich, »obwohl meine Eltern das nicht wollen, wegen der Gefahr natürlich, aber sobald es halbwegs geht …« »Kannst du dann nach dem Puma schauen«, fragte er hoffnungsvoll. Ich schüttelte den Kopf: »Wenn ich rübergehe, dann werde ich mich tagsüber kaum zeigen können, da die Polen inzwischen sicher wissen, dass ich über die Grenze gegangen bin. Und Grenzgänger werden verhaftet. Und ich habe keine Lust, noch einmal in einen Keller zu fliegen. Aber vielleicht kann ich nachts vorbeigehen. Das könnte klappen. Na ja, mal sehen. Jetzt sind wir zunächst einmal hier.« Er sah mich betrübt an: »Du kannst also nur heimlich zu Hause sein? Heimlich, wie einer, der etwas ausgefressen hat? So eine Schweinerei! Aber du hast Recht, ich würde selbst dann gehen, aber wie gesagt, da ist ja niemand mehr …«

Wir waren wieder still.

Morgen würde die Schule beginnen. Wir waren froh darüber. Das wäre früher eine unmögliche Vorstellung gewesen, über den Schulbeginn froh zu sein. Jetzt war es eine willkommene Ablenkung. Aber auch ein Ziel, eine Aufgabe, ein Felsbrocken im Fluss, an dem wir uns festhalten konnten. Die Schule! An diesem alten Tisch würden wir also Hausaufgaben machen. Ich zog in der Mitte einen Bleistiftstrich. »So, die eine Seite gehört dir, die andere mir. Die Grenze ist einzuhalten!« Wir grinsten beide, denn es war klar, dass es bald zu Grenzüberschreitungen kommen würde.

»Vor der Tür steht ein Kasten Bier«, sagte Wolfram plötzlich, »der ist für uns, hat der Braumeister gesagt. Sollen wir uns eine Flasche holen? Das tät' vielleicht gut.«

Wir holten Bier, aber nicht nur eine Flasche. Letztere wurden leer und wir voll. Frohe Erinnerungen tauchten auf und schwammen auf den trüben Seelen wie Seerosen auf kleinen Teichen. Und wir begannen mitzuschwimmen. Wir waren kein Bier gewöhnt, und so begann es auch bald zu wirken. Außerdem hatten wir nichts zu essen gehabt. Vor Hunger tranken wir wohl etwas mehr. Irgendwann gingen die frohen Geschichten zu Ende, und wir sprachen allmählich wieder von »zu Hause«. Unsere Dörfer gehörten zwar zum Südzipfel der Oberlausitz und damit zu Sachsen. Wir waren jedoch keine Sachsen und legten darauf großen Wert. Unser Dialekt war weder sächsisch noch schlesisch. Aber nach der Abtrennung entlang der Neiße wurde dieses Stückchen Land der Einfachheit halber meist zu Niederschlesien gerechnet. Später habe ich auch bei den Behörden angegeben, dass ich aus Schlesien käme. Denn wenn ich angab: ausgewiesen aus Dornhennersdorf bei Zittau in der Oberlausitz, bekam der jeweilige Beamte ein ausdrucksloses Gesicht und versuchte mir mit einem müden, nachsichtigen Lächeln beizubringen, dass mein Heimatdorf im ehemaligen Schlesien liege. Nun gut, wenn es ihm Spaß machte! Schließlich hatten wir das gleiche Schicksal wie die Schlesier.

So gewöhnten wir uns schließlich an diese Umbenennung, und so akzeptierten wir auch das Schlesierlied als unser Heimatlied. Es war so schön melancholisch, wie die meisten Heimatlieder! Und es traf unsere Stimmung. Also begannen wir zu singen! Wir beide sangen es zwar nicht gut, aber dafür hingebungsvoll und vor allem beachtlich laut:

»Kehr' ich einst zur Heimat wieder,
früh am Morgen, wenn die Sonn' aufgeht,
schau' ich dann ins Tal hernieder,
wo vor jeder Tür ein Mädel steht …«

Im Grunde stimmte gar nichts in dem Lied. Von der Rückkehr konnte man nur träumen. Und wenn man wenigstens heimlich zurückkehrte, dann nicht strahlend früh am Morgen, sondern im Schutze der Nacht. Und Mädels würden sicher auch nicht vor den Türen stehen! Das Lied war offensichtlich ein Wunschtraum. Es hatte nichts mit Nationalismus oder Revanchismus zu tun. Wir gaben einfach unseren angestauten Gefühlen eine Richtung. Die zweite Strophe intonierten wir auch aus vollem Herzen:

»In dem Schatten einer Eiche,
ja, da gab ich ihr den Abschiedskuss …«

Mit diesem Kuss als Ausdruck der Männlichkeit fühlten wir uns etwas besser.

Und dann der Refrain:

»Wir seh'n uns wieder, mein Schlesierland, wir seh'n uns wieder …«

Wir schrien ihn geradezu heraus.

Oh, das tat gut, trotz der unerfüllten Sehnsucht. Irgendwie stärkte dieses Lied unser Selbstbewusstsein und richtete unsere gebeugte Psyche wieder etwas auf. Ich weiß nicht warum. Ob es der ausgebliebene Abschiedskuss war oder ob es die Mädels waren, die vor jeder Tür standen, wie das Lied meinte? Ich dachte für Sekunden an Wioletta. Die könnte vielleicht vor der Tür stehen?! Jedenfalls nahm unsere Lautstärke proportional zur Anzahl der geleerten Flaschen zu.

In unserer Hochstimmung rief ich: »Und jetzt singen wir noch das Lied vom ›Bimmelbahnel‹ (Bimmelbahn, eine kleine Bahn mit einer Dampflok, die mit lautem Bimmeln über die Straßenkreuzungen fuhr)«, ein beliebtes Lied in unserer Oberlausitzer Mundart. Bevor wir jedoch richtig loslegen konnten, klopfte es. Wir reagierten aber nicht. Schließlich polterte Gabi herein: »Aber meine Herren, hallo, hallo!« Wir wandten ihr verwundert unsere geröteten Gesichter zu. Sie lachte herzhaft und rief: »So, jetzt habt ihr wirklich euren Kummer ersäuft. Man sieht 's und hat 's gehört. Jetzt könnt ihr auch mal wieder ein wenig leiser eure Heldentaten besingen. Wir kennen sie nun alle und sind sehr beeindruckt! Mehr wollen wir gar nicht wissen! Selbst die Zahl der heimlichen Abschiedsküsse habt ihr uns nicht vorenthalten, aber zehnmal genügt wirklich. Das Lied haben wir inzwischen auch gelernt. Also, meine Herren, von nun an bitte etwas leiser!«

Sie verschwand schmunzelnd. Sie war ein prima Mädel, sie war nicht böse, aber sie hatte uns abrupt in die Wirklichkeit zurückgeholt, in die Wirklichkeit, die wir nun wieder schmerzlich empfanden. Da war nichts mehr von einem Schlesierland! Nichts mehr von einem Mädel vor der Tür!

Hier, auf dem harten Boden der Tatsachen, fühlten wir uns wieder wie Kinder, hilflose Kinder! Wir sahen uns betrübt an. Wie sollte es weitergehen?

Mir kamen wieder Grabowskis Abschiedsworte in den Sinn: »Tu dir bloß nicht selber leid! Das ist wie Selbstaufgabe! Rumjammern ist Quatsch!« Mensch, dachte ich, dieser einfache Mann hat den Nagel auf den Kopf getroffen! Ich stand auf, schüttelte mich und schlenkerte mit den Armen. Wolfram grinste: »Wie unser Puma am Morgen, wenn er ausgeschlafen hat!« Das war für mich das Stichwort: »Richtig, ausgeschlafen! Ich bin hundemüde! Wir sollten aufhören mit dem Saufen und Herumdösen und mit unserem Herumschwärmen von der Heimat. Damit kriegen wir sie auch nicht wieder. Wir müssen jetzt unser Leben in die Hand nehmen!« Ich kam mir großartig vor mit diesen markigen Worten und knallte zur Bekräftigung mit der Faust auf den Tisch, sodass die Bierflaschen in die

Höhe hopsten. Aber keine fiel dabei um. Wolfram knurrte bewundernd: »Damit kannst du zum Zirkus gehen, wenn du noch etwas übst. Aber«, fuhr er tiefsinnig fort, »du hat Recht, wenn sogar die Flaschen nicht umfallen, warum sollen wir das tun?!« Und er kommandierte: »Aufrecht gehen, marsch!« Und wir marschierten im donnernden Paradeschritt durch das Zimmer. »Mensch, aufhören«, rief er plötzlich erschrocken, »gleich kommt die Gabi wieder! Weißt du was, wir gucken uns jetzt einmal die Stadt an. Schlafen können wir noch später. Los, raus an die frische Luft! Du siehst aus wie ein altes Bierfass!«

Wir schlenderten durch die Stadt, erstaunlich sicher nach dem Bierkonsum.

Ich kannte sie gar nicht, trotz der vier Jahre Gymnasium. Ich war immer nur die paar Straßen von der Omnibushaltestelle zur Schule gegangen, als so genannter Fahrschüler: Früh 6.30 Uhr fuhr der Bus in Dornhennersdorf ab. Mittags 13.30 Uhr ging er zurück. Gegen 14.30 Uhr war ich wieder zu Hause. Oft musste ich in dem überfüllten Bus stehen; denn damals galt noch, dass Kinder für Erwachsene aufzustehen hatten. »Ihr habt die jüngeren Beine«, war die Begründung. Ob diese Beine blasser Fahrschüler vielleicht die müderen waren, wurde nicht gefragt. Und so konnte so eine Fahrt schon ziemlich anstrengend werden. Freilich, in dieser Hinsicht würde ich es jetzt leichter haben. Aber darauf hätte ich gern verzichtet.

Die Stadt wirkte fremd, noch fremder als vor Kriegsende, weil jetzt überall knallrote Plakate hingen, die von der ruhmreichen Roten Armee und von den großen Erfolgen des Kommunismus und des großen

Genossen Stalin kündeten. Über einer Straße hatte man eine Art Triumphbogen in Rot angebracht. Gegenüber dem Hauptpostamt ragte eine hässliche, knallrote Holzpyramide empor, die an ihrer Spitze einen riesigen, natürlich ebenfalls roten Sowjetstern trug. Rot war die Lieblingsfarbe der Russen. Deshalb hatten sie wohl die Sowjets übernommen. Ab und zu sah man einige Sowjetsoldaten. Sie wirkten gepflegt und arrogant, aber friedlich. Sie beachteten uns nicht, wir sie schon; denn wir hatten sie noch als raubeinige Gesellen und Plünderer im Gedächtnis, was sie jetzt gewiss nicht mehr waren.

In dieser Stadt würde ich zweieinhalb Jahre leben.

Die Schule

Da saßen wir wieder auf den Schulbänken, die alte Klasse. Nein, nicht die alte Klasse. Wir waren nur noch 18 von ursprünglich 30 Schülern. Die letzten Kriegs- und die Nachkriegsereignisse hatten so manchen von uns aus der angestammten Umgebung gerissen. Einige waren nach Westdeutschland gegangen. Wir hatten uns über vier Monate nicht gesehen. Alle waren wir ein wenig verwildert. Fast jeder hatte etwas Unschönes erlebt. Was es eben in dieser Zeit so gab: Da war der Vater noch in den letzten Kriegstagen gefallen oder in Gefangenschaft geraten, da war der Vater von den Russen mit unbekanntem Ziel abtransportiert worden, andere waren aus ihrer Wohnung geworfen worden und hausten jetzt im feuchten Keller, manche waren enteignet worden, ja, und da waren wir

Ausgewiesenen ... Gerhard Rolle erzählte mir von seiner Ausweisung, wie man die Leute in Reichenau zusammengetrieben habe. Alle Einwohner mussten sich auf »Friedrichs Wiese« an der Zittauer Straße innerhalb von zwei Stunden einfinden, nur mit dem, was sie tragen konnten. Sie wurden dann gegen Mittag, eskortiert von polnischer Kavallerie, in Richtung Zittau über die Grenze getrieben, ja, wie Vieh getrieben. So mancher hatte seine Kräfte überschätzt und warf schließlich eine Tasche oder Tüte fort; denn man durfte nicht stehen bleiben und sich ein wenig ausruhen. Jenseits der Neiße blieb man sich dann selbst überlassen.

Ja, jeder hatte etwas Bedrückendes zu erzählen. So fielen die Begrüßungen nicht übermäßig fröhlich aus, wenn man sich auch über das Wiedersehen freute.

Auch die politischen Veränderungen, die sozialistische Umwälzung der Gesellschaft, trugen nicht gerade dazu bei, die Wiedersehensfreude zu steigern. Zunächst war da sogar ein gewisses Misstrauen. Denn die neuen Machthaber versuchten von Anfang an, die Jugend an sich zu binden und Aggressionen gegen diejenigen zu schüren, die mit der Entwicklung nicht einverstanden waren. Wer nicht für das Besatzungsregime und seine Helfershelfer war, der war eben ein Nazi (doch das stimmte natürlich nicht). Es kam sogar zu Denunziationen mit den entsprechenden hässlichen Folgen. Aber wie wir bald bemerkten, gab es solche Dinge in unserer Klasse nicht. Im Gegenteil: Unter uns entwickelte sich ein ganz besonderes Vertrauensverhältnis, und wir begannen zusammenzuwachsen wie junge Tannenbäume.

In der ersten Zeit hatten wir kaum den Kopf frei für den Unterrichtsstoff. Die bedrückenden Erlebnisse der letzten Monate waren eben noch längst nicht verarbeitet. Erschwerend kam auch noch hinzu, dass wir ständig müde und lustlos waren, was wohl am Hunger und dem Vitaminmangel lag. Wer hatte schon frische Früchte? Wenn wir auch nicht um unser Leben fürchten mussten, so wurden wir doch meistens nicht satt, und nach sechs Stunden Unterricht wurde der Magen lediglich mit Kartoffeln und roten Rüben gefüllt, nein, oft nicht einmal ausreichend gefüllt. Und ein hungriger Junge in der Pubertät, der war zwar nicht unbedingt gefährlich, aber doch gefährdet, dumme Dinge zu tun.

Was interessierte da, ob Caesar Gallien erobert hatte, ob man unter bestimmten Bedingungen aus Wasserstoff und Sauerstoff Wasser herstellen konnte oder was Sinus und Kosinus bedeuteten? Wir hatten den Eindruck, dass uns unsere Lehrer nur unwichtige Dinge erzählten. Warum also sollten wir zuhören? Unsere mangelnde Aufmerksamkeit sollte natürlich nicht ohne gewisse Folgen bleiben …

Besonders bei mir klappte es in der Schule überhaupt nicht. Und dasselbe galt beim Thema Geld. Die Bankkonten meiner Eltern waren gesperrt. Ich weiß nicht mehr, warum. Glücklicherweise wurde mir das Schulgeld erlassen, aber nur unter der Bedingung, dass ich mir nichts zu Schulden kommen ließe. Bereits ein Eintrag ins Klassenbuch (z. B. bei vergessenen Hausarbeiten, Ungehorsam oder »unflätigem« Benehmen) konnte das Ende dieser Vergünstigung bedeuten. Natürlich geriet ich in entsprechende Konflikte. Welcher normale Junge rutscht nicht einmal aus?! Ich musste dann demütig zum Direktor und sozusagen schweifwedelnd wie ein kleiner Hund um Nachsicht bitten.

Ich sollte mich betragen wie ein Musterschüler. Gut, gut, ich wollte ja gar kein Rabauke sein, und ich war auch keiner! Aber so ein bisschen über die Stränge schlagen, na, das ließ sich in diesem Alter gar nicht vermeiden. Heute würde ich sagen, ohne ein bisschen über die Stränge schlagen zu können, findet keine normale Entwicklung der Persönlichkeit statt!

Leider gehörte ich zu denen, die meist erwischt wurden ...

So gingen Wochen dahin. Gisela hatte einen Freund in Ostritz. Eines Tages rief dieser mich an. Gisela sei akut an Typhus erkrankt. Man habe sie mit hohem Fieber in die Isolierstation des Klosters Marienthal gebracht. Mein Gott! Typhus, das war damals noch eine lebensgefährliche Erkrankung. Sie hatte sich also doch bei ihrer Arbeit angesteckt! Ja, nun gab es nur Hilflosigkeit und intensives Hoffen und Beten! Letzteres würde man in einem Kloster sicherlich ausreichend tun, hoffte ich. Aber ich betete auch. Welche Medikamente hatte man damals schon?! Wie ich später erfuhr, hatte gerade kein Krankenwagen zur Verfügung gestanden. Da wurde die hoch fiebrige, benommene junge Frau einfach im Leichenwagen ins Kloster gefahren, nein, geschoben, da es nicht genug Benzin gab! Ein böses Omen? Glücklicherweise nicht!

Die Zustände im Kloster waren erbärmlich: Die Kranken wurden einfach in einem großen Saal nebeneinander aufgereiht. Sie mussten auf Stroh liegen, da es nicht ausreichend Matratzen gab. Außerdem war dadurch eine bessere Hygiene möglich. Das benutzte Stroh wurde kurzerhand verbrannt. Nach einigen Tagen, an die sich Gisela später kaum erinnern konnte, sank das Fieber. Man verlegte sie in ein Einzelzimmer, und ich durfte sie besuchen mit der Auflage, sie nicht zu berühren. Blass, abgemagert und müde sah sie aus! Aber sie war auf dem Wege der Besserung, ja, und Menschenskind, sie lebte! Jetzt gab ich erst die Nachricht über Giselas Erkrankung an die Eltern durch. »Die werden sich auch jetzt noch genug aufregen«, dachte ich.

Schließlich wurde ein bleiches Gerippe entlassen. Ich erschrak, als ich sie sah. Das Kleid schlotterte an ihr herum. Die Wangen waren eingefallen. Wo war das hübsche Mädchen geblieben? Ich sagte ihr: »Wenn dein Busen früher zwei schönen, runden Äpfelchen glich, so kann man jetzt nur noch an zwei Dörrpflaumen denken.« Eine altersentsprechende Taktlosigkeit natürlich! Ich kam mir ungeheuer männlich dabei vor! Aber wir lachten darüber, und das gehörte auch zur Genesung! Nun, sie wurde in Ostritz von der Mutter ihres Freundes wieder aufgepäppelt.

Oh, das waren schwere Tage gewesen! Aber es ging alles gut aus. Halt, nicht alles! Gisela hatte einen Studienplatz für Medizin in Leipzig bekommen. Durch ihre Erkrankung verlor sie ihn! Sie war darüber sehr traurig, denn so eine Chance bekam man kein zweites Mal! Sie entschloss sich dann, medizinisch-technische Assistentin zu werden.

Vor lauter Sorgen um meine Schwester war ich in der Schule noch weniger bei der Sache. Dementsprechend schlecht fielen die ersten Arbeiten aus! Für Latein fehlte obendrein mein Vater. Er hatte mir bisher oft geholfen. Ähnlich schlug es zu Buche, dass meine Mutter mich nicht mehr die Vokabeln in Latein und Griechisch abfragen konnte. Ich vermisste auch ihre anregende Art, die mir oft genug den Ansporn gegeben hatte, die Schularbeiten sorgfältig und vollständig zu erledigen. Meine Mutter hatte immer mit großem Vergnügen kontrolliert, ob ich alles durchgeführt hatte, was im Aufgabenheft stand. Jetzt hatte ich niemanden mehr, der das überprüfte. Kein Wunder, dass ich es bald mit den Einträgen nicht mehr so genau nahm …

In diesem Schuljahr war auch noch Englisch dazugekommen, eine Sprache, die wir nicht ernst genug nahmen, da sie nicht mit den großartigen Textkonstruktionen der alten Sprachen aufwartete und eine scheinbar leichte Grammatik aufwies. Außerdem begriffen wir nicht, dass es sich hierbei um eine lebende Sprache handelte, die man ja sprechen sollte, und dann auch noch oft ganz anders, als es geschrieben stand! Das war zu viel! Wir versuchten das daher mit humanistischer Arroganz zu erledigen, was natürlich nicht gelang. Wir erreichten damit nur, dass wir unsere Englischlehrerin beachtlich verärgerten, was ihre ohnehin hohe Stimme zu unserem Vergnügen öfter überschnappen ließ. Um uns ihren Unmut zu zeigen, zensierte sie strenger und legte ihr dürres Gesicht in ernste Falten. In ihrem begreiflichen Zorn bekam sie ein rotes Gesicht und rote Finger. Wir nannten sie daher in Anlehnung an Homer »rhododaktylos äos«, die »rosenfingrige Morgenröte«.

Aber das war natürlich nicht der Hauptgrund, weshalb Wolframs und meine Leistungen mit rasanter

Geschwindigkeit abfielen. Vielmehr waren es schon die äußeren Umstände, die einfach nicht normal waren. Hinzu kam, dass wir noch nicht selbstständig genug waren (hatten wir früher vielleicht doch zu viel Hilfe durch die Eltern erfahren?). Aber in der Hauptsache war es doch wohl nichts anderes als Heimweh.

Nicht dass wir dauernd jammerten, wir wollten einfach nicht da sein, wo wir waren. Und wenn wir das nicht wollten, nun, dann wollten wir da auch nichts tun, jedenfalls nichts Vernünftiges. Wir saßen an unserem Arbeitstisch und benahmen uns blöd. Wir ärgerten uns gegenseitig, was schon mal in Ringkämpfe ausartete. Jeder kleine Anlass war uns recht. Wenn wir zum Beispiel an unserem Tisch saßen, schob einer von uns vorsichtig ein Buch wenige Zentimeter über die in der Mitte gezogene Linie. Der andere bemerkte das natürlich sofort und schob das Buch wieder mit einem energischen Ruck zurück, was wiederum den Ersten veranlasste …

Bei so einer Kabbelei sprangen wir einmal wild auf. Ich trieb Wolfram mit meinem Lineal durch das Zimmer. Er spielte Jung-Siegfried, wich aus und wehrte meine Schläge erfolgreich mit seinem Kopfkissen ab. Irgendwann traf ich das Kissen besonders gut, sodass plötzlich einige Daunenfedern durch die Luft flogen. Oh weh, das war Vogts Kissen! Wir hörten trotzdem nicht auf! Leider stand in der Zimmermitte ein Korb gefüllt mit Geschirr von Müllers, das sie über die Grenze gerettet hatten.

Das Schicksal nahm seinen Lauf. Wolfram setzte sich bei einem Ausweichmanöver in diesen Korb und schrie wie am Spieß. Entsetzlich: Einige Gläser waren zerbrochen. Das Schlimmste aber war, dass sich der Stiel eines zerbrochenen Weinglases in sein Gesäß gebohrt hatte. Das Glas war ein so genannter Römer, aus dem man nur bei Festlichkeiten zu trinken pflegte. Damals unersetzlich! Auch das noch! Er sprang auf und stand brüllend vor mir mit dem deutlich aus dem Hintern ragenden Glasstiel. Ich entfernte diesen mit einem kurzen Ruck. Wir standen wie begossene Pudel da und wollten eigentlich weinen. Wolfram hielt sich das schmerzende Gesäß und sagte trocken: »Na ja, dann habe ich jetzt eben zwei Löcher da hinten und du bloß eins!«

Aber Himmel-Donnerwetter! Wir hatten etwas kaputt gemacht, was mit viel Mühe über die Neiße transportiert worden war. Für Wolframs Eltern war das ein teures Erinnerungsstück an bessere Zeiten gewesen!

Wir gestanden ein, dass wir eigentlich recht blöde Kerle wären, und stopften kunstvoll – so meinten wir jedenfalls – das getroffene Kopfkissen. Gabi hat es dann noch einmal nachgestopft.

Derartige Aktionen hielten uns natürlich von den Schularbeiten ab, sodass wir manchmal morgens frühzeitig aufstehen mussten, um den Rest zu erledigen. Aber auch dann saßen wir oft nur da und erzählten uns, was wir lieber täten, als für die Schule zu arbeiten. Ja, »für die Schule arbeiten«, so dachten wir damals noch! Wir hatten zwar im Lateinunterricht gelernt: »Non scholae, sed vitae discimus«, nicht für die Schule, sondern für das Leben lernen wir. Aber wer glaubt das schon in diesem Alter?!

Außerdem hatten wir einen Bombenappetit, nein, wir hatten Hunger, und so waren wir oft ziemlich gereizt und handelten unüberlegt. Meine Eltern versuchten immer wieder, uns Nahrungsmittel über die Grenze zu schaffen, aber das war schwierig und reichte nicht aus. Meine Mutter gab sich Mühe, uns mit Fleisch zu versorgen. Das ging aber oft schief, da das Fleisch nach dem Transport über die Grenze manchmal irgendwo liegen blieb und verdarb. Zum Heulen! Aber so war es! Und wir hatten Hunger, und Hunger lässt die Gedanken nur in eine Richtung gehen: essen! Und da passierte es.

Tatzeit: Sonntagnachmittag. Tatort: Vogts Küche.

Vogts war es gelungen, sich etwas Mehl, Zucker und Kochfett zu beschaffen. Also wurde zum Wochenende ein Kuchen gebacken, ein Kuchen, den heute kein Mensch essen würde. Es war ein zwei bis drei Zentimeter dicker Hefekuchen mit Zuckerguss. Aber was soll 's, es war Kuchen, er war süß, und wir waren hungrig. Man sagte uns belanglos: »Oben steht Kuchen, nehmt euch.« Eine genaue Menge wurde nicht angegeben, so meinten wir jedenfalls. Wir stürmten in die Küche. Da stand eine größere Schüssel, gefüllt mit vielen Zuckergusskuchen-Stücken. Ein herrlicher, ungewohnter und geradezu erquickender Anblick! Wir nahmen und aßen. Wir benahmen uns wie Süchtige, wir vertilgten alles! Die Schüssel ließen wir übrig. Mit einem unsagbar wohligen Gefühl zogen wir uns in unser Zimmer zurück.

Nach einer Weile sagte Wolfram: »Die waren aber großzügig!« Ich antwortete mit einem unsicheren Gefühl: »Ja, ja.«

Da läutete es und klopfte es an der Haustür. Wir hörten, dass Gabi öffnete. Durch unser Schlüsselloch sahen wir, dass Verwandte von Vogts kamen. Es waren mehrere Damen. Sie hatten sich wie für ein Fest gekleidet und – wie damals üblich – mit höchster Sorgfalt ihre altmodischen Hüte aufgesetzt. »Das ist aber nett, dass ihr uns zum Nachmittagskaffee eingeladen habt. Wo habt ihr denn nur die Sachen herbekommen? Ach, wie lange haben wir keinen Kuchen mehr gegessen! Wir freuen uns wie die Kinder!«, tönte es. Eine dunkle Ahnung stieg in uns auf. Wir setzten uns still auf unsere Stühle. »Nein, nicht doch, das darf nicht sein!«, flüsterte Wolfram.

Da kam Gabi nach kurzem Anklopfen in unser Zimmer und fragte harmlos: »Na, ihr zwei, wo habt ihr denn den Kuchen hingestellt? Die Tanten sind zum Kaffee da.« Wolfram fragte mit bemerkenswert heiserer Stimme – ich war heilfroh, dass er die Initiative ergriffen hatte: »Wir? Welchen Kuchen denn?« Gabi erwiderte ahnungslos: »Na, den da auf dem Küchentisch, von dem ihr euch was nehmen solltet.« »Ach deeen meinst du«, stöhnte Wolfram gequält, und dann sagte er fast unhörbar: »Den, wenn du den meinst, ääh, ihr habt doch gesagt, ich meine, ääh, ja, den haben wir aufgegessen.« So leise er auch gesprochen hatte, Gabi hatte es gehört. Sie erstarrte zur Salzsäule. Ganz blass flüsterte sie: »Aufgegessen? Einfach so aufgegessen? Und was geb ich jetzt den Tanten? Nicht ein Stückel übrig?« Wolfram schüttelte betrübt den Kopf. Gabi verharrte noch einen Augenblick, dann sprang sie auf wie eine Gazelle, die von einem Raubtier verfolgt wird – ich nehme an, die Raubtiere waren wir –, rannte aus dem Zimmer und schrie dabei: »Das darf doch nicht wahr sein! Ihr blödsinnigen Vielfraße! Ich könnte euch …«

Ihre schwarzen Haare flogen empört zurück. Das stand ihr gut!

Wir schauten ihr fast bewundernd nach. Nun, »blödsinnige Vielfraße«, der Kraftausdruck war uns neu, aber wir konnten ihn nicht so recht genießen, die Situation war zu besch…

War das schlimm gewesen? Heute, im Zeitalter des Überflusses, würde man sagen: »lächerlich«. Damals aber war es wirklich schlimm, sehr schlimm. Die Tanten hatten sicher seit Monaten keinen Kuchen mehr gegessen. Sie hatten sich wie in besseren Zeiten »fein« gemacht für das große Ereignis, hatten ihre hymnischen Worte auf die auf dem Tisch erwartete Köstlichkeit schon vorformuliert – und sie hatten Hunger, einfach Hunger!

Die armen Tanten, so hörten wir später, zogen sich zwitschernd wie Kanarienvögel die Mäntel aus. Die Hüte behielten sie auf, wie es damals Sitte war – denn das Aufsetzen hatte sie viel Zeit gekostet –, und setzten sich an den leeren Tisch. Spätestens dann mussten sie es erfahren haben. Die Gesichter konnten wir leider nicht sehen. Wir haben auch nie gehört, was gesprochen wurde. Es war sicher besser so.

Wir verließen an diesem Sonntag unser Zimmer nicht und verzichteten ziemlich schuldbewusst auf das Abendbrot.

Der alte Herr Vogt hat am nächsten Tag gelacht, als er uns sah. Frau Vogt lachte nicht so deutlich. Gabi begrüßte uns herzhaft: »Na, ihr hemmungslosen Vielfraße? Ich hätte es mir denken sollen! Wenn man zwei jungen, hungrigen Wölfen etwas vorsetzt, muss man damit rechnen, dass sie alles auffressen. Den Tanten werdet ihr jedenfalls sicher unvergessen bleiben!« Davon waren auch wir überzeugt!

Dann kam Weihnachten. Traurig! Entsetzlich traurig!

Wolfram ging zu seinen Eltern in ein kleines Stübchen. Und ich, ja, wo war ich? Ich habe darüber nichts aufgeschrieben. Ich erinnere mich dunkel, dass alle Mitleid mit mir hatten und mir das auch liebevoll sagten. Dieses Fest, das die Kinder vor dem Weihnachtsbaum mit »Stille Nacht« und »Oh du fröhliche«, mit strahlenden Lichtern, mit Freude, Wärme und Herzlichkeit im Familienkreis verbringen! Stille Nacht, ja, still war sie. Und ich auch. Aber »Oh du fröhliche«? Nein, fröhlich war diese Nacht wahrlich nicht. Dieses Fest konnte ich nicht mit anderen zusammen feiern. Ich wollte allein sein, obwohl mich alle bedrängten, doch nicht »Trübsal zu blasen«. Dabei hatte ich das auch gar nicht vor. Ich wollte nur, zum Donnerwetter, in die stille Nacht hinausgehen und in die Sterne schauen, in die gleichen Sterne wie zu Hause!

Ich war schließlich kurz bei Gisela, ihrem Verlobten und ihrer wirklich lieben zukünftigen Schwiegermutter. Sie alle wollten es mir schön machen. Nein, sie taten es auch! Wirklich! Aber da gäbe es so viel zu sagen … Ich war eben nicht zu Hause, das erste Mal …

Gegen Mitternacht bin ich für ein paar Minuten nach draußen gegangen und wollte die Sterne sehen, wie ich es mir vorgenommen hatte. Aber da gab es keine! Dicke Wolken verdeckten sie und den Mond. Einige Schneeflocken fielen herab. Ich ließ sie mir in das Gesicht fallen und dachte an vergangene Wintertage.

Was meine Eltern gedacht haben mögen? Hanne war noch bei ihnen. Für sie war es das letzte Weihnachten zu Hause, das letzte mit ihren Eltern.

Die Leere

Ja, wie sollte es weitergehen? Die neuen Machthaber – Sowjets und Kommunisten – gaben uns nicht die nach der »Befreiung« versprochene Freiheit. Nein, sie schränkten sie weiterhin ein und überschütteten uns mit ähnlichen Sprüchen und Parolen wie die Nazis. Wir waren aber misstrauisch und glaubten dem Gerede nicht. Man wertete die ältere Generation ab, einschließlich der eigenen Eltern. Wir Jungen wollten Vorbilder, Ideale und neue Ziele. Aber man gab sie uns nicht. Oder besser gesagt, man präsentierte uns schon eine Menge, doch die konnten viele von uns (in unserer Schulklasse waren es alle!) nicht akzeptieren. Sie erschienen uns zu einseitig, übertrieben schöngefärbt und waren stets auf die »Partei« ausgerichtet. Alles war ihr untergeordnet. Es gab ein Lied: »Die Partei, die Partei, die hat immer Recht …« So war es nun. Keine Spur von freiheitlicher Demokratie! Und wir hatten diese Propaganda irgendwie zu verarbeiten. Es war eine harte Kost, die uns keine Energie gab, sondern an der wir uns rieben und die uns eher Energie raubte.

Die Seele war leer wie der Magen. Das war äußerst gefährlich! Da konnte man viel hineinschütten und verschütten! Manche liefen schließlich doch begeistert zu den neuen Machthabern über und versuchten uns mitzuziehen. Sie glaubten an das neue Heil mit der großen, immer wieder versprochenen Zukunft und versuchten, es auch uns zu verkünden.

Manche meiner Altersklasse dagegen gingen einen ganz anderen Weg. Sie nutzten die Unsicherheit der Zeit auf ihre Weise und wurden »Schieber« auf dem blühenden Schwarzmarkt. Eine höchst gefährliche Versuchung! Sie kauften und verkauften, was es sonst regulär nicht gab. Ich hörte von einem mir gut bekannten Grenzgänger, er hätte ein Kilo Speck an einen dieser Zwischenhändler für 100 Reichsmark verkauft, da er dringend Geld gebraucht hätte. Dieser hätte es dann für 250 Mark weiterverkauft. So wurden diese oft ziemlich jungen Schwarzmarkthändler über Nacht reich und unabhängig, wie sie meinten. Sie traten mit großem Imponiergehabe auf, rochen nach edlem Gesichtswasser, hatten Geld im Beutel, eine Zigarette im Mund und ein aufreizendes Mädchen an der Hand. In den späteren Zeiten gingen diese Leute meist unter.

Heute frage ich mich, wieso wir vor diesem Milieu bewahrt blieben. Schließlich waren wir und besonders ich stets in Geldnot, und nebenher regulär etwas zu verdienen, war kaum möglich. Da war die Verlockung also sicher ungeheuer groß, auf dem Schwarzmarkt die »schnelle Mark« zu machen, wie man heute sagen würde. War es ein guter Instinkt, das etwas abstoßende Benehmen der meist protzigen Schieber oder die elterliche Erziehung, die uns davor schützten? Vielleicht alles zusammen.

Außerdem kam wohl noch etwas hinzu. Uns war es ziemlich egal, wie die Welt um uns herum war: Die Schule schmeckte nicht, das Essen auch nicht, aber wir waren froh, wenn wir etwas zu essen hatten. Ablenkungen irgendwelcher Art gab es für uns nicht. Wir suchten sie auch nicht. Im Kino liefen nur russische Filme mit deutschen Untertiteln. Uns beherrschte ein Gedanke: Wir wollten nach Hause, Wolfram und ich! Wir sagten uns großsprecherisch: »Lieber zu Hause auf einem Misthaufen, als fern der Heimat in einem Schloss.« Nun, in einem Schloss wohnten wir zwar nicht gerade, aber der Vergleich schien uns zu passen. Zudem war der Spruch so schön markig. Im Grunde war es uns auch herzlich egal, ob wir mit ihm Zustimmung ernteten. Für uns war er wichtig, und deshalb gefiel er uns.

Vielleicht hat dieses Heimweh einfach alles beherrscht und uns deshalb davor bewahrt, in einen der Abgründe zu stürzen, die sich täglich neu auftaten. Wir wollten nicht viel, keine Zigaretten, keine Mädchen (na, das stimmte wohl nicht ganz), nur etwas mehr zu essen. Aber da war das eine große Verlangen: Wir wollten nach Hause!

Diese Sehnsucht nahm unsere ganze seelische Kraft in Anspruch, machte uns müde und lustlos, bis wir schließlich regelrecht abgekämpft waren. Irgendwann war da nur noch diese unglaubliche Antriebsschwäche.

Rilke sagt es in seinem »Cornett«:

»… Und der Mut war so müde geworden und die Sehnsucht so groß …«

Genau so war es. Müde und voll Sehnsucht waren wir. Und niemand verstand uns. Niemand konnte uns helfen. Aber irgendetwas musste geschehen, irgendetwas Bedeutsames musste uns, besonders mich, aus dieser Lethargie reißen! Mir wurde klar: Ich musste einmal nach Hause! Nach Hause und dort die übermächtige Sehnsucht entladen und neuen Mut auftanken!

Ja, das war es! Einmal nach Hause! Unsere Luft atmen! Die fremde Stadtluft hatte ich satt. Ich nahm daher Verbindung zu Grabowski auf und ließ meinen Eltern sagen, dass ich sie besuchen würde, nein, müsste, ich müsste einfach mal »rüber«! Prompt kam die erwartete, besorgte Antwort: »Nein, viel zu gefährlich! Nicht kommen!« Ich schüttelte den Kopf sozusagen über die Neiße hinweg und sagte Grabowski, dass er mir einen Vorschlag zum Grenzübergang machen solle. Der war gar nicht begeistert: »Du verfluchter Tyton (ein altes, herzhaftes oberschlesisches Schimpfwort), du kannst nicht Ja sagen, wenn die Eltern Nein sagen.«

Na, und ob ich das konnte! Ich hatte bisher meinen Eltern stets brav gefolgt. Doch nun war es wirklich genug! Ich sagte Grabowski: »Ich weiß, ich weiß, alle sind dagegen. Aber niemand wird mich davon abbringen. Auch Sie nicht! Sagen Sie mir einfach, wo und wann! Diskutieren ist sinnlos. Ich muss einmal nach Hause! Wenigstens für zwei Tage!« Er antwortete listig: »Ich kann nicht. Ich habe mehrere Wochen Nachtschicht. Das musst du doch verstehen!« Ich wusste, dass das nicht ganz stimmen konnte, und grinste genauso hinterhältig wie er: »Gut, dann gehe ich allein! Oder ich gehe mit irgendjemandem, den Sie gut genug kennen!« Er stöhnte, zwinkerte mir aber vergnügt zu: »Gut, gut, aus dir wird etwas werden, du elender Dickkopf, aber sage deinen Eltern, dass ich strikt dagegen war!« Wir lachten beide.

Vogts hörten irgendwie von meinem Vorhaben und rieten mir natürlich ebenfalls dringend ab. »Nur für zwei Tage, was soll 's«, sagte ich. Frau Vogt ging darauf gar nicht ein und sagte einfach. »Junge, lass doch den Unsinn! Du wirst doch deinen Eltern keinen Kummer machen wollen! Lass das! Hör auf uns und natürlich auf deine Eltern! Die würden uns Vorwürfe machen, wenn wir dich gehen ließen. Man soll schon auf seine Eltern hören. Stell dir vor, die schnappen dich oder du wirst angeschossen! Was dann? Dann kann dir niemand helfen! Sei doch ein bisschen vernünftig! Mein Gott, wenn was passiert!« Doch Gabi blieb auffallend still. Ob sie mich verstand? Papa Vogt meinte, er könne mich ja verstehen, aber ich solle mir doch mal überlegen, dass ich von zu Hause gar nichts hätte, da ich mich ja die ganze Zeit verstecken müsste. Ich solle mich doch lieber an das halten, was meine Eltern sagten.

Was konnte der schon wissen, was ich davon hätte? Ich blickte schweigend vor mich hin. Die hatten doch alle keine Ahnung! Er schaute mich lange an und sagte schließlich: »Aber du wirst auf niemanden hören! Ich sehe es dir an der Nasenspitze an. Mein Gott, Junge! Ja, die Jugend kennt keine Gefahren! Komm aber heil wieder! Und sei vorsichtig! Gott sei mit dir! Wir werden für dich beten.« Er sah mich plötzlich an wie ein Vater seinen Sohn. »Danke, Herr Vogt«, sagte ich. Ich musste einfach gehen!

Wolfram hatte zwar auch immer nach Hause gewollt, aber jetzt machte er plötzlich einen Rückzieher. »Was soll ich dort? Auf unserem Hof sollen inzwischen Polen wohnen. Ich würde heulend vor unserem

Hause stehen. Die würden mich gleich einlochen. Vor dem Haus stehen bleiben müssen? Nein! Und was soll ich bei deinen Eltern? Ich weiß, ich weiß, die würden nett zu mir sein, aber ich würde wieder heulen und an meine Eltern und an alles daheim denken. Und unsere Idee mit dem ›Lieber auf einem Misthaufen zu Hause …‹ ist ja Quatsch, alles Quatsch!« Seine Augen waren voll Tränen, er krampfte seine Hände um die Stuhllehne und fuhr leise fort: »Aber geh du nur! Geh du auf jeden Fall! Das ist mir wichtig! Ich weiß nicht, warum. Ob du nachts an unserem Hof vorbeigehen kannst? Ein bissel vorbeigehen? Ganz kurz? Vielleicht, ja vielleicht riechst du ein wenig nach Heimat, wenn du zurückkommst?! Ja, das ist es! Also komm um Gottes willen zurück! Hörst du? Du musst unbedingt zurückkommen! Und sag mir nicht, dass Puma tot ist!« Er drehte sich schnell um und rannte aus dem Zimmer. Ich blieb an unserem gemeinsamen Tisch sitzen und bemühte mich, meine Tränen zurückzuhalten. Verflucht!

Die Nacht kam. Ich ging.

Der Zug ratterte von Zittau nach Hirschfelde. Ein Arbeiter sah mich müde an: »Hast du Spätschicht? Aber die hat schon angefangen!« »Ja, ja, ich weiß, aber ich muss noch wohin«, murmelte ich und machte die Augen zu, damit er mich nicht noch weiter ausforschen konnte. Wem konnte man schon trauen?

»Hirschfelde, alles aussteigen«, rief jemand. Ich nahm meinen bis auf ein Handtuch und eine Unterhose leeren Rucksack. Warum und womit sollte er auch voll sein? Was hätte ich den Eltern bringen sollen? Außer Hunger und Heimweh hatte ich nichts!

Wir hatten uns in einer kleinen Nebenstraße in Hirschfelde verabredet. Wir würden dieses Mal durch die Neiße gehen. Der beliebte Übergang durch das »Werk« war zu gefährlich geworden. Man kannte nun inzwischen alle Verstecke. Grabowski hatte man einmal auf der deutschen Seite geschnappt und für zehn Tage ins Gefängnis gesteckt. Er hat mir nie genau erzählt, wie er es geschafft hat, so rasch wieder freizukommen. Anscheinend nur durch ein »Geschäft«, wie er zu Bestechung sagte. Mit Speck und ähnlichen Dingen ließ sich damals so manches drehen. Und Grabowski kannte alle Möglichkeiten und wusste sie zu nutzen.

Wir begrüßten uns flüchtig. Wir gingen los. Nach kurzer Zeit verließen wir die Straße und gingen über die Wiesen in Richtung Saupantsche. Der Schnee war schon seit einigen Wochen geschmolzen. Sonst hätten wir den Übergang wegen der Fußspuren natürlich nicht wagen können. Nach einer Dreiviertelstunde blieb er plötzlich stehen. Ich sah ihn erstaunt an.

Grabowski druckste ein wenig herum und sagte auf einmal: »Also, jetzt muss ich dir was sagen. Ich kann nicht mit. Ich bringe dich nur bis zur Neiße. Ich habe die Frühschicht übernehmen müssen. Willst du immer noch?« Ich sah ihn unsicher an. Der konnte mich doch nicht einfach sitzen lassen! Aber zurück konnte ich auch nicht mehr. Allein gehen? Verdammt, das war nicht üblich und höchst gefährlich. Nicht nur deswegen, weil man leichter geschnappt werden konnte. Man konnte sich ja auch einen Fuß verstauchen oder sonst irgendwie verletzten, dass man nicht mehr in der Lage wäre, weiterzugehen. »Aber scheißegal«, dachte ich, »ich werde gehen!« Vielleicht will er mich auch bloß von meinem Vorhaben abhalten. Zuzutrauen war ihm das schon, dem alten Gauner! Schließlich fühlte er sich meinen Eltern gegenüber verantwortlich. »Da würde er auch manchen Trick versuchen«, dachte ich und schaute ihn ein wenig prüfend an. Ich sah, wie er sein breites Gesicht zu einem Grinsen verzog: »Nein wirklich, ich vergackeier dich bestimmt nicht, ich kann nicht mit. Aber du Pierun! Ich weiß natürlich, dass du trotzdem willst ... Du bist einfach nicht mehr aufzuhalten! Also, steh 's halt durch! Ein Spaziergang wird's nicht gerade! Aber keine Angst! Ich lass dich schon nicht hängen, aber es geht eben nicht anders. Ich hab a bissel vorbereitet und geregelt. Wird schon schief gehen! Also! Jetzt hör zu!« Wir setzten uns auf einen Feldrand.

»Also, ich bringe dich zur Saupantsche«, begann er, »dort warten wir eine Weile, bis wir sicher sind, dass alles ruhig ist. Gut, dann alles ausziehen bis auf die Unterhose. Die Kleider stopfst du in deinen Rucksack. Im Wasser Acht geben, dass du nicht auf glitschigen Steinen ausrutschst! Wenn du ins Wasser fällst und die Kleider nass werden, musst du zurückkommen; denn du kannst nicht drei Stunden in nassen Sachen weitergehen. Das musst du mir versprechen! Vorsicht, wenn du auf der anderen Seite rausgehst! Ziehst dich am besten am Gebüsch hoch und bleibst zunächst darin liegen. Dann rumschauen, ob alles ruhig ist! Dann abtrocknen und frische Unterhose anziehen. Du hast doch alles mit? Ich hab dir zur Sicherheit ein Handtuch mitgebracht.« Er grinste wieder. »Danke, Mutter«, sagte ich, »fast zu fürsorglich, aber ich habe alles mit. Ja, und dann?« »Gut«, fuhr er fort, »dann kriechst du den Abhang hoch, bleibst oben liegen und rührst dich nicht. Auf dem Feldweg wird dann ein polnischer Soldat kommen.«

»Oh wie fein! Soll ich dem guten Tag sagen?«, fragte ich, und wir gingen langsam weiter. »Mensch, quatsch nicht so nen Blödsinn«, brummte er unwillig. »Der wird dort hin und her gehen und so tun, als würde er etwas suchen. Dann wird er rufen: ›Halt, was ist los? Stehen bleiben!‹ Du verstehst das auf Polnisch?« Ich nickte. Er ruft das, falls zufällig ein anderer Soldat in der Nähe sein sollte. Der würde natürlich darauf reagieren. Wenn alles sicher ist und nichts passiert, ruft er: ›Werner, Werner!‹ Dann kannst du herauskommen; denn den Namen Werner kennen die Polen nicht. Sie können ihn auch nicht übersetzen. Den kann daher nur ›mein‹ Pole rufen. Er geht dann mit dir bis nach Seitendorf. Den Rest musst du allein laufen, aber du kennst dich dort ja bestens aus. Einverstanden?« Ich nickte.

Na, das würde vielleicht doch spannender, als ich es erwartet hatte. Er sah mich forschend an: »Traust du dir das zu? Ich werde zwei Nächte später kommen und dich wieder abholen. Das wär 's. Also, mach 's gut. Hals- und Beinbruch! Gruß an deine Eltern. Ich bleibe noch ein paar Minuten hier sitzen. Und jetzt hau ab. Es ist alles ruhig. Da unten ist die Neiße.« Er lachte lautlos, klopfte mir auf die Schultern und gab mir einen kräftigen Schubs.

Ja, da unten war die Neiße.

Später, nach der »Wende«, habe ich sie (und insbesondere diese Stelle) noch einmal besucht. Da erschien mir der Fluss mit den überhängenden Ufergebüschen nicht sonderlich breit und tief, sogar freundlich und etwas verträumt, ein Fluss, an dem man sitzen und dem leisen Geflüster der Strömung lauschen kann.

Damals aber, als ich hindurch sollte, wirkte er unheimlich breit und wild, schwarz im Dunkel der Nacht. Sollte ich wirklich durch dieses bedrohliche Ungetüm waten, ganz allein? Wenn ich ausrutschen oder stürzen würde, dann würde sich niemand um mich kümmern, und ich durfte nicht einmal schreien. Was war denn jetzt größer, mein Heimweh oder meine Angst? »Du Feigling, du Schwächling«, sagte ich mir mehrmals, gab mir einen Ruck und stieg den kleinen Uferhang hinab, immer sorgfältig nach allen Seiten schauend. Ich sah nichts Verdächtiges.

Am Ufer angekommen, kroch ich hinter ein Gebüsch und beobachtete im spärlichen Mondlicht einige Minuten lang die andere Seite. Alles war ruhig und unauffällig. Ich zog mich bis auf die Unterhose aus, verstaute alles im Rucksack, und dann ging es hinein. Verflucht, war das Wasser kalt! Natürlich, es war Ende Februar! Welcher normale Mensch ging da in einen Fluss?! Aber waren wir normal? War die Welt normal?

Die Füße tasteten über glitschige, schmerzhaft scharfkantige Steine. Die Augen waren gebannt auf die andere Seite gerichtet. Die Kälte spürte ich bald nicht mehr. Ich bin heute merkwürdigerweise ein kälteempfindlicher Mensch geworden und friere geradezu bei dem Gedanken an die eiskalte Neiße. Aber damals war alles in und an mir gespannt, jeder Muskel, jeder Gedanke! Da verschwand jedes Kältegefühl! Aber alle

Sinne suchten nach etwas Fremdem, vielleicht auch Unheimlichem.

Da! Was war das? Irgendetwas berührte mich ruckartig am Gesäß. Was war das? Ich unterdrückte mit Mühe einen Schrei. »Schnauze halten«, dachte ich, blieb stehen und drehte mich vorsichtig um. Ein halb verfaulter Holzbalken war an mich gestoßen. Darauf saß eine Kröte und schaute mich aus ihren Glubschaugen hämisch an. So ein Quatsch! Ja, wenn man allein durch die Nacht geht, ist viel Platz für die Fantasie! Nichts saß auf dem Holzstück! Meine überreizten Sinne hatten mir im Dunkeln etwas vorgegaukelt! Kindische Schreckhaftigkeit! Weiter!

Am anderen Ufer verkroch ich mich wieder in einem Gesträuch und trocknete mich notdürftig ab. Nach dem Anziehen ging ich in die Hocke, klammerte die Arme um die Unterschenkel und spannte alle Muskeln mehrmals für zehn Sekunden an. Anschließend machte ich ebenfalls lautlos 30 Liegestütze. Das hatte mir Grabowski geraten. So sollte ich wieder warm werden, ohne ein Geräusch zu verursachen; denn alle anderen Methoden wie Warmlaufen oder auf die Schenkel klopfen waren natürlich zu laut.

Anschließend blieb ich regungslos liegen und lauschte in die Nacht. Nichts rührte sich. Nach etwa einer halben Stunde begann ich zu frieren. Ich machte daher erneut meine Aufwärmübungen. Dann wieder ruhig liegen! Wie lange sollte das so noch gehen?

Plötzlich hörte ich knirschende Geräusche auf dem Kiesweg am Ufer. In meiner Nähe blieb ein Soldat stehen. Herrgott, war das der richtige? Er stand ganz ruhig und schaute auf den Fluss. Dann drehte er sich plötzlich um und brüllte auf Polnisch: »Halt! Stehen bleiben!« Alles blieb still, ich auch. Ich wagte kaum zu atmen. Nach wenigen Minuten sagte er leise: »Werner? Werner?« Gott sei Dank! Das war das Stichwort! Das war mein Mann! Ich stand lautlos auf.

Er sah mich nun und schlenderte langsam auf mich zu. Dann flüsterte er in einem Gemisch aus Polnisch und Deutsch: »Mutti nicht wollen, dass du kommen. Haben viel Angst. Du gehen besser wieder zurück!« Ich nickte: »Ich weiß. Aber das macht nichts. Gehen wir also!« Er grinste, und wir stiegen den Uferhang hinauf. Oben zog er zu meinem Erstaunen ein Fahrrad aus dem Gebüsch. Wir gingen wortlos weiter bis zu einem Feldweg. Er sah mein verdutztes Gesicht und lachte lautlos. »Setzen dich auf Querstange!«, sagte er leise. Ich setzte mich, und wir fuhren los. Er bog in die Landstraße ein. »Ist der Kerl wahnsinnig?«, dachte ich. Hier waren wir geradezu auf dem Präsentierteller! Hier konnte uns jeder sehen! Hier konnten wir einer Streife begegnen! Kurz vor dem ersten Dorf sagte er: »Klingeln!«

Entweder ist er jetzt übergeschnappt, oder ich verstehe ihn falsch, schoss es mir durch den Kopf. Ich klingelte also nicht und flüsterte mit meinem schwachen Polnisch: »Das ist doch Unsinn. Wir sollten auch wieder auf den Feldweg zurück!«

Er knurrte unwillig: »Klingeln, habe ich gesagt! Dauernd klingeln!« Er lachte wieder eigenartig lautlos und sagte ohne Rücksicht auf meine Sprachkenntnisse: »Du dummer Kerl! Du denken, wenn wir klingeln, werden uns alle bemerken. Natürlich werden sie das. Das sollen sie sogar. Glaubst du, dass man jemanden, der nachts laut klingelnd durch das Dorf fährt, glaubst du, dass man den für einen Grenzgänger hält? Ein Grenzgänger ist so leise wie möglich und benutzt keine Straße, denken die Soldaten. Zwei nachts auf einem Fahrrad, die noch dazu dauernd klingeln, die sind besoffen, die lässt man in Ruhe, über die lacht man höchstens.«

Verrückte Idee mit einer verblüffenden Logik! »Vielleicht haben Sie wirklich Recht, aber der Teufel soll Sie holen, wenn nicht«, sagte ich langsam.

Ich klingelte also wie besessen. Er schaute mich vergnügt an und begann zu singen. Ich traute meinen Ohren nicht. Er sang lauthals die polnische Nationalhymne. »Jeszcze Polska nie zginela … Noch ist Polen nicht verloren …« »Sing mit«, befahl er. Wir sangen beide nicht schön, aber dafür laut. Da ging auch schon ein Fenster auf. Eine Frauenstimme keifte auf Polnisch: »Bist du schon wieder besoffen? Hör auf mit deiner blöden Singerei und Klingelei, geh schlafen!«

»Siehst du«, murmelte er triumphierend. Ja, seine Rechnung ging auf! Wir fuhren klingelnd und singend weiter und kamen so viel schneller voran als zu Fuß. Kurz vor dem Ende von Seitendorf hielt er an. »Jetzt du allein weiter. Ich hier wohnen«, sagte er. »Wenn man mich nachts hier sehen, dann jeder sagen, der kommen vom Dienst an Grenze. Im nächsten Dorf das nicht gehen, da Leute wissen, dass ich dort nicht wohnen. Gehen also allein weiter, du kennen die Wege. Straße natürlich nicht gutt!« Wir stiegen vom Fahrrad. Sein Deutsch hatte ihn wohl zu sehr angestrengt, jedenfalls sprach er weiter auf Polnisch: »Wenn dich jemand anspricht, dann spiele den Besoffenen, der nicht mehr richtig sprechen kann. Immerhin sprichst du einigermaßen Polnisch, wie ich gemerkt habe, nicht sehr gut, aber für einen Besoffenen reicht es. Aber deine Aussprache ist für einen Deutschen sehr gut, so gut«, er grinste, »wie wenn du einmal die Zunge einer Polin in deinem Mund gehabt hättest!« Mir fiel Wioletta ein, und ich schüttelte unwillig den Kopf: »Nein, habe ich nicht!« Seine Bemerkung passte einfach nicht zu der zarten und harmlosen, aber doch so schönen Romanze des letzten Sommers. Er lachte und klopfte mir auf die Schulter: »Ja, ja, gut, gut, jetzt geh los! Die Nacht ist kurz. Grüße die Eltern!«

»Vielen Dank«, sagte ich, drehte mich um und schlüpfte in die tiefdunkle Nacht. Jetzt kam es wieder auf Geräuschlosigkeit und Nicht-gesehen-Werden an! Also leise gehen, in der Nähe von Büschen und Bäumen bleiben!

Ich musste noch an einigen größeren Häusern vorbei, um auf die Felder und zum Wald zu gelangen. Als ich auf der Höhe des letzten war, flog die Haustür auf, und eine heisere Stimme brüllte: »Stoj, stoj, bleib stehen, du verfluchtes Deutscher, stoooj!« Mir rutschte das Herz mindestens bis in die Hose! Ich ließ mich ohne Überlegung wie ein Stein zu Boden fallen und rührte mich nicht. Oh, nur zehn Meter neben der Tür! Ich verbarg mein Gesicht in den Armen und schielte am Ellenbogen vorbei auf die offene Tür. Da stolperte ein Soldat heraus, die Mütze im Nacken, in einer Hand das Gewehr, in der anderen eine Flasche. Er gurgelte einige unverständliche Worte heraus, sah aber glücklicherweise nicht in meine Richtung. Dann feuerte er einige Schüsse in die Luft, lachte schallend und brüllte erneut: »Stoj, halt, stoooojjj!« Dabei drehte er sich langsam im Kreise.

»Mein Pole« hatte diesen Auftritt seines stark betrunkenen Kameraden noch bemerkt und schrie von weitem: »Sei still! Geh ins Haus! Du bist besoffen! Da ist kein Deutscher!« Der Kamerad schimpfte etwas dagegen, drehte sich noch ein paar Mal hin und her und wankte schließlich in das Haus zurück.

Buuh! Das war knapp gewesen! Wenn der weiter herausgekommen wäre, hätte er fast über mich stolpern müssen! Und ein betrunkener Pole war vielleicht gefährlicher als ein nüchterner! Besser nicht darüber nachdenken! Hauptsache, es war noch einmal gut gegangen. Weiter! Ich atmete tief durch, drückte mich vorsichtig an einigen Büschen entlang und rannte dann auf einem Feldweg weiter.

Ich ging nun durch eine mir vertraute Gegend, aber in der Nacht wirkte sie fremd, fast feindlich. Ich erschrak bei diesem Gedanken. War das die Heimat, farblos und grau, die ich bunt bei Sonne und Regen kannte, aber eben nicht bei Nacht? Ich musste Acht geben, dass ich mich nicht verlief, denn ich musste ja die Straßen vermeiden. Schließlich hatte ich das Ende von Seitendorf erreicht. Ich blieb kurz stehen und schaute vom Sandberg nach Dornhennersdorf hinunter. Mein Dorf! Ich sagte es leise vor mich hin: »Mein Dorf!«

Alles dunkel. Keine Straßenlaterne. Das war nichts Besonderes; denn die Laternen funktionierten seit der Ausweisung nicht mehr. Ein Vorteil für die Grenzgänger! Trotzdem, es wirkte wie ausgestorben. Blödes Gefühl!

Ich ging in großem Abstand an den Häusern und Gehöften vorbei und bog dann in der Höhe vom Altmannbauer ein. Da war die alte Jauchegrube. Vor Jahren war ich da einmal hineingefallen. Natürlich am Sonntag, natürlich im feinen Samtanzug! Ich hätte mich nach dem Kirchgang umziehen sollen. Hatte ich aber nicht! Was musste ich auch so einen blöden Samtanzug tragen! Nur damit ich ein »feiner« Junge war! Immerhin war es keiner der damals so beliebten, schrecklichen Matrosenanzüge! Die Nachbarsjungen standen fassungslos am Rand der Grube und halfen mir recht und schlecht, wieder hinauszuklettern. Wir müssen fürchterlich gestunken haben, aber da wir alle stanken, merkten wir das nicht. Und der Samtanzug, nun, der war jetzt ein trauriges Gebilde. Ich rannte, ein schleimiges Rinnsal hinter mir lassend, nach Hause und wollte mich unbemerkt umziehen. Das gelang mir aber nicht. Meine Mutter hatte mich kommen sehen. Sie riss die Haustür auf: »Raus, stell dich vor die Tür! Du Ferkel! Du stinkst drei Meilen gegen den Wind!« Sie krempelte ihre Ärmel hoch und zog mich erbarmungslos ins Freie! Ihre dunklen Augen glühten wie Kohlen, und sie stellte die berühmte alte Frage: »Warum, warum hast du nicht …« Dass Eltern immer »warum« fragen müssen, wenn man eine Dummheit gemacht hat! Man weiß ja doch keine Antwort.

Als sie mich dann aber so jämmerlich nackt und frierend vor sich stehen sah, da begann sie plötzlich herzhaft zu lachen: »Schade, dass wir keinen Fotoapparat zur Hand haben (wir hatten einen, aber den durfte nur Vater bedienen!), das Bild würde ich deiner Braut zur Hochzeit schenken.«

Doch nun lag der »feine« Junge im Gras und schaute angestrengt in Richtung des Elternhauses; denn vor dem Gartenzaun stand jemand! Ich dachte nicht mehr an den Samtanzug. Was jetzt? Im Dunkeln konnte ich nichts Genaues erkennen. Aber merkwürdig, dieser Jemand hatte anscheinend weiße Hosen an! Wer tut denn so etwas? Jemand in langen Unterhosen? Durchaus möglich!

Die Gestalt blieb regungslos stehen. Beobachtete sie mich? Sollte kurz vor unserem Hause die Sache schief gehen? Ich weiß nicht, wie lange ich dort so gelegen habe. In solchen Momenten gehen einem die merkwürdigsten Dinge durch den Kopf. Ich hatte einmal ein arabisches Sprichwort gelesen, das mir jetzt einfiel:

»Der Fuß des Heimkehrenden strauchelt am leichtesten an der heimatlichen Schwelle.«

Da schien etwas dran zu sein! Verflucht noch einmal, man würde mich doch nicht kurz vor unserem Haus erwischen!?

Plötzlich bewegte sich die Gestalt, drehte sich langsam um und machte schließlich ein wenig unwillig: »Muuuuh!«

So etwas Lächerliches! Ich hatte wegen einer Kuh mit weißen Vorderbeinen angstvoll im Gras gelegen! Das konnte man niemandem erzählen! Na ja, es war eben sehr dunkel gewesen!

Jetzt aber los! Doch vor unserem Haus blieb ich noch einmal stehen. Hier war ich zu Hause. Aber mein Zuhause hatte ich noch nie so bei Nacht gesehen. Fahl erschien es mir im schwachen Mondlicht und, ja, und jetzt auch ein wenig fremd! Ich hätte jetzt gern ein voll erleuchtetes Haus gesehen mit breiten, gelben Lichtstrahlen aus jedem Fenster, wie man es zuweilen zu Weihnachten sieht. Kein Licht war im Haus zu sehen. Gut, es war schließlich nach Mitternacht! Doch das Licht, das Wärme ausstrahlte, die geheimnisvolle Wärme der Kindheit, das gehörte einfach dazu. Und jetzt fehlte es. Wurde mir die Heimat ein ganz klein wenig fremd?

»So ein Quatsch«, sagte ich mir, »in der Nacht ist eben alles fahl und grau, und ich bin wohl nur zu müde!« Ich schlich an die Haustür und klingelte und klingelte wieder. Nichts rührte sich. Waren meine Eltern in der Zwischenzeit etwa schon ausgewiesen worden? Aber »mein Pole« hatte doch offensichtlich noch vor kurzem mit Mutter gesprochen. »Mutti will nicht«, hatte er doch gesagt. Oder?

Ich klingelte fortlaufend und donnerte schließlich mit der Faust an die Tür. Es musste doch jemand da sein! Da! Endlich öffnete sich ein Fenster, und mein Vater rief auf Polnisch: »Was soll der Krach? Was ist denn los?« Dann tat er so, als stünde ein Patient vor der Tür: »Geht es Ihnen nicht gut? Haben Sie Schmerzen?« Ich antwortete mit mühsam unterdrückter Stimme: »Nie, nie, jestem, jestem, nein, nein, ich bin 's, ich bin 's.« Da rief er verwundert, aber vorsichtig: »Nje mozno, momentschyk, nicht möglich, Augenblick.« Er riss die Tür kurz auf, zog mich blitzschnell hinein und sagte dann fassungslos: »Unser Sohn!« Dann rief er laut: »Kläre, Kläre, komm schnell! Du wirst es nicht glauben, wer da ist!«

Hinter ihm stand plötzlich wie aus dem Boden gewachsen meine Mutter. Wir weinten und lachten und hielten einander an den Händen wie Kinder, die

Ringelreihen spielen. Dann schien sich Mutter zu besinnen: »Junge, bist du verrückt geworden? Wir haben dir doch ausrichten lassen, dass du nicht kommen sollst. Es ist doch viel zu gefährlich!« Aber sie fügte kopfschüttelnd hinzu: »Aber du bist da! Du bist da! Wie schön! Ende gut, alles gut!« Und sie merkte nicht, wie ich bei dem Wort Ende zusammenzuckte.

Der elektrische Strom war mal wieder ausgefallen. So saßen wir bei Kerzenschein einige Augenblicke stumm im Wohnzimmer und sahen uns nur an. Dann sagte meine Mutter: »Mein Gott, Junge, siehst du schlecht aus! Eingefallene Backen! Blass bist du! Abgenommen hast du! Herrje! Hast du gehungert? Natürlich hast du gehungert! Hugo, unser Junge hat gehungert! Sieh ihn dir nur an!« Sie sprang auf: »Ich mach dir schleunigst was zu essen!«

Und sie tafelte auf, was sie hatte und was wir in Zittau nicht hatten! Brot, Schinken, Speck, Krakauer und noch mehr! »So, und jetzt iss, bis du nicht mehr kannst, und dann erzähl!«, rief sie. Und ich aß, und wie! Jetzt würde ich derartige Mengen nicht einmal mehr annähernd vertilgen können! Aber ich war jung und hungrig wie ein Wolf. Danach ein großes Glas Milch! Mir war egal, ob das zusammenpasste oder nicht. Mein Gott, wie lange hatte ich keine Milch mehr getrunken! Ach, und wie viel davon hatte ich noch vor einigen Monaten auf die Wiese geschüttet!

Schließlich war ich satt wie ein Nilpferd. Mutter strahlte zufrieden: »Und nun sag, wie ist es dir ergangen?« Inzwischen war Hanne aufgewacht. Sie kam Juhuschreiend die Treppe heruntergerannt. Wir begrüßten uns herzlich. »Mein Kleiner, mein Kleiner«, murmelte sie. Ich richtete mich voll auf und lachte: »Denkste! Der Kleine ist jetzt aber größer als du!« Sie sah mich erstaunt an: »Tatsächlich! Du bist doll gewachsen!« Sie drehte sich um und rief betroffen: »Mutti, der Kerl ist jetzt größer als ich! Das darf doch nicht wahr sein! Na ja, aber nur körperlich größer! Also los, erzähl!«

Ja, was sollte ich sagen? Ich war hundemüde, aber doch aufgeputscht. Also erzählte ich. Alles durcheinander, wie es mir gerade einfiel, auch die Geschichte mit dem Kuchen. Meine Eltern fanden sie köstlich. Das Heimweh verschwieg ich. Wozu wäre das auch gut gewesen? Sie wussten es ohnehin.

Und natürlich wollten sie alles über Gisela wissen, den Ablauf der Typhuserkrankung, wie sie sich jetzt fühle, wie sie aussehe, was ihr Freund für ein Typ sei, ob es etwas »Ernstes« sei, welche Pläne sie jetzt habe. Und ich war doch so müde! Aber meine Mutter konnte gar nicht genug hören. »Junge, lass dir nicht jedes Wort aus der Nase ziehen«, versuchte sie mich zu ermuntern.

Plötzlich sagte Vater: »Ach du ahnst es nicht! Es fängt schon an, hell zu werden! Gehen wir schnell schlafen! Junge, du schläfst so lange, wie du Lust hast! Wir werden leise sein. Wann musst du denn wieder zurück?« Das war sie, die ans Herz gehende Frage, die Frage nach dem Zurück. Es war ja schon Samstagmorgen.

»Sonntagabend holt mich Grabowski«, sagte ich leise. Wir standen wortlos auf und gingen zu Bett. Ich in mein Bett! Wundervoll, in mein Bett! Was für ein Gefühl! Ich schlief sofort ein. Kein Traum. Für mich gab es nur den einen, Wirklichkeit gewordenen Traum: Ich war zu Hause!

Am späten Vormittag wachte ich auf. Ich schaute vorsichtig zum Fenster hinaus. Ein etwas trüber Februartag, aber da war alles noch da! Die Dorfstraße, der Garten mit den Pappeln, der Wald. Aber da durfte ich nicht hinaus. Auf der Straße durfte ich nicht gehen; denn man sollte nicht merken, dass ich gekommen war. Ich war ein Grenzgänger! Man wusste nicht, wie die polnischen Behörden reagieren würden. Manchen Grenzgängern hatte man schon Spionage vorgeworfen. Gefängnis gab es auf jeden Fall. Ja, und auf ein Verhör und einen Keller hatte ich wahrlich keinen Appetit!

Mich beschlich wieder ein merkwürdiges Gefühl. Nahm man mir die Heimat langsam weg? Begann ich die Heimat ganz allmählich zu verlieren? War es so weit? Blödes Gefühl! Ach Quatsch!

Mutter wartete schon mit gedecktem Tisch auf mich. »Es gibt zwar bald Mittagessen, aber Vati ist noch unterwegs. Außerdem, du kannst vorher noch etwas vertragen! Iss nur! Du siehst jetzt schon viel besser aus. Ach, wenn ich dich nur ein paar Tage noch auffüttern könnte!« Sie hatte das so genannte »gute« Geschirr aufgedeckt, das sonst nur an Feiertagen benutzt wurde. Wir hatten es erfolgreich vor den Russen versteckt. Als sie mein erstauntes Gesicht sah, nickte sie mir zu: »Ja, mein Junge, wir essen jetzt nur noch so, wer weiß, wie lange noch ... Vielleicht haben wir viel zu selten davon gegessen!« Sie legte mir die Hand auf die Schulter: »Und wenn etwas kaputtgeht, jammern wir nicht mehr wie früher. Und wenn wir weg müssen, werde ich es zerschlagen. Daraus soll dann niemand mehr essen oder trinken!«, fügte sie hart hinzu.

Ich aß wieder mit großem Appetit, was natürlich jede Mutter freut. Noch kauend sagte ich so nebenbei: »Ich muss mal bei Müllers in Seitendorf vorbeischauen, wie da alles so aussieht.« Meine Mutter zuckte zusammen: »Du bist wohl ganz meschugge! Du kannst dich doch nicht draußen zeigen. Vati hat mir extra gesagt, dass du auf keinen Fall rausgehen sollst. Sei doch vernünftig!« Ja, das war das Problem. »Ich werde über die Felder gehen. Außerdem kennt mich in Seitendorf kein Pole. Aber ich muss gehen. Ich habe es Wolfram versprochen. Du musst das verstehen. Für den bricht eine Welt zusammen, wenn ich ihm nichts von seinem Elternhaus sagen kann«, antwortete ich und sah meine Mutter ruhig an. Sie bekam einen roten Kopf: »Junge, mach mir keinen Kummer! In dem Haus wohnen Polen. Die lassen dich nicht hinein! Und wenn die erfahren, wer du bist …!«

»Ich will gar nicht hineingehen. Ich will Wolfram nur sagen können: Dein altes Elternhaus ist noch da, auf dem Hof rennen noch einige Hühner herum, die Bäume haben wie üblich das Laub verloren, die Wiesen und Felder sind abgeerntet, aber alles riecht noch nach Heimat. Vielleicht kann ich etwas über Puma, dieses wilde Vieh, erfahren. Er liebt ihn halt.« Sie sah, dass meine Augen feucht geworden waren, und sagte erschrocken: »Ist es so schlimm mit Wolfram?« Ich nickte: »Ja, so schlimm!« Sie ging wortlos in die Küche.

Nach einer Weile kam sie wieder: »Willst du nicht noch mit Vati darüber reden?« Ich schüttelte den

Kopf: »Am besten gehe ich gleich, ich werde mich beeilen, dann bin ich in ein bis zwei Stunden wieder zurück und kann mit euch zu Mittag essen.« Sie hob die Hände: »Junge, es ist zu gefährlich! Geh nicht! Ich weiß, heutzutage ist fast alles gefährlich! Aber trotzdem, ich bitte dich: Geh nicht!« Sie sah mich sorgenvoll an: »Ja, du hast inzwischen gelernt, allein zu entscheiden. Ich weiß, du wirst gehen.« Sie strich mir über den Kopf, und ich ging.

Natürlich ging ich keine Straße, sondern über Feldwege und Wiesen. Um diese Jahreszeit arbeitete niemand da draußen, also kam ich ungesehen bis zu Müllers Hof.

Da saß ein Pole auf der Bank. Ich musste an ihm vorbei. Ich ging daher direkt zu ihm und fragte ihn, ob Wladek da sei. Natürlich gab es keinen Wladek, aber ich wollte etwas Unverfängliches sagen, und für einen Smalltalk reichte mein Polnisch sicher aus. Er schüttelte den Kopf, hier gäbe es keinen Wladek. Ich tat erstaunt und sagte: »Ich dachte, der wohnt in dem Haus«, und deutete auf Müllers Anwesen. »Da wohne ich jetzt«, sagte er etwas unwillig.

Ich entschuldigte mich und sagte: »Na, dann geh ich ins Dorf. Ich werde ihn schon finden.« Ich latschte gemütlich mit möglichst uninteressiertem Gesicht durch den Hof auf die Dorfstraße zu. Dabei konnte ich alles wenigstens kurz betrachten. Die Pferdestalltür stand offen. Es waren einige Pferde zu sehen. Auf dem Misthaufen war frischer Kuhmist. Also mussten auch einige Kühe da sein und gepflegt werden. Ich hörte ein paar Hühner gackern. Auch der Hof und das Wohnhaus wirkten sauber. Ein paar Kinder spielten Ball im

Garten. Wolfram konnte zufrieden sein. Haus und Hof lebten noch.

Aber wo war Puma? Der Zwinger neben dem Wohnhaus war leer!

Da lief eines der Kinder über den Hof. Ich fragte: »Wo ist denn euer großer Hund? Ich habe Angst. Läuft er frei herum?« Das Kind sah mich erstaunt an: »Hund? Was für ein Hund? Ach so, das große, böse Vieh, der weiße Wolf?! Wenn du den meinst! Ja, ach den, ja, den hat Papa schon lange weggejagt!« »Oh! Weggejagt?«, fragte ich. »Der wollte alle beißen. Da hat Papa geschossen. Und da ist er über den Zaun gesprungen und weggerannt! Er hatte natürlich Angst vor meinem Papa«, sagte das Kind mit wichtiger Miene.

Sie hatten ihn also nicht erschossen. Aber wo war er? Vertrieben wie sein Freund Wolfram! Nun, dieses starke Tier würde im Wald überleben können. Jedenfalls konnte ich Wolfram etwas erzählen. Ich ging durch die Hofausfahrt und machte mich auf den Nachhauseweg, natürlich wieder über die Felder. Es war schön, bei Tag noch einmal die Wiesen und Felder zu sehen! Das hatte ich mir so gewünscht! Ich setzte mich auf einen großen Stein und genoss den für mich so herrlichen Anblick. Ich genoss ihn weit mehr als früher.

Ich entdeckte die Wiesen und Felder geradezu neu und tastete sie liebevoll mit meinen Blicken ab. Und dahinter sah ich den Wald, meinen Wald! Darüber den Himmel meiner Heimat! Meinen Himmel über meiner Heimat! Es fiel mir schwer, mich von dem Anblick loszureißen. Noch ein letzter langer Blick, ein tiefer

Atemzug! Aber dann rannte ich weiter. Meine Mutter würde schon angstvoll warten!

Jetzt sah ich unser Haus von hinten wieder bei Tage. Das hatte ich mir so gewünscht! Der alte, vertraute Anblick! Das tat gut! Aber ich konnte nicht unbekümmert wie früher in das Haus hineingehen! Einfach so? Nein! Man durfte mich ja nicht sehen, auch nicht der Heidrichbauer! Der würde mich natürlich nicht anzeigen, klar, aber er konnte mich aus Versehen verraten! Wie lautete die alte Regel der Oppositionellen in der Nazi-Zeit? »Es ist nicht gut, viel zu wissen, wenn man gefragt wird!« Also schlich ich ungewohnt und ganz vorsichtig geduckt hinter dem Steingarten, zwischen den Haselnuss- und Himbeersträuchern zum hinteren Hauseingang. Ich fühlte mich dabei wie fremd. »Wie ein Dieb«, dachte ich. Ach, das war alles nicht mehr wie früher! Aber immerhin war das mein Zuhause! Wie lange noch? Und war es das noch im echten Sinne? Gehörte ich da noch hin? Natürlich! Blödsinniger Gedanke! Oder?

Mutter war heilfroh, dass ich wieder da war. Vater war inzwischen gekommen und sah mich missbilligend an: »Junge, Junge! War das denn wirklich nötig, so ein Risiko einzugehen?« »Weiß Gott! Das war nötig«, sagte ich grimmig. »Da ist nichts dagegen zu sagen. Vielleicht könnt ihr manche Dinge von eurer Warte aus nicht verstehen!«, fügte ich hinzu, ohne dabei die kleine Respektlosigkeit zu bemerken. So eine Antwort den Eltern gegenüber war damals nicht üblich. Aber ich hatte mich meinen Eltern schon ein bisschen entwöhnt. Vater warf mir daher einen etwas unwirschen Blick zu: »Na, Junge!« Dann schaute er zum

Fenster hinaus: »Ja, du lebst in einer anderen Welt, ohne Eltern … Du entwickelst dich wie ein junger Baum, den niemand sachkundig beschneidet. Das werden wir wohl erst lernen und verstehen müssen.« Und er zitierte mit leicht gerunzelter Stirn aus Schillers Wallenstein:

»Leichtfertig ist die Jugend mit dem Wort, das schwer sich handhabt wie des Messers Schneide …« Dann lachte er. »Aber lassen wir das! So war ich auch!«

An dieses Zitat habe ich später manchmal bei der Erziehung meiner Kinder denken müssen.

Wir aßen zu Mittag und plauderten dabei wie früher. Nach dem Essen ging Mutter mit mir in mein Zimmer, um zu überlegen, welche Kleidungsstücke ich mitnehmen sollte. Dabei sagte sie fast belanglos: »Hoffentlich willst du heute nicht noch jemanden besuchen!?« Ich schaute sie ein wenig unsicher an: »An wen denkst du da? Denkst du an jemand Bestimmtes?« Sie nickte und sah mich an, wie nur Mütter ihren heranwachsenden Sohn ansehen können, wenn sie spüren, wenn sich so etwas wie Liebe in ihm zu regen beginnt. Sie lächelte: »Wioletta war hier!« Ich zuckte zusammen: »Wioletta?« Sie nickte wieder: »Ein hübsches und nettes Mädchen. Sie hat mir gefallen«, sie lachte, »dir sicher auch!?« Ja, das hatte sie. Ich sah es vor mir, das unkomplizierte, frische Mädchen mit seiner natürlichen Heiterkeit und den schwarzen Augen.

Ich schwieg beharrlich. Also sprach Mutter weiter: »Sie ist leider nicht mehr da. Sie kam ganz unbefangen zu uns und erzählte, dass sie auf die höhere Schule nach Breslau müsse. Ihr Vater bekäme dort eine Stelle.

Sie würde mit ihren Eltern dahin übersiedeln und würde dir gern schreiben. Du würdest dich sicher darüber freuen.« Ich war einerseits durch diese Nachricht betroffen, Wioletta war weg, andererseits aber war ich froh darüber, dass Wioletta an mich gedacht hatte. Und dass sie den Mut hatte, zu meinen Eltern zu gehen und nach meiner Adresse zu fragen! Ich hätte mich das nie getraut!

Wioletta war also nicht mehr da. Ich brauchte einige Augenblicke, um das ganz zu verdauen. Natürlich hätte ich sie gern wiedergesehen. Das wäre zwar schwierig gewesen, aber trotzdem! Das war jetzt vorbei. Vorbei! »Verflucht noch einmal! Dauernd ist etwas vorbei!«, murmelte ich vor mich hin. Meine Mutter hatte es trotzdem gehört. »Daran musst du dich gewöhnen. Das ist das Leben! Und du bist jetzt so alt, dass du das bemerkst«, sagte sie leise. »Du hast ihr meine Zittauer Adresse gegeben?«, fragte ich ganz vorsichtig und etwas verlegen. Sie lachte: »Natürlich, mein Junge! Natürlich! Warum sollte ich nicht? Nur habe ich große Sorge, dass es mit dem Briefverkehr zwischen Deutschland und Polen nicht so recht klappen wird. Das wird wohl noch dauern! Aber vielleicht ...«

Sie sollte Recht behalten. Der so erhoffte Briefwechsel entwickelte sich nie.

Ein halbes Jahr später kam in Zittau ein Brief an, wenn man das noch als einen Brief bezeichnen konnte. Er war schmutzig, aufgerissen und zerfleddert. Die Schrift war verwischt und daher weitgehend unleserlich. Herrje! Offensichtlich hatte es darauf geregnet. Einen Augenblick wünschte ich mir, es wären Tränen gewesen, Tränen in den großen schwarzen Augen! Einige Worte starrten mich an: »wiedersehen« und »schöne Zeit«. Mit Mühe und gutem Willen konnte ich die Unterschrift entziffern. Es war gerade noch »...oletta« lesbar.

Der Absender war einfach abgerissen, als ob jemand nicht wollte, dass es eine Antwort gäbe! Es war traurig ...

Es kam kein zweiter Brief. Ich habe nie mehr etwas von ihr gehört ...

Meine Mutter hätte gern etwas mehr über Wioletta gewusst, natürlich, wie alle Mütter. Ich spürte das deutlich. Ihre Nase wurde geradezu spitz vor Neugierde. Schließlich sagte sie bedachtsam: »Wie hast du sie denn kennen gelernt?« Dabei sah sie scheinbar gleichgültig zum Fenster hinaus. »Ach, ganz zufällig«, antwortete ich. »So, so, ganz zufällig. Natürlich! Wir haben das gar nicht gemerkt«, sagte sie mit leichtem Vorwurf. »Na ja, warum auch?«, rutschte es mir heraus. Ich hatte keine Lust, mich weiter darüber zu unterhalten.

Hanne kam herein, und so war dieses Gespräch beendet. Denn welcher Junge will schon die Meinung seiner älteren Schwester über ein Mädchen hören? Aber Mutter hätte so gern noch mehr gewusst. Doch was hätte ich ihr erzählen sollen? Wie wir auf der Wiese gesessen, vor uns hin geträumt und in den Himmel geschaut hatten? Wie wir das Verb »lieben« konjugiert und wirklich nur das Verb konjugiert hatten? Vielleicht hätte meine lebensnahe Mutter mir das so gar nicht geglaubt! Vielleicht aber doch; denn sie kannte ihren etwas schüchternen Jungen. Eigentlich schade, dass ich ihr nichts erzählt habe.

Ich schüttelte den Kopf, als meine Mutter den Rucksack mit Kleidung füllen wollte: »Ich brauche Platz für Schinken und Speck. Und dann brauche ich noch einen Riemen, damit ich meine Sachen oben drauf festschnallen kann, wenn ich durch die Neiße gehe. Die Sachen dürfen ja auf keinen Fall nass werden.« »Ja, ja, du hast Recht«, sagte sie traurig.

Es wurde dunkel, und wir saßen wieder bei Kerzenschein. Plötzlich klopfte es. Oh, du Schreck! Uns blieb das Wort im Munde stecken. Wer konnte das sein um diese Zeit? Jemand von der Miliz? Es klopfte wieder. Hatte man mich doch gesehen? Ich überlegte, ob ich über den Hintereingang verschwinden sollte, und stand leise auf. Mein Vater, ebenfalls aufgeregt, legte mir dennoch die Hand beruhigend auf die Schulter: »Abwarten! Ich werde nachschauen. Wenn ich laut sage: ›Wissen Sie nicht, wie spät es ist?‹, dann ist es ein Milizler, und du verschwindest rasch über das Wohnzimmerfenster in den Garten und bleibst dort hinter der Hecke, bis ich dich hole. Vielleicht ist es nur ein Patient oder ein Bekannter. Dann sage ich: ›Wie geht es denn? Hoffentlich gut!‹«

Es klopfte erneut und kräftiger. Mein Vater ging an die Haustür. Ich blieb angespannt im Wohnzimmer stehen. Da hörten wir Vati erstaunt rufen: »Ach du! Was willst du denn? Wie geht es denn? Hoffentlich gut?« Dann erklang die vertraute Stimme von Heidrich-Karl: »Kann 's sein, dass dr Werner doa is? Ich hoa doa so was im Gart'n numschleichen sah'n. Ich wullt halt ürscht im Finstern froag'n kumm'n unn gunn Tag soin.« (Ich wollte eben erst im Dunkeln fragen kommen und guten Tag sagen.)

Ach wie vertraut und wundervoll klangen diese rollenden Dialektlaute! Wir atmeten erleichtert auf, wenn es uns auch nicht recht war, dass meine Ankunft bemerkt worden war. Als mein Vater mit der Antwort zögerte, sprang ich in unsere Diele und boxte Karl zur Begrüßung vor die Brust. Wir setzten uns auf den Fußboden und plauderten eine Weile. »Und Altmanns und Friedrichs, was machen die?«, fragte er. »Ich weiß nichts, ich weiß von niemandem aus unserem Dorf«, sagte ich bedrückt, »ich wohne mit einem aus Seitendorf zusammen bei Fremden in der Stadt.« Er klagte, dass er sich seit meinem Weggang nun auch allein fühle. Da seien ein paar polnische Jungen gekommen. Die wollten aber nichts mit ihm zu tun haben. Auch mit den neu angekommenen Polen in den Nachbarhäusern habe sich kein näheres Verhältnis entwickelt. Man sei eben doch der Deutsche und spräche offen davon, dass die Deutschen bald alle wieder ausgewiesen würden. Man wolle sie einfach nicht mehr hier haben, nachdem nun doch immer mehr Polen hergekommen seien.

Er wirkte traurig. »Doas is halt nimmi unser Durf unn 's wird 's oa nimmi soin«, das ist eben nicht mehr unser Dorf und das wird es auch nie mehr sein, sagte er resigniert.

Ich merkte, dass die Eltern im Wohnzimmer unruhig wurden, und gab Karl zum Abschied die Hand: »Aber halt die Gusch, gar niemand darf wissen, dass ich doa war! Aber ich kumm wier! Ich komme wieder.« Er nickte und ging.

Der Abend verging schneller, als wir dachten. Wir sprachen über belanglose Dinge. Ich betrachtete dabei immer wieder meine Umgebung, die ich Monate nicht mehr gesehen hatte. Vielleicht hatte ich sie mir früher nicht so sorgfältig angeschaut. Aber mir erschien alles etwas kleiner als früher.

Meinen Eltern hatten die Schwierigkeiten des Lebens neue Falten ins Gesicht gegraben. Sie wirkten älter. Aber wie das eben so ist, als junger Mensch lügt man älteren Menschen gegenüber, die man liebt, und versichert ihnen, dass sie überhaupt nicht älter geworden seien. So tat ich es auch. Und diese lieben Menschen glauben es, obwohl sie wissen, dass es nicht stimmt.

Vater hatte plötzlich eine Idee: »Das Gebiet, das ich ärztlich versorge, ist sehr groß geworden. Ich werde manchmal bei Ostritz ein Stück direkt am östlichen Ufer der Neiße entlanggefahren. Ich könnte es vielleicht arrangieren, dass du erfährst, wann das ist. Du könntest dich dann mit Gisela auf das westliche Ufer stellen. Sie sollte vielleicht ihren Freund mitnehmen. So könnten wir uns einmal sehen und einen Gruß zurufen!« »Und ich würde mitfahren«, sagte Mutter triumphierend. »Am Flussufer darf man nicht stehen«, wandte ich ein, »aber das werden wir schon hinkriegen. Wir könnten einen Rechen oder eine Hacke in die Hand nehmen, wie wenn wir dort arbeiten müssten. Wird schon gehen!« Wir waren froh über diese neue Möglichkeit, uns wiederzusehen.

Der Sonntag verging viel zu rasch. Wir sprachen noch über zukünftige Besuche meinerseits. Klar, meine Eltern hatten Angst davor, freuten sich aber darüber. Wir sprachen über alle Gefahren und die Möglichkeiten, sie zu umgehen. Dabei kam mir die

Idee, ein Zeichen zu verabreden, das eindeutig anzeigte, ob die Eltern überhaupt noch da wären. Es bestand nämlich durchaus die Möglichkeit, dass sie ausgewiesen würden, ohne dass ich etwas davon erfuhr. In der Zwischenzeit könnten bereits Polen in unser Haus eingezogen sein. Wir verabredeten also, dass die Eltern im Ausweisungsfalle drei ganz bestimmte Fensterscheiben einschlagen würden.

Ach, uns war nicht wohl bei diesem Gedanken! Aber es half nichts, man musste mit allem rechnen.

Dann kam die Nacht. Sie kam unerbittlich, und mit ihr kam Grabowski. Wieder Abschied, Wünsche und Tränen, die nur wir hörten und sahen.

Ich schlich, ohne dass es jemand bemerkte, schnell noch einmal aus dem Haus und streichelte verstohlen die raue Wand ... Ich wagte mich bis in die Hofeinfahrt, sah ein Stückchen der Dorfstraße, die ich so oft gegangen war ... Ich blickte hinüber, wo Wioletta gewohnt hatte, und zu der Wiese, wo sie zum Schluss gestanden und mir gewunken hatte ...

Wir gingen los. Der Rucksack war schwer.

Hinter der Wiese vom Friedrichbauer blieb ich stehen und sah zurück. »Was ist los?«, zischte Grabowski auf Polnisch. »Ich will noch ...«, begann ich. Er unterbrach mich unwillig, trat nahe an mich heran und flüsterte: »Mensch! Sprich polnisch, es könnte uns jemand hören!« Er hatte sicher Recht. Ich sagte kurz: »Nur einen Augenblick warten und schauen!« Er schüttelte den Kopf und sagte etwas auf Polnisch, das ich nicht verstand.

Ich sah zurück und ging dabei einige Schritte rückwärts auf den wartenden Grabowski zu. So sah ich

Haus und Garten im Dunkeln verschwimmen. »Mein Gott! Es verschwindet langsam«, dachte ich betroffen. Dann drehte ich mich schnell um, und wir gingen wortlos weiter.

Wir kamen problemlos voran. Die Angst war nicht mehr so groß wie beim letzten Mal. Der Himmel klarte allmählich auf. Funkelnde Sterne! Ein schöner Anblick, den wir aber nicht genießen konnten. Im Gegenteil! Die Helligkeit war gefährlich! Glücklicherweise zeigte sich der Mond nur zur Hälfte. Wir durchquerten ein Wäldchen hinter Seitendorf. Als wir an einem kleinen Busch vorbei wollten, hörte ich ein Geräusch wie ein leises Knurren. Was konnte das sein?

Wir blieben beide kurz stehen. Nach einem erneuten Schritt ein lauteres und drohendes Knurren. Ich warf einen Stein in das Gebüsch. Zweifellos eine Dummheit! Denn da fuhren die Zweige auseinander, und ein zotteliges, großes, im Dunklen schwer erkennbares Tier brach mit einem tiefen, heiseren Bellen hervor. Ich sah den geöffneten Rachen und wollte schreien, aber Grabowski hatte das erwartet und hielt mir blitzschnell den Mund zu. Trotzdem quetschte ich noch deutlich hörbar heraus: »Puma!? Puma!! Bleib stehen!« Das Tier blieb abrupt stehen. Seine Augen loderten für einen Augenblick im Mondlicht auf. Das Bellen verlor sich in ein dumpfes Knurren. Das Tier tauchte zurück. Noch ein kurzes Knistern, dann gab es nur wieder die Stille der Nacht.

Grabowski flüsterte kaum hörbar: »Verflucht! Mensch! Ich dachte schon, es wären Soldaten mit einem Wachhund! Sie sollen neuerdings so was haben! Wir hätten wohl kaum eine Chance gehabt! Die Biester sind auf Menschen abgerichtet. Hast du das Riesenvieh gekannt? Es hat sich fast so benommen.« Ich stand noch wie gelähmt da: »Gekannt? Ich weiß nicht, ich weiß nicht, ob es Müllers Hund war, der Puma. Vielleicht! Vielleicht! Ich hoffe es wenigstens für Wolfram!«

Wir warteten eine Weile. Nichts rührte sich. Vorsichtig und äußerst leise gingen wir weiter. Von dem Hund war nichts mehr zu sehen. Kurz vor der Neiße hatten wir ein freies Feld zu überqueren. Nach dem Motto von Grabowski: »Der Feind steht immer da, wo man ihn nicht vermutet«, blieben wir hinter einem Gebüsch stehen und schauten sichernd über das Feld. Wie gut das war! Da kamen zwei Gestalten mit Gewehren und einem Hund an der Leine. Sie unterhielten sich laut. Grabowski schaute auf seine Uhr und zischte kaum hörbar: »Pierunie, die haben ihre Zeiten geändert! Und einen Hund haben sie auch dabei. Hoffentlich riecht uns das Luder nicht! Runter! Gusche halten und nicht rühren!« Wir sanken geradezu auf die Erde und erstarrten. Der Wind war glücklicherweise gegen uns gerichtet. Also keine Witterung durch den Hund zu befürchten! Wir hofften das jedenfalls. Die Patrouille blieb mehrmals kurz stehen und sah in unsere Richtung. Der eine ging mit dem Hund einige Schritte auf uns zu und nahm sein Gewehr von der Schulter und sagte etwas zu seinem Begleiter. Scheiße! Hatte man uns doch bemerkt? Das wäre entsetzlich! Der Erdboden war kalt. Ich fror. Aber das war jetzt egal. Endlich, endlich gingen sie langsam weiter. Oh!

Wir erreichten dann ohne weitere Zwischenfälle die Saupantsche. Da die Rucksäcke voll waren, banden wir unsere Kleider oben auf ihnen fest. Sie wurden dadurch noch schwerer und waren schlechter zu tragen. Noch ein letztes Umherschauen. Dann einer nach dem anderen wieder in das eiskalte Wasser und über die glitschigen Steine! Dieses Mal erschien mir die Strömung stärker! Oder war es nur die Angst? Aber es blieb uns ja nichts anderes übrig, wir mussten durch, und wir kamen auch durch.

Dann wieder kurz abtrocknen und anziehen, vorsichtig die Uferböschung hinauf und weiter nach Hirschfelde.

Grabowski brachte seinen Rucksack in seine Wohnung und ging dann zur Arbeit. Ich fuhr mit dem Frühzug nach Zittau. Es dämmerte schon, als ich bei Vogts ankam. Denen fiel ein Stein vom Herzen. »Junge, nein, nein, hast du uns Nerven gekostet!«, rief Frau Vogt, »Gott sei Dank! Das machst du aber nicht noch einmal!« Gabi fiel mir um den Hals. Ein flüchtiger Kuss auf die Backe! Erstaunlich! Ich empfand das recht angenehm! Ich packte schnell den Schinken, die Speckseiten und das Brot aus. Die beiden Frauen jubelten: »Das ist wie Weihnachten!«

Dann ging ich in mein Zimmer.

Wolfram stand im Schlafanzug vor seinem Bett. Er sah mich an wie einen Geist. »Ich glaube, ich wäre gestorben, wenn du nicht zurückgekommen wärst«, sagte er mit einem verlegenen Lächeln. Ich sehe ihn heute noch vor mir. Dann schnupperte er an mir wie ein Hund: »Ja, du warst daheim, daheim! Mensch, du warst wirklich daheim!« Er legte sich auf sein Bett, sah an die Decke und murmelte: »Erzähl, erzähle, alles genau!«

Und ich erzählte. Als ich zu Puma kam, sprang er auf:

»Ich wusste es, der Kerl kommt durch! Winnetou, danke, danke, dass du bei unserem Haus warst! Jetzt geht's mir wieder besser. Aber wir müssen schleunigst aufstehen und frühstücken. Wir kommen sonst zu spät in die Schule.« Da klopfte auch schon Gabi an die Tür: »Raus, meine Herren, ihr Transusen, raus, höchste Zeit!«

Ich ging wie im Traum in die Schule. Müde, hundemüde, ungewaschen, flüchtig gekämmt schlurfte ich vor mich hin. Mein Banknachbar sagte zu mir: »Mensch, was hamm se denn mit dir gemacht? Du siehst einfach beschissen aus.« So fühlte ich mich auch. Nach der zweiten Stunde packte mich der »Schwarze«, unser Mathematiklehrer, am Hemdenknopf und zog mich auf den Gang: »Kutscha, was ist mit ihm los (er hatte manchmal die äußerst närrische Angewohnheit, uns Schüler in der dritten Person anzusprechen), er hat während des Unterrichts zeitweise fest geschlafen!« Ich sah ihn mit glasigen Augen an: »Entschuldigung! Ich war zu Hause bei meinen Eltern. War die ganze Nacht unterwegs. Bin gerade zurückgekommen. Aber mir gehts gut. Bin nur etwas müde.« Er sah mich zunächst verblüfft, aber dann verständnisvoll an: »Dann pack er rasch seine Sachen und schlaf er sich aus.« Das tat ich. Und das tat gut!

Das neue Leben

Trotz des elterlichen Verbotes (es war nicht unbedingt streng gemeint) bin ich noch öfter nach Hause gegangen, meist mit Grabowski durch die Neiße. Aber einmal konnte er nicht mitgehen, und da habe ich die bereits erwähnte Höllenfahrt in dem Kohlenkasten einer Lokomotive unternommen. Das war entsetzlich! Da war ja das kalte Wasser der Neiße noch ein Genuss dagegen! Aber was sollte es, ich war zu Hause gewesen!

Erstaunlicherweise klappten die Übergänge immer wieder. Wir wurden zwar öfter beinahe, aber nie wirklich erwischt. Und obwohl alles anstrengend, stets mit Gefahr und mit reichlich Angst verbunden war, taten die Besuche den Eltern und mir letzten Endes immer gut. Die Wiedersehen gaben uns Kraft, wenn wir auch merkten, dass wir uns allmählich einem Ende näherten. Aber solange ich diese abenteuerlichen Ausflüge unternahm, konnte ich mich wenigstens noch mit Lebensmitteln versorgen, und das war nach wie vor von großem Wert; denn wir hungerten weiter!

Bei einem dieser Neißegänge hatte Grabowski etwas für eine polnische Familie geschmuggelt. Wir besuchten sie also, um das Zeug abzugeben. Er schärfte mir vorher ein: »Die sollen besser nicht merken, dass wir Deutsche sind. Man kann nie wissen! Jedenfalls denken sie, ich sei ein Pole. Also halte gefälligst deinen Schnabel! Tu, als wärst du todmüde!« Ich versprach das natürlich und war still wie ein Stockfisch und tat, als sei ich schwerhörig. Todmüde war ich ja ohnehin.

Aber als wir wieder gehen wollten, verlor ich offensichtlich vor Müdigkeit die Konzentration, oder was war sonst schuld daran?! Jedenfalls sagte ich plötzlich auf Deutsch: »Auf Wiedersehen.« Mir blieb fast das Herz stehen. »Ich Rindvieh, ich ...« Na, ich gab mir im Geiste viele andere »Koseworte«, aber es half nichts. Ich hatte deutsch gesprochen, unverkennbar deutsch!

Grabowski sah mich für eine Sekunde an, als ob er mich bei lebendigem Leibe fressen wollte. Dann reagierte er blitzschnell, lachte laut und sagte scheinbar belustigt auf Polnisch: »Dieser freche Kerl! So eine Hundeseele! Er kann es nicht lassen! Immer will er mich ärgern und versucht, seine zwei Worte Deutsch unterzubringen, die er gerade kann.« Auch die Polen lachten, und ich sagte etwas künstlich grinsend das polnische Aufwiedersehen: »Do widzenia.« Dabei sprach ich das »Z« so polnisch und weich aus, wie ich es von Wioletta gelernt hatte. Das klang überzeugend echt. Selbst Grabowski nickte anerkennend, und wir verließen mit freundlichen Gute-Nacht-Wünschen das Haus.

Als wir weit genug entfernt waren, sagte er nur kurz: »Mensch! Kerl! Das darf dir nicht wieder passieren. Das nächste Mal trete ich dir unvergesslich in den Arsch!« Es kam glücklicherweise nicht dazu.

Die Tage gingen dahin. Es wurde wieder Sommer, ein schöner Sommer. So bemühten wir uns um das verabredete Treffen an der Neiße bei Ostritz. Es kam doch einmal zu Stande. Die Eltern schmuggelten mir die Nachricht zu, wann ungefähr der besagte Pferdewagen vorbeikommen würde. Gisela und ihr Freund Horst wollten mit mir sofort an die Neiße marschieren. Als alter Grenzgänger konnte ich darüber nur milde lächeln. Drei Leute stehen vielleicht stundenlang an der Neiße! Auffälliger ging es nicht.

Ich sagte ihnen, dass ich mit einem Rechen auf der Schulter vorausgehen und mich am Ufer in die Sonne legen würde. Sie sollten sich hinter einem Haus versteckt halten. Wenn ich den Rechen durch die Luft schwenken würde, dann sollten sie kommen.

Ich nahm also einen Rechen und ging gemächlich an das Ufer. Doch dort erwartete mich eine böse Überraschung: Ausgerechnet an der verabredeten Stelle lag ein russischer Soldat im Gras und sonnte sich. Was jetzt? Der konnte uns das ganze Treffen verderben! Ich musste ihn irgendwie wegkriegen. Aber wie?

Als ich kam, blinzelte er mich an und kratzte sich an seinem kahl geschorenen Schädel. Ich hockte mich neben ihn. Er sah mich misstrauisch an: »Was du wollen hier?« Glücklicherweise war ein Teil der Wiese gemäht worden. Ich zeigte mit dem Rechen auf das frisch gemähte Gras. Er nickte und setzte sich auf. Wir hatten in der Schule inzwischen als vierte Fremdsprache Russisch bekommen. Ich kramte also, wenn auch etwas mühselig, meine Russisch-Kenntnisse heraus und versuchte ihm beizubringen, dass er von der Wiese gehen müsse, da ich das Heu wenden wolle.

Er strahlte, als er seine Sprache hörte, und lobte meine Aussprache, was mein Russisch-Lehrer übrigens auch tat. Ja, Wioletta! Das war ihr Verdienst! Von ihr hatte ich das herrliche »Rr« und das so genannte »gestrichene Ll« gelernt, jene Halbvokale, die meine Klassenkameraden nicht annähernd so gut aussprechen konnten. Also, meinem Soldaten gefielen meine Sprachversuche. Er setzte sich wieder hin, grinste mich freundlich an und begann eine russisch-deutsch gemischte Unterhaltung. Er erzählte mir, dass es in Sibirien um diese Zeit viel heißer sei, dass die Flüsse dort viel größer seien, und die Birken seien dort sooo schön. Er geriet geradezu ins Schwärmen und versuchte ein Heimatlied zu intonieren.

Ich begann zu schwitzen. Was sollte ich tun? Verflucht! Jeden Moment konnte das Fuhrwerk vorbeikommen! Der Soldat, so freundlich er auch war, durfte das nicht bemerken! Das Treffen ausfallen lassen? Nein, nie und nimmer! Wer weiß, wann es so eine Gelegenheit noch einmal geben würde?!

Himmeldonnerwetter! Der musste schleunigst weg! Doch wie?! Es gelang mir schließlich, ihm beizubringen, dass ich das Heu, auf dem er steht, in einer halben Stunde gewendet haben müsse, da man sich nicht so lange am Ufer der Neiße aufhalten dürfe. Das sei für Deutsche verboten! Das akzeptierte er, stand gemächlich auf und ging. Er drehte sich noch einmal um und lachte: »Ihr dummes Deutsche, immer schnell arbeiten und nichts lebben, ihr vergessen lebben! Dadada, ihr immer viel dumm!« Ich gab ihm Recht. Nach dieser kleinen philosophischen Belehrung schob er seine Mütze in den Nacken, nahm sein Gewehr hoch und schlenderte davon. Dabei sang er vor sich hin: »Paidjom Dunja, paidjom wo ljesssok, wo ljessok ... Komm Dunja, komm mit in den Wald, in den Wald ...« Da dachte er wohl an seinen tiefen sibirischen Wald, an die Birken und die großen Flüsse und trollte sich zufrieden davon. Das Lied kannte ich. Unser Russischlehrer hatte es uns beigebracht.

Oje! Das war knapp gewesen! Ich hörte schon den Pferdewagen.

Da war er auch schon. Unser Vater stieg lachend aus und brüllte über den Fluss: »Hallo, Kinder! Hat es also doch geklappt! Mutti durfte leider nicht mitfahren. Sie lässt herzlich grüßen. Aber wo ist Gisela?« Ich fuchtelte heftig mit dem Rechen. Da kamen sie beide herangestürzt, Gisela und Horst.

Gisela sprudelte temperamentvoll ihre Begrüßung heraus. Unser Vater schaute nachdenklich über die Neiße: »Schön, dich so munter wiederzusehen! So, so, das ist also der Horst!« Der arme, auf diese Weise begutachtete Horst betrachtete seinen zukünftigen Schwiegervater zwar ein wenig verlegen, aber ebenso nachdenklich und beeilte sich zu rufen: »Ja, ja! Das bin ich!« Was hätte er auch sonst sagen sollen? Dann fügte er aber etwas kecker hinzu: »So, das ist also mein zukünftiger Schwiegervater!« Man schrie sich noch einige Freundlichkeiten zu und stellte sich die alte, dumme Frage: »Wie geht's?« »Gut, gut, sehr gut«, kam es zurück. »Und Mutti?« »Ja, auch gut! Natürlich war sie traurig, weil sie nicht mit durfte, vielleicht das nächste Mal!«, fügte er hinzu.

Die Entfernung war zu groß für eine normale Unterhaltung. Und das laute Sprechen hätten schließlich auch die Grenzsoldaten hören können! Ach, man hätte sich gern so viel gesagt! Was war denn besonders wichtig? Ja, was denn? Und da war wieder so ein Würgen im Hals …

Ja, was haben wir uns denn alles gesagt, nein, zugerufen? Ich weiß es nicht mehr! Ich glaube heute, dass wir gar nicht viel gesagt haben. Vielleicht klingt es kitschig, aber ich denke, unsere Seelen haben einfach lautlos geschrien, und wir haben uns verstanden …

Wir hatten uns wiedergesehen. Wir hatten uns gehört. Und es war gar nicht wichtig, dass der Wind manches Wort verwehte. Für Gisela muss diese Begegnung besonders schön gewesen sein, da sie ja ihren Vater über ein Jahr nicht mehr gesehen hatte.

Der polnische Fahrer wurde allmählich unruhig.

Das Anhalten am Fluss war verboten und noch dazu die lautstarke Unterhaltung an der Grenze. Das konnte gefährlich werden. Er ließ seine Peitsche knallen und schrie: »Los! Los! Mussen weg, panie doktorze!« Dann lachte er und rief: »Wiedersehen, Gisela!« Der Wagen ruckte an. Ja, das war es schon gewesen! Ein paar Minuten Wiedersehen! Ein paar Minuten eine vertraute Stimme hören! Ein paar Minuten Heimat! Unser Vater wirkte plötzlich etwas blass. Er lachte gekünstelt. Wir wedelten mit beiden Händen in der Luft herum und schrien, gleichgültig, ob uns jemand hören konnte: »Grüß die Mutti! Alles Gute! Bleibt gesund! Auf Wiedersehen! Auf Wiedersehen! Auf Wiedersehen!« Wiedersehen, ja, wann?

Wir winkten und winkten, bis der Wagen nicht mehr zu sehen war. Dann sahen wir uns in die nassen Gesichter. Wir hatten die Tränen gar nicht bemerkt …

Gisela erklärte energisch: »Jetzt brauche ich einen Schnaps!«

Wir tranken jeder zwei! Dann hatte uns der Alltag wieder.

Aber dieses Erlebnis, diese Begegnung am Fluss hatte sich offensichtlich tief in mir eingegraben. Ich habe sie wohl erst nach Jahren verarbeitet. Jedenfalls hatte ich lange Zeit immer wieder einmal den gleichen Traum:

Mein Vater stand in einer offenen Kutsche, die Zügel in der Hand, hinter ihm merkwürdig blass und etwas undeutlich meine Mutter in einem schwarzen Kleid. Weiter hinten sah ich einige hin und her schwebende Gestalten ohne Gesicht. Aber ich wusste, dass es die Nachbarskinder waren. Auch sie winkten mir zu. Der Fluss zwischen uns war viel breiter als die Neiße. Er floss träge dahin. Die Wellen blitzten wie hämisch auf, und ich wusste, da kann ich nicht hindurch. Ich wollte rufen, meinen Eltern etwas Liebes zurufen, aber es gelang mir nicht. Ich brachte kein Wort heraus. Ich konnte mich nicht einmal bewegen! Auch die Eltern schwiegen. Sie winkten mit weit ausgestreckten Armen und ernsten, unbeweglichen Gesichtern. Der Fluss wurde ganz langsam immer breiter. Plötzlich wendeten die Pferde und galoppierten auf das abfallende Ufer zu. Meine Eltern standen weiter still und nickten mir unendlich traurig zu. Ich versuchte zu schreien! »Halt! Halt! Vati, der Wagen! Pack die Zügel!«, wollte ich schreien. Ich konnte aber nur etwas Unverständliches krächzen. Ich sah entsetzt, wie der Wagen in das aufschäumende Wasser klatschte. Mir zuckte es durch den Kopf: »Mutti kann nicht schwimmen!« Plötzlich aber war alles verschwunden. Ich befand mich allein in einer ausgedörrten Landschaft. Irgendetwas lachte hässlich. Ich wachte jedes Mal schweißgebadet auf.

Ein weiteres Treffen am Fluss ließ sich leider nicht mehr arrangieren. Dem Kutscher wurde es verboten, an der Neiße entlangzufahren. Vielleicht war doch etwas bemerkt worden?!

Nun waren wir weiterhin allein auf schriftliche Nachrichten angewiesen.

An den kurzen Briefen merkte ich es: Meine Eltern begannen unter der Einsamkeit zu leiden, besonders nachdem sie auch meine Schwester verlassen hatte. Hanne hatte plötzlich Angst bekommen. Sie sollte nämlich aufgrund einer behördlichen Anordnung in einem Nachbarort, in Friedreich, in einem Ambulatorium arbeiten. Sie begab sich also dorthin, kam aber bereits nach zwei Stunden ganz aufgeregt zurück.

Sie schrie empört: »Das ist kein Ambulatorium! Was die darunter verstehen, ist offenbar ein ambulantes Gewerbe! Das ist ein besseres Bordell! Dort kriegen mich keine zehn Pferde mehr hin!« Und sie erzählte von eindeutigen Annäherungsversuchen. »Ich habe dem einen eins dahin gehauen, wo es Männern besonders weh tut. Der hat vielleicht geschrien und mich sofort in Ruhe gelassen!«, sagte sie triumphierend. Unsere Mutter sagte etwas verdutzt: »Wo hast du ihn hingehauen? Wer hat dir das denn beigebracht?«

Hanne überhörte die Frage geflissentlich.

Mein Vater beschwerte sich bei der örtlichen Behörde, die aber die Behauptung meiner Schwester einfach als unwahr abtat. Hanne war nun nicht mehr zu halten. Sie wollte weg. »Die holen mich sonst noch«, meinte sie und betrieb den Grenzübergang mit einer Energie, die sie offenbar von ihrer Mutter geerbt hatte. Man erzählte ihr von einer neuen Möglichkeit »rüberzugehen«. Da gab es nämlich eine alte Eisenbahnbrücke bei einer ehemaligen Flachsspinnerei. Die Polen hatten die nicht mehr benutzte Brücke mit einem dicken Stacheldrahtzaun abgesperrt. Aber irgendwelche Grenzgänger hatten mit viel Akribie ein Loch hineingeschnitten, sodass gerade eine Person mit entsprechender Vorsicht hindurchschlüpfen konnte. Das war die sauberste und trockenste Form des Grenzübergangs, die die Polen einige Wochen lang nicht bemerkten. Hanne wollte diese Chance nutzen.

Sie nähte sich zwei große Taschen aus Leinen, packte ihre Sachen und schrieb lapidar in ihr Tagebuch, das sie mir später gab: »Der Abschied kam. Mutter machte mir ihr Kreuz auf die Stirn, und ich ging los … auf dem Rücken hatte ich einen Rucksack und in jeder Hand eine schwere Tasche mit Kleidern … Es war sehr kalt. Aber das machte nichts, da ich mehrere Pullover übereinander trug. Der auf der Dorfstraße hart gefrorene Schnee knirschte bei jedem Schritt. Es waren die letzten und die mühseligsten Schritte in der Heimat, in der Heimat …«

Da lag so viel Unausgesprochenes in diesen Sätzen! Sie hat sie nie wieder gesehen, die Heimat …

Sie ging bei Tage. So wurde sie angehalten und gefragt, was sie mit den vielen Sachen wolle. Sie war ein wenig unsicher. Der polnische Grenzsoldat wollte sie schon auf die Kommandantur mitnehmen. »Du wollen über Grenze«, meinte er. Da fiel ihr in ihrer Not die beste Ausrede ein. Sie erklärte, dass sie die Tochter des Arztes sei und unbedingt Medikamente für kranke polnische Kinder beschaffen müsse und daher entsprechende Tauschware mit sich führe. Das war damals zwar nicht erlaubt, aber auch nicht direkt verboten. Man brauchte dringend Medikamente und drückte deshalb schon einmal ein Auge – oder im Falle von kranken Kindern auch gleich zwei Augen – zu. Das Wort »Kinder« wirkte einfach Wunder. Der Soldat fragte: »Wirklich Kinder krank? Oh, ich auch Kinder! Viel krank! Tak, tak, ja, ja, du holen viele Medikamente. Das gutt! Aber niemand sagen! Du mich nicht gesehen!« Hanne nickte heftig. Er schaute sich mehrmals vorsichtig um und ließ sie gehen. Interessanterweise zeigte er sogar mit einer raschen Handbewegung die Richtung, in der die Eisenbahnbrücke lag!

Meine Schwester kam problemlos durch das Loch im Zaun. Es war höchste Zeit, denn eine Woche später wurde dieses Loch mit Stacheldraht verschlossen. Hanne wanderte nach Ostriz zu Gisela. Sie hatte große Angst vor den Russen, obwohl es damals keine Übergriffe mehr gab. Jedenfalls wollte sie ungeachtet Giselas inständiger Bitten keinesfalls in der Ostzone bleiben. Also begab sie sich in ein Flüchtlingslager und musste dort einige Tage unter primitivsten Verhältnissen zubringen. Dann erhielt sie einen »Umsiedlerpass« (wie belanglos das klingt!) und stürmte mit vielen anderen in den Zug, der nach Westen ging. Es gab nicht viele Züge. So wurde jeder nicht nur bis in die letzte Ecke, sondern auch auf den Puffern und Dächern besetzt. Heute würde man so etwas für reinen Wahnsinn halten. Aber damals nahm man es ohne Weiteres in Kauf, um nach Westdeutschland zu gelangen.

Man bespritzte Hanne in Marburg von oben bis unten mit Läusepulver und stattete sie mit neuen Papieren aus. Danach begann für sie in der Freiheit ein hartes Leben. Sie hoffte bei ihrer Freundin Benita unterzukommen, die in den Endkriegswirren längere Zeit bei uns gewohnt hatte. Fehlanzeige! Da musste meine Schwester zunächst als Dienstmädchen arbeiten – und wurde dabei nicht gut behandelt. Sie war das arme Flüchtlingsmädchen, ein deutlicher sozialer Abstieg! Und sie war allein, ohne Beziehungen, ohne einen guten Rat von irgendjemandem, der ihr vielleicht weitergeholfen hätte. In ihrem Tagebuch hat sie es kurz erwähnt, in nur wenigen vagen Sätzen: Sie schrieb von

»den vielen großen und kleinen Demütigungen, dem Hunger und dem großen Heimweh nach Eltern und Geschwistern …«

Aber Eltern und Geschwistern war es ähnlich ergangen mit dem Hunger und dem Heimweh. Man hat es voneinander gewusst, aber nicht darüber gesprochen.

Nein, der Weg in die Freiheit war nicht der Weg ins Paradies gewesen, wie sie geglaubt hatte. Aber immerhin hat sie es mit ihrer Energie und Entschlussfreudigkeit geschafft, in Westdeutschland Fuß zu fassen und dort schließlich auch von den Behörden akzeptiert zu werden.

Das war gar keine Selbstverständlichkeit. Mir sollte es Jahre später wesentlich mehr Schwierigkeiten bereiten, einen westdeutschen Ausweis zu bekommen. Als Sohn eines Akademikers, noch dazu parteilich nicht organisiert, hatte ich natürlich keinen Studienplatz in der DDR erhalten. Ich ging daher nach dem Abitur nach West-Berlin zum Studium an die Freie Universität. Dort behielt ich aber wie viele andere in der gleichen Situation den ostdeutschen Personalausweis. Also musste ich eine Aufenthaltsgenehmigung für Berlin beantragen, die mir aber jeweils nur von Semester zu Semester erteilt wurde. Das war ein großer bürokratischer Aufwand! Von Integration keine Spur!

Um mir leichter das Geld für das Studium verdienen zu können, entschloss ich mich schließlich, nach Westdeutschland zu gehen. Doch nun ging es erst richtig los!

Man nahm mir in West-Berlin bei der Abmeldung meinen ostdeutschen Personalausweis ab und gab mir dafür einen vorläufigen westdeutschen Ausweis, den ich, so erklärte man mir, im Westen in einen entsprechenden endgültigen Ausweis umtauschen könnte. Mein Glaube an die Behörden war damals noch unerschüttert, und ich fuhr nichts Böses ahnend nach Heidelberg.

Doch dort schüttelte man den Kopf. Nein, nein, der vorläufige Ausweis bedeute gar nichts. Ich müsse einen Personalausweis vorweisen, zum Beispiel einen aus Ost-Deutschland, in dem meine Staatsangehörigkeit vermerkt sei. Kein Problem, dachte ich, der ist in Ordnung und liegt bei der West-Berliner Behörde. Ich fragte also höflich in Berlin an. Dort erklärte man mir aber lapidar, der ostdeutsche Ausweis sei inzwischen natürlich in die DDR zurückgeschickt worden. Na großartig, dachte ich. Jetzt war ich in der DDR offiziell als »Republikflüchtling« erfasst. Ich könnte mich heute noch über diese Fehlleistung eines offensichtlich etwas unterbelichteten Beamten aufregen. Eine Anfrage in der DDR war selbstverständlich erfolglos. Man brauchte ja dort diesen Ausweis, um mir gegebenenfalls die Republikflucht nachweisen zu können!

Die Heidelberger Beamten zuckten müde die Achseln, Personalausweis gäbe es nicht, es sei denn, ich könnte eine Staatsangehörigkeitsurkunde vorweisen. Auf dem entsprechenden Amt sagte man mir jedoch, nein, nein, diese Urkunde könne ich nur nach Vorlage eines Personalausweises erhalten, aber, so fügte man listig hinzu, ich solle mir einen Flüchtlingsausweis besorgen, dann könne man leicht die von mir gewünschte Urkunde ausstellen. Na prima! Ich schöpfte wieder Hoffnung. Aber weit gefehlt!

Auf dem Flüchtlingsamt lächelte man mir freundlich entgegen, einen so genannten Flüchtlingsausweis erhalte man nur nach Vorlage eines Personalausweises.

O weh! Der reinste Kreisverkehr!

Ich bekam Schweißausbrüche. Diese sowie meine Zornesausbrüche interessierten aber niemand. »Gehen Sie halt zurück in die DDR oder versuchen Sie es regulär durch ein Flüchtlingslager«, sagte jemand mit einem gleichgültigen Lächeln, fügte aber nach einer Weile entgegenkommend hinzu, »aber wir können Ihnen einen Ausweis mit beschränkter Gültigkeit ausstellen, nur müssen Sie den dann alle acht Wochen verlängern lassen.« Sollte ich das Studium unterbrechen und für einige Wochen in ein Lager gehen, um die Bürokratie zufrieden zu stellen? Wobei man mir freilich nicht erklären konnte, wie ich es hätte anstellen sollen, ohne ostdeutsche Papiere in ein Flüchtlingslager zu gelangen, das doch eigens für ostdeutsche Flüchtlinge eingerichtet worden war.

Ich ließ mir also den befristeten Ausweis ausstellen und marschierte getreu im Acht-Wochen-Rhythmus auf die Behörde, um eine Verlängerung zu erwirken. Man kannte mich dort schon. Es war ermüdend. Auf meine Frage, wie lange und mit welchem Ende das noch so gehen solle, erhielt ich wieder ein Achselzucken: »Ja, verstehen Sie doch, das sind eben die Vorschriften ...«

Als ich das vierte Mal kam, saß ein anderer Beamter dort.

Ich fasste mir ein Herz: »Entschuldigen Sie, aber das ewige Antanzen vor Ihrer Behörde ist doch für beide Seiten lästig. Können Sie mir den Ausweis nicht wenigstens um fünf Monate verlängern? Das wäre wenigstens nicht ganz so aufwändig!« Der etwas vierschrötige Beamte sah mich kurz und verständnislos an und knallte seine beachtliche Rechte auf den Schreibtisch: »Was soll das?« Ich zuckte eingeschüchtert zurück: »Nun, nun, vielleicht wenigstens für drei Monate?«, und ich setzte dabei mein schönstes Lächeln auf. »Was soll das?«, knurrte er wieder. »Ausweise werden nur um fünf Jahre verlängert!« Mir fiel die Kinnlade herunter. Fünf Jahre! Das bedeutete ja, einen voll gültigen Ausweis zu haben! »Wenn Sie meinen«, sagte ich ganz vorsichtig. »Das meine ich«, sagte er. »Das ist ja, das ist ja eine reguläre Ausweisverlängerung«, stammelte ich ungläubig. »Was denn sonst? Was denken Sie von mir? Glauben Sie vielleicht, ich verlängere irregulär?«, brummte er. Ich schüttelte zaghaft den Kopf, saß mäuschenstill auf der Bank und dachte: »Nur nicht stören! Sonst wacht er noch auf!« Und dann lauschte ich entzückt dem Knallen der Stempel.

Jetzt ging alles ganz schnell. Mit diesem Ausweis bekam ich einen Flüchtlingsausweis und damit eine Staatsangehörigkeitsurkunde. Alles war o.k.

Kleines Nachspiel: Nach einigen Wochen wurde ich vorgeladen, da ich nicht zur Ausweisverlängerung erschienen sei. Ich legte genussvoll meinen für fünf Jahre gültigen Ausweis vor. »Wie haben Sie das denn gemacht?«, fragte der Beamte fassungslos. »Nicht ich«, antwortete ich schadenfroh, »Ihr Kollege und Ihre Stempel!«

Ich freue mich heute noch über das lange Gesicht des Beamten. Ja, so war das! Aber wie ging es damals weiter? Ich lese wieder in den alten Notizen.

Die Nachrichtenübermittlung zwischen meinen Eltern und mir funktionierte im Laufe der nächsten beiden Jahre erstaunlich gut. Verschiedenste Grenzgänger nahmen Briefe mit. Kurznachrichten kamen mündlich über das »Werk«, indem jemand einem der am Abbau tätigen Arbeiter etwas zurief, der das dann einer Vertrauensperson in der Verwaltung mitteilte, die mich dann kurzerhand anrief. Manchmal gelang es auch meinen Eltern, auf diesem Weg einen Laib Brot herüberzuschicken. Mein Vertrauensmann war ein Herr U. aus Dornhennersdorf, der das Auto meines Vaters früher gepflegt hatte. Er warf mir das Brot dann einfach vom Fenster seines Büros über den Werkszaun herunter. Und wenn es einmal auf die Erde fiel, so machte das gar nichts. Da ich stets sehr knapp bei Kasse war, bin ich häufig nicht mit dem Zug gefahren, sondern die zehn Kilometer von Zittau nach Hirschfelde gelaufen. Einmal hatte ich fürchterlichen Hunger. Da ich kein Messer dabeihatte, biss ich einfach in das Brot hinein. Oh, wenn man Hunger hat, schmeckt auch trockenes Brot wundervoll! Als ich in Zittau ankam, war ein Viertel des Brotes verschwunden. Es sah aus, als hätten Mäuse daran genagt.

Zunächst war ich satt, aber wie lange? Zur Sicherheit schnitt ich mir ein paar Scheiben ab, bevor ich es Vogts gab. Der alte Herr Vogt lachte verständnisvoll, als er das verkleinerte Brot sah. Am nächsten Tag gab es nur ein paar gekochte rote Rüben. Da ging ich an meine Reserve. Das Brot war ziemlich trocken geworden. Da habe ich die einzelnen Scheiben einfach kurz unter den Wasserhahn gehalten. Jetzt rutschte es wieder.

Die Briefe meiner Eltern schickte ich nach der Lektüre an eine meiner Schwestern weiter, und diese sandte sie dann an die andere Schwester. Meist hatten die verständlicherweise kurz gehaltenen Briefe beim Transport über die Grenze ziemlich gelitten. Oft wurden sie unter einer Einlegesohle im Schuh transportiert. Aber das spielte keine Rolle. Wir freuten uns über jeden Brief, auch über einen zerknüllten und etwas verschwitzten und entsprechend verwischten.

Der Inhalt wurde allerdings zunehmend trauriger. Ich erfuhr, dass fast alle der zurückgekehrten Deutschen allmählich wieder ausgewiesen wurden. Zunächst hatten die Polen auch Altmanns und Friedrichs und einige Bauern aus den Nachbardörfern in die alte Heimat zurückkehren lassen. Wunderbar, wieder die alte Nachbarschaft zu haben! Es wurde ein herzliches Wiedersehen gefeiert. Man hatte schon zu hoffen begonnen, dass vielleicht allmählich alle Dorfbewohner zurückkehren könnten. Waren das die ersten Anzeichen der allgemeinen, der großen Rückkehr? Würde bald alles wieder wie früher werden?

Welch ein Irrtum! Die Rückkehrer wurden alle nach einigen Monaten oder einem Jahr wieder ausgewiesen! Nicht ganz so brutal wie beim ersten Mal, aber eben doch ausgewiesen. Und das schmerzte beim zweiten Mal nicht weniger! Im Gegenteil, denn jetzt wurde die Endgültigkeit allmählich Gewissheit. Der einzige Vorteil dieser vorübergehenden Rückkehr war, dass man in dieser Zeit einige Sachen über die Grenze schmuggeln konnte. Auch meine Eltern nutzten diese Gelegenheit.

Natürlich war es letzten Endes nicht viel. Aber man hatte später Freude an diesem Wenigen, das manchmal sogar einen mehr ideellen als materiellen Wert hatte. So kamen eine kleine Achatschale und ein Mädchenkopf aus Marmor herüber, die heute zu meiner Freude in unserem Wohnzimmer stehen. Wir schauen uns manchmal geradezu gegenseitig voll Erinnerung an.

Es ging allmählich dem Ende zu. Der letzte Akt begann.

»Wir sind einsam geworden«, schrieb unsere Mutter, »vorgestern, da haben wir noch mit Tietzes aus Friedreich zusammengesessen. Heute sind sie ausgewiesen worden. Bald wird es wohl auch uns treffen. Jetzt sind alle Rückkehrer wieder fort. Es ist nicht mehr schön. Öfter werden völlig unbegründet Hausdurchsuchungen vorgenommen. Dabei wird ungeniert gestohlen. Man erklärt uns immer wieder, man würde nur verdächtige Sachen ›konfiszieren‹. Deutsche seien nun einmal grundsätzlich verdächtig. Daran seien wir selbst schuld! Merkwürdigerweise sind auch Schmuckstücke verdächtig! Wenn wir nicht alles Verdächtige zeigen würden, müsste man uns sogar vielleicht einsperren! ›Werdet endlich Polen, und alles ist in Ordnung!‹, sagt man uns öfter.

Ja, liebe Kinder, wir haben hier ausgehalten und versucht, Euch Eure Heimat zu erhalten. Es war aber wohl vergeblich. Alles sieht schon nach Abschied aus. Die Heimat beginnt uns fremd zu werden, wie wenn sie uns das Verlassen leichter machen wollte. Die Häuser und Gärten sind ungepflegt, die Straßen verdreckt. Im Dorf herrscht eine furchtbare Mäuseplage. Sie sind auch in unserem Haus, wie wenn sie es schon in Besitz nehmen wollten. Gestern sind zwei über den Teppich im Wohnzimmer gerannt. Kohle gibt es keine, von Koks gar nicht zu reden. Wir haben uns einen eisernen Ofen besorgt und holen Holz aus dem Wald. Es war schwierig, den Ofen an den Schornstein anzuschließen, da wir keine Handwerker mehr haben. Da wollte uns jemand helfen. Statt in den Schornstein schlug er ein Loch in das Nachbarzimmer. Wir haben gelacht, traurig gelacht. Ja, wir möchten so gern wieder einmal froh lachen, mit Euch lachen.

Schade, dass Ihr nicht noch einmal hier wart, zum Abschied hier wart, mit uns zusammen! Dann wäre das vergangene Leben noch einmal um uns gewesen! Aber vielleicht ist es gut so, wie es ist. Wer weiß, was passiert wäre, wenn Ihr hier wäret!

Macht 's gut, liebe Kinder!

Es ist kalt geworden, kalt und hässlich …

Alles Liebe! Eure Mutter.«

Das war der letzte Brief, der Abschiedsbrief aus und von der Heimat. Ich habe ihn an meine Schwestern weitergeschickt. Hanne bekam ihn als Letzte. Sie hat ihn gut aufgehoben und später für mich abgeschrieben. Das war gut, denn ihre Kinder haben ihn mir merkwürdigerweise nach Hannes Tod nicht zurückgegeben. Warum nicht? Aus Unverständnis? Natürlich! Wie sollten Sie verstehen, was er mir bedeutet hat? Was verstehen schon diejenigen von der Heimat, die sie nicht verloren haben?

Und so geschah es: Als ich eines Tages Ende Oktober aus der Schule kam, nahm mich Frau Vogt auf die Seite. Sie sah mich traurig an: »Eben hat dein Bekannter aus dem Werk in Hirschfelde angerufen. Deine

Eltern mussten vorgestern ziemlich plötzlich ihr Haus verlassen. Der Transport ging vermutlich nach Liegnitz in Schlesien in ein Sammellager. Wo man sie dann hinbringen wird, ist noch nicht bekannt. Ach ja, ein Bergwerksdirektor wollte in Euer Haus einziehen. Man brauchte es daher …«

Das war also das Ende!

Ich nickte Frau Vogt kurz zu und ging in mein Zimmer. Sie sollte mich jetzt nicht sehen! Ich musste allein sein! Das ging nur mich an!

Da war wieder so ein Würgegefühl in der Kehle. Ich, der inzwischen Siebzehnjährige, habe den Kopf auf den Tisch gelegt und geweint, einfach geweint. Lange? Ja, lange! Fast könnte ich es heute noch.

Da war jemand oder etwas gestorben. Und wenn jemand stirbt, da weint man.

Aber man streicht dem lieben Toten noch einmal über die Stirn. Man küsst ihn. Doch da war niemand.

Und man begräbt den Verstorbenen! Ich hatte aber nichts zu begraben.

Da jagten viele heiße und wirre Gedanken durch den Kopf. Sollte ich noch einmal über die Grenze gehen, Garten und Haus zum letzten Mal sehen, mich von allem kurz verabschieden? Ich sah alles vor mir, im Sommer, im hellen Sonnenlicht. Ich sah mich in den Hof hineingehen, vor dem Haus stehen. Da oben war meine kleine Mansarde.

Aber verflucht! Das war doch alles nicht mehr möglich! Ich würde alles nur im Dunkeln verborgen und schlecht sehen können! Ich würde nach dem verabredeten Zeichen schauen, den drei zerschlagenen Fensterscheiben. Vielleicht waren schon Fremde im Haus?

Vielleicht hatte man schon die Möbel herausgeholt, als Heizmaterial zerhackt!? Ach nein, es wollte ja der Bergwerksdirektor in unser Haus! Der war wohl bereits eingezogen und räkelte sich schon auf Vatis bequemem Ledersessel?!

Ich starrte hinaus in einen grauen, langweiligen Tag und dann wieder auf den ebenfalls grauen, gepflasterten Brauereihof wie beim ersten Mal. Wo würde es nun hingehen?

»Nein, das bringt nichts. Das ist Gefühlsduselei! Man muss wissen, wenn man verloren hat«, sagte ich laut und ein wenig übertrieben. »Du wirst noch öfter etwas verlieren«, hörte ich hinter mir. Ich fuhr erschrocken hoch und schaute hinter mich. Gabi stand in der offenen Tür. Anscheinend hatte ich ihr Klopfen überhört.

»Wie bitte? Ja, ja, natürlich«, sagte ich etwas fahrig und drehte ihr wieder den Rücken zu. »Du willst jetzt wohl lieber allein sein?«, fragte sie leise. Ich nickte. Ich wollte jetzt mit niemandem reden, mit niemandem. Sie trat kurz an mich heran und strich mir flüchtig über den Kopf. Dann ging sie wortlos hinaus und schloss leise die Tür.

»Das Leben geht weiter, du musst mitgehen …«, schoss es mir durch den Sinn, »das hatte mir doch jemand mit auf den Weg gegeben. Ja, ja, das sagt sich so leicht.«

Aber eine kleine Schwäche wollte ich mir doch noch leisten. Ich wollte mich noch einmal an das Ufer der Neiße setzen. Ja, das wollte ich, an das Ufer der Neiße, die ich nun nicht mehr durchqueren würde, nie mehr! Verdammt noch einmal! Nie mehr!

Auch unser Haus, unser Dorf würde ich nun nie mehr sehen! Nie mehr …

So war es wirklich. Beinahe hätte ich alles später noch einmal gesehen, aber dann kam es doch ganz anders: Viele Jahre später bedrängten mich meine Frau und meine Kinder, doch ein Visum nach Polen zu beantragen. Sie wollten sehen, wo ihr Mann, ihr Vater seine Kindheit verbracht hatte. Ich sträubte mich dagegen. Zu viele Gefühle, die schon tief ins Unterbewusstsein gesunken waren, kamen wieder hoch. Hatte ich Angst, meine Kinder würden ihren würdevollen Vater weinen sehen?

Schließlich gab ich nach. Meine Frau und meine Kinder erhielten das Visum. Mir wurde es verweigert mit der Begründung, der Name meines Geburtsortes in Oberschlesien sei nicht mit seiner neuen polnischen Bezeichnung geschrieben worden. Beantragung und Bezahlung müssten neu erfolgen.

Es war noch die Zeit des Kalten Krieges. Welche Schikanen würden mich als Ausgewiesenen noch erwarten?! Vielleicht würde man mich verhaften, wenn ich vor unserem Haus stünde, über die Wiesen liefe und gar fotografierte? Mit welcher Begründung? Nun, Begründungen für eine Verhaftung, die gab es hinter dem Eisernen Vorhang genügend. Und sollte ich unseren Kindern sagen, da dürft ihr nicht hinein, hinter diesem Zaun ist die Kindheit eures Vaters, eingesperrt wie in einem Gefängnis? Dort hat er gelacht, Dummheiten gemacht und unbekümmert auf der Wiese vor dem Haus gesessen und in den Himmel geschaut?! Aber auf dieser Wiese dürft ihr nicht sitzen?! Sollte ich ihnen das sagen müssen?! Und den großen Wald, den

Tschau, den würde ich ihnen nicht zeigen können, da man sich auf kürzestem Wege, ohne anzuhalten zum Bestimmungsort zu begeben hatte. Umwege waren strengstens verboten. Nein! Ich stellte keinen zweiten Antrag.

Wenige Wochen später wurde mein Elternhaus gesprengt.

Nun war alles zu spät. Herrgott! Hätte ich doch …

In der Pfalz sagt man: »Die Herren ›Wenn ich doch‹ und ›Hätt ich doch‹ sind zwei widerliche und nutzlose Quälgeister! Man sollte sie nicht in seinen Kopf lassen.«

Also weg damit!

Ich nehme die letzten Blätter meiner Notizen. Da steht ziemlich verwischt: »… noch einmal an die Neiße.« Vielleicht habe ich damals beim Schreiben immer noch geweint. Ich erinnere mich jedenfalls, dass ich mir das verheulte Gesicht gewaschen und einmal laut geschrien habe.

Das hatte anscheinend Gabi gehört. Sie stand plötzlich vor meinem Fenster, hielt ihr altes, klappriges Fahrrad und sah mich mit großen Augen an. Ich sprang hinaus und sagte: »Gib 's mir!« Wortlos überließ sie mir den Drahtesel. Ich jagte nach Hirschfelde und fühlte mich allmählich besser. Weiter ging es bis zur Saupantsche. Ich setzte mich an den mir so bekannten Uferabhang und dachte an meinen ersten Neißedurchgang.

Da saß ich nun. Warum, darüber machte ich mir keine Gedanken. Ich saß einfach da, so ganz verloren da. Mehr wollte ich nicht. Unbeschreibliche Gefühle kamen hoch. Die vergangenen drei Jahre zogen an mir wie im Zeitraffer vorüber. Das war wieder zum Weinen. Das war wieder ein Abschied, aber nun einer ohne Wiedersehen! Das spürte ich. Ich wusste plötzlich, ich hatte sie endgültig verloren, meine Heimat. Und ich sollte Recht behalten.

Ich hockte im Gras und lauschte lange dem Fluss. Er plätscherte leise und so schön beruhigend dahin. Es klang wie eine Begrüßung. Wir kannten uns bisher nur im Dunkeln, aber wir kannten uns eben und waren uns irgendwie vertraut. Da war nichts mehr gefährlich.

Ich verstand plötzlich die alten Griechen, die in jedem Fluss einen Flussgott oder irgendein besonderes Wesen sahen. Mir kam die Neiße durch unsere heimlichen Begegnungen und gemeinsamen Erlebnisse wie etwas Persönliches vor. Ja, sie hatte mich offenbar gemocht, meine Flussgöttin, und mich nie ins Wasser fallen lassen. Wäre ja keine Schwierigkeit für sie gewesen! Ich streckte meine Hand ins Wasser und ließ sie langsam hin und her gleiten, wie wenn ich ihn streicheln wollte, meinen Fluss. Das tat gut!

Ich träumte und sah sie plötzlich wieder vor mir, die staubige, alte Dorfstraße mit den Apfelbäumen am Rand. Sie war leer. Ich sah hinaus in den Garten. Früher Morgen! Sonnenschein! Im Gras glitzerte zitternd noch ein wenig Tau. Links von der Straße kleine Berge, auf denen wir im Winter Ski fuhren. Rechts die sechs großen Pappeln am Ende unseres Gartens. Sie schwankten leicht im Sommerwind. Da waren die zwei Marunkenbäume, die ich im letzten Sommer gepflanzt hatte. Mein Stolz! Marunken nannten wir die eiergroßen Früchte, die an überdimensionale Mirabellen erinnerten. Ja, und Mirabellen hatten wir auch!

Auf dem Steingarten wuchs und blühte es, leider auch das Unkraut, das wir immer wieder zu unserem Ärger jäten mussten. Jäten, das hieß in der Hocke Unkraut herauszupfen! Ich sah meine Schwestern und mich zupfen. Plötzlich standen meine Eltern mit ernsten Gesichtern davor. Ich erschrak und erwachte aus dem Traum.

Da war auf einmal nur noch die Neiße, und ich saß am Ufer.

»Ja, alte Freundin, schönen Dank, das war 's dann wohl. Auch schönen Dank für den Traum! Werden wir uns einmal wiedersehen? Lässt du mich dann wieder durch?«, sagte ich laut vor mich hin. Ja, erst nach 46 Jahren würde ich sie wiedersehen, aber ich bin nie mehr hindurchgegangen. Es hatte ja keinen Sinn mehr …

Mir war kalt geworden. Ich wollte aufstehen und zurückgehen.

Da kamen zwei Grenzpolizisten, sozusagen zwei personifizierte Komplikationen. Sie steuerten sofort auf mich zu: »Nu, Sportsfreund! Was machen Se hier?«, sagte einer von ihnen ziemlich schroff in gepflegtem sächsischen Tonfall. Für die Grenzkontrolle nahm man bewusst keine Polizisten aus unserer Gegend. Die beiden waren also keine gemütlichen Oberlausitzer. »Ich sitze hier und schaue einfach in das Wasser. Ist das vielleicht nicht erlaubt? Sonst kann man hier wohl nichts tun!«, antwortete ich. Sie sahen mich kurz missbilligend an: »Nu! Nu! Nich frech werden, mei Gutester! Wollen Se etwa unsere Staatsgrenze überschreiten?« Ich lachte laut über die geschwollene Ausdrucksweise und erwiderte: »Die Staatsgrenze? Vielleicht mit dem Fahrrad? Wie stellen Sie sich das vor?

Ich will nur hier sitzen und an meine verlorene Heimat jenseits der Neiße denken. Ich habe schließlich da drüben meine Kindheit verlebt!«

Diese Antwort war offenbar nicht gut. Die beiden nahmen jetzt geradezu Haltung an und der Größere von ihnen sagte in arrogantem, hochdeutschem Ton: »Das, was Sie da meinen, junger Freund, das ist nun für immer polnisches Staatsgebiet und nicht etwa Ihre verlorene Heimat! Was soll das Gesülze! Das hören wir schon genug aus dem kapitalistischen Westen! Ihr Flüchtlinge solltet nun endlich einmal begreifen, dass dieses Gebiet endgültig unseren polnischen Freunden gehört. Nur die Feinde unseres Staates denken anders. Zeigen Sie doch mal Ihre Papiere! Und wo arbeiten Sie denn?«

Ich erwiderte unschuldig: »Ich gehe ins Gymnasium in Zittau.« Ich gab ihnen zusätzlich meinen Schülerausweis. Gott sei Dank hatte ich die Papiere bei mir. Ohne sie, oh, das wäre nicht gut gewesen! Der Größere sah mich gehässig an: »Aha! Der arbeitet nich! Nu! Eener von den arroganten Neunmalklugen, die alles besser wissen. Ihr habt ja de Weisheit mit Löffeln gefressen. In der FDJ sind Se natürlich ooch nich?« Ich schüttelte den Kopf. »Klar, klar! Natürlich nich! Zu hochschnobrig und viel zu klug dafür! Das hamm wer besonders gern! Guck nur, wie vornehm er spricht! Vielleicht steh'n Se uff, wenn Amtspersonen mit Ihnen reden!« Ich stand betont langsam auf. Er blickte mich drohend an und sprach nun gekünstelt amtliches Hochdeutsch: »Wenn Sie schon so klug sind oder wenigstens sein wollen, dann sollten Sie auch das wissen: Sie befinden sich auf dem für alle Zivilpersonen verbotenen Grenzgebiet unseres Arbeiter- und Bauernstaates. Nu, das wissen Sie doch! Oder sind Sie doch nicht so gescheit? Oder gelten für so was wie Sie unsere Vorschriften nicht?« Er lachte hämisch und sah mich spöttisch an: »Ich will Ihnen mal was sagen: Wenn Sie das Gebiet nicht sofort verlassen, müssen wir das als eine bewusste Gesetzesübertretung und eine Provokation ansehen und werden Sie verhaften. Also los, verschwinden Sie sofort, bevor wir es uns anders überlegen!« Er verfiel wieder ganz in seinen Dialekt: »Los, los, verschwind'n Se! Noch simmer freundlich! Und merk'n Se sich: Een zweetes Moal lass'n mer Se nich mehr loof'n! Ihr'n Namen hammer notiert. Se sinn nu amtlich! Pass'n Se off! Bei d'r nächsten Schweinerei von Ihnen kommt 's mit zur Sprache!«

Ja, ja! Nun war alles klar. Eine Debatte war völlig sinnlos. Die beiden warteten nur auf eine Gelegenheit, ihre Macht zu zeigen. Und wie so etwas aussehen würde, war bekannt. Ich verschwand also.

Vielleicht war die Begegnung mit diesen Nationalhelden gut so. Meine trübe Stimmung war wie weggeblasen. Ich radelte zurück nach Zittau. Dann saß ich wieder in meinem Zimmer und starrte auf den gepflasterten Hof wie beim ersten Mal. Ach was! Wie hatte mein Vater beim Abschied gesagt? »Nach vorn schauen, nur nach vorn!« Also! Los, Schularbeiten machen und an nichts anderes denken.

Aber wo mochten meine Eltern sein? Man hatte sie tatsächlich weit nach Schlesien, nach Liegnitz gebracht, wie ich später erfuhr. Dort mussten sie mehrere Tage und Nächte (die um diese Zeit schon recht kalt waren) im Freien auf ihren Koffern verbringen.

Gewiss, es hätte auch die Möglichkeit gegeben, meine Eltern ins etwa zehn Kilometer entfernte Hirschfelde zu bringen, wo eine Brücke über die Neiße führte. In weniger als einer Stunde wären sie über der Grenze gewesen. Warum also diese Tortur? Nun, da gab es halt mal wieder irgendwelche Vorschriften, die irgendwelche Behörden penibel einzuhalten gedachten.

Einige Tage später rief meine Mutter an. Sie klang müde: »Lieber Junge! Wir sind jetzt hier im Quarantänelager in Wutha. Komm uns abholen und bring etwas Geld mit. Wir durften kein polnisches Geld oder irgendeine Fremdwährung mitnehmen. Unsere sieben polnischen Zigaretten, die man uns zugeteilt hatte, die will niemand kaufen. Und sonst haben wir ja nichts. Also mach 's gut. Ich muss Schluss machen. Komm bald!«

Wutha? Wo lag Wutha? Noch nie gehört!

Ich fuhr also nach Wutha, einem kleinen Ort in Thüringen. An seinem Rand hatte man Baracken aufgestellt. Sie dienten als Auffang- und Quarantänelager für Ausgewiesene. Warum Quarantäne? Glaubte man, bei den »polnischen Freunden« sei es so schmutzig und unhygienisch? Natürlich nicht! Oder doch?

Der Zug war überfüllt, wie fast alle Züge damals. Ein Sitzplatz war natürlich nicht zu ergattern. Ich musste also stehen. Doch das fürchterliche Gedränge hatte auch seinen Vorteil: Die Leute standen nämlich so dicht, dass man nicht umfallen konnte, auch wenn man noch so müde war. Die letzte Stütze war schließlich die kalte Wagonwand. Und wenn jemand wirklich einmal eingedöst zusammensackte, erhielt er einen kräftigen Puff vom Nachbarn und stand wieder gerade. Dieses System funktionierte gut.

Der Zug fuhr nicht schnell und hatte lange Aufenthalte, da sich immer wieder Leute hineindrängten und draußen an den Türtreppen hingen. Sie versuchten sogar, sich auf die Puffer zu setzen, was jedoch nur bewirkte, dass die Fahrt nicht weitergehen konnte. Die Bahnbeamten gaben sich große Mühe, Ordnung zu schaffen; ab und zu kam es sogar zu kleinen Handgreiflichkeiten.

Ich stand gute drei Stunden. Dann musste ich umsteigen. Ich weiß den Namen des Ortes nicht mehr. Der Anschlusszug war schon weg, da unser Zug Verspätung gehabt hatte. Wir standen eine Stunde lang auf einem kalten, zugigen Bahnsteig. Niemand meckerte. Man war ja schon froh, dass man überhaupt die Chance hatte mitzufahren. Im nächsten Zug hatte ich ein großartiges Erlebnis: Ich konnte mich hinsetzen. Herrlich! Zwar nur eine harte Holzbank, aber eben eine Sitzgelegenheit.

Mir gegenüber saßen zwei eben aus russischer Kriegsgefangenschaft Entlassene. Der eine gelb wie eine Zitrone. Als ich ihn anschaute, nickte er mir zu und sagte nur: »Malaria«. Der andere war blass und ausgemergelt. Er saß gebeugt da und schien in seinem abgeschabten, löchrigen Mantel zu frieren. Er wirkte uralt. Er sah mich an: »Aber es geht nach Hause«, sagte er, wie um sich für seinen Anblick bei mir zu entschuldigen, »aber vielleicht verstehst du das nicht so recht«, fügte er hinzu. »Und ob ich das verstehe. Bei mir geht's nicht, nein, nie mehr nach Hause«, murmelte ich und schaute ihn müde an.

»Nie mehr nach Hause?«, fragte der Gelbe. Ich nickte: »Nein, nie mehr.«

»Na ja«, sagte der Ausgemergelte, »dafür hast du wenigstens nicht in diesen irrsinnigen Krieg gemusst und dann in diese scheiß Gefangenschaft. Habe sie fast nicht überlebt. Man hat mich wohl nur entlassen, weil ich schon halb tot bin.«

»Gut, gut, was wollt ihr«, schnarrte ein dürrer Mann mit einem dicken Parteiabzeichen am Pullover, »daran ist eben der Hitler schuld.« Er sah uns herausfordernd an: »Na, und ihr habt sicher auch einen Teil dazu beigetragen. Schließlich habt ihr für den Irrsinnigen gekämpft. Einen Eid habt ihr sogar auf ihn geleistet! Ja, ja! Und du«, er drehte sich zu mir, »du hast sicher auch mitgemacht! Sei ehrlich! Na, warst du nicht auch in der Hitlerjugend?!« Ich sah ihn verständnislos an: »Da kam man doch automatisch hinein. Da musste doch jeder hinein. Du vielleicht nicht?« »Ja sicher«, krächzte er, »aber bin dann nicht automatisch in die Partei gegangen, und dafür kam ich ins Gefängnis, in ein nationalsozialistisches Gefängnis!«, betonte er und richtete sich stolz auf. »Tut mir Leid«, sagte ich, »ich kann es ein bisschen nachempfinden. Mein Onkel war auch im KZ.«

Seine Hände zitterten plötzlich, und er sagte mit zuckenden Lippen: »Gar nichts kannst du nachempfinden, gar nichts, du dummer Junge, nicht einmal ein bisschen! Scheiße! Weißt du vielleicht, was Scheiße ist, du Muttersöhnchen?«

Der Gelbe hieb plötzlich mit der Faust auf den kleinen Tisch am Fenster, dass es krachte: »Jetzt haltet aber mal die Schnauze! Aber wirklich! Jetzt fängt das nu an, diese blödsinnige, gegenseitige Aufrechnerei, wer mehr falsch gemacht hat, wer mehr den Nazis in den Arsch gekrochen ist und wer mehr in der Scheiße war! Diese Gehässigkeit und Selbstgerechtigkeit! Ich kann das nicht mehr hören! Ich hab's immer wieder in der Gefangenschaft gehört! Du Faschist? Du großer Faschist? Du SS? So haben die Russen immer wieder gesagt und dabei mit der Faust gedroht. Aber keiner hat mich jemals gefragt: Du im Dreck gelegen, du Schmerzen, du Hunger, du frieren, du armes Schwein?« Er schloss seine gelben Augen und lehnte sich müde und schwitzend zurück. Der Parteimensch wandte sich zu ihm: »Reg' dich nicht auf! Hast wohl Recht, Genosse. Wir sollten jetzt alle lieber an die neue Partei, an die neue Politik und an den Aufbau denken. Leute wie dich brauchen wir. Wir, ja wir bauen zusammen die Zukunft, Genosse!«

Der Gelbe schloss die Augen zu schmalen Schlitzen: »Nein, so nicht, Parteimensch! Ich bin nicht dein Genosse und werde es auch nicht werden! Sag Kumpel zu mir, wenn du willst, oder auch Arschloch! Das ist mir schon egal, aber nicht Genosse! Ich war ein kleiner Parteigenosse. Dafür hat man mir in die Fresse geschlagen, nicht nur einmal! Ich werde nie mehr in eine Partei eintreten! Verstehste mich?! Selbst wenn die sagt, sie käme direkt vom Himmel. Nie mehr! Der große Irre hat ja auch immer von der ›Vorsehung‹ und der großen Zukunft gesprochen. Aber aufbauen, ja, das will ich, und das sollt ihr Parteileute auch, aber nicht nur mit dem Maul. Zugreifen ohne Parteisprüche, und zwar möglichst schnell! Ha, könnt ihr auch zupacken, ihr Parteispezialisten? Und was ist, wenn ihr später ein anderes Gesicht habt, weil ihr eure Maske abgenommen habt? So war's doch mit dem Hitler, dem Scheißkerl! Erst hat er die Arbeitslosigkeit weggebracht. Da waren wir begeistert und sind zu ihm gelaufen. Dann hatte er uns, und ehe wir es kapiert hatten, zeigte er seine echte Fratze! Ach, hört doch auf!« Er lehnte sich erschöpft zurück. Wir nickten ihm alle zu, aber keiner hatte Lust, die Diskussion fortzusetzen. Wir waren zu müde und hungrig, und der Parteimensch etwas nachdenklich. Außerdem blieb der Zug wieder einmal auf freier Strecke stehen. Wir nahmen es gleichgültig zur Kenntnis und dösten vor uns hin.

»Aufbau«, dachte ich im Halbschlaf, »Aufbau, ja, das ist es.« Ich hatte keine Ahnung, wie schwierig das sein würde. Immerhin, der Gedanke wirkte wie Morgenrot. Ich schaute hinaus. Der Zug ratterte wieder los.

Nach einer Stunde musste ich wieder umsteigen. Zunächst stand ich aber eine Stunde im Regen auf einem nur teilweise abgedeckten Bahnsteig, und mit mir viele andere. Ich hatte Hunger und Durst, die anderen wohl auch, aber es sprach niemand darüber. Es roch nach ungewaschenen Kleidern und Müdigkeit. Es gab nichts zu kaufen. Nur Regen gab es, und davon genug.

Im nächsten Zug musste ich wieder stehen. Der Zug nahm das als Motto und blieb ebenfalls stehen. Dann wollte ich auf die Toilette, doch es gab ein Problem; denn dort saß jemand und weigerte sich hartnäckig, diesen Sitzplatz zu verlassen. Da nun noch mehrere das gleiche Bedürfnis wie ich verspürten, eskalierte die Sache. Einige der Urinieraspiranten packten den Toilettenbesetzer und setzten ihn derb auf den Fußboden, ohne sich um dessen Protestlaute zu kümmern. Dieser versuchte daraufhin verzweifelt, die Toilettentür offen zu halten, um so die Benutzung zu sabotieren. Da kam er aber schlecht an. Derjenige, der der Klobrille am nächsten stand, drehte sich kurzerhand um und sagte gefährlich leise: »Jetzt hör mal gut zu, mein Sportsfreund! Wenn du nicht augenblicklich deinen Haxen von der Tür nimmst, pinkel ich dir stante pede in die Fresse!« Und er griff unzweideutig nach seinem Hosenschlitz. Man sah ihm an, er würde seine Drohung wahr machen. Ein paar Frauen schrien: »Huuch!« Da zog der andere seinen Fuß aus der Tür, und der Toilettenbenutzung stand nichts mehr entgegen. Irgendjemand rief vernehmlich: »Schade! Ich hätt 's gern gesehen, wenn er ihm in das blöde Gesicht …«

Schließlich kamen wir doch in Wutha an. Ich musste noch ein gutes Stück laufen. Da viele zu dem Lager wollten, war es keine Schwierigkeit, dahin zu finden.

Da standen mehrere Baracken, voll gestopft mit Bettgestellen, auf denen alte Matratzen lagen. Darauf eine Decke, manchmal auch keine. Das war also Endstation Heimat.

Ich ging hinein und suchte meine Eltern. Ich sah in viele verhärmte, übermüdete Gesichter. Viele schauten mit fernen Augen durch mich hindurch, so als suchten sie etwas ganz anderes. »Die denken nicht an Aufbau«, ging es mir durch den Kopf, »nein, das können sie nicht, die denken an ein warmes Bett und an einen langen, tiefen Schlaf. Die müssen erst selbst wieder aufgebaut werden. Mancher hat vielleicht schon zu sehr abgebaut …«

In der zweiten Baracke fand ich sie, meine Eltern. Sie saßen in Mäntel gehüllt auf einem Bettgestell. Ich erschrak. Sie wirkten unendlich müde. Als sie mich sahen, sprangen sie mir nicht entgegen. Sie standen langsam auf mit Tränen in den Augen und umarmten mich. Ich hatte den Eindruck, sie stützten sich auf mich. »Junge, schön, dass du da bist«, sagten sie zugleich. Meine Mutter zeigte auf zwei zerkratzte Koffer: »Das ist der Rest von der alten Heimat. Sie lässt dich grüßen!« Ihre Stimme schwankte.

Da sprang eine jüngere Frau aus dem Nachbarbett: »Mensch, ihr alten Kacker, was macht ihr für miesepetrigen Gesichter. Davon wird doch nichts besser!« Sie hüpfte herum und sang dazu:

»Das kann doch einen Seemann nicht erschüttern, keine Angst, keine Angst, Rosmarie! Wir lassen uns das Leben nicht verbittern …«

Wir fanden das geschmacklos. Aber es half, und schließlich sangen wir sogar mit. Aber nach dem Lied wurde es wieder traurig still.

Sie sah mich an: »Mann, du siehst viel zu alt aus für deine Jugend, und müde bist du, viel zu müde. Du musst jetzt erst einmal schlafen, allein natürlich!« Sie lachte keckernd über die anzügliche Bemerkung. »Mutti, das Weib hat Recht. Ich muss etwas schlafen«, sagte ich.

»Junge, was sprichst du ordinär! Was bist du verwildert! Das ist eine Dame!«, sagte sie vorwurfsvoll. Die Dame lachte schallend: »Lassen Sie es gut sein, Mutti! Er hat Recht, Ihr kleiner Junge. Vielleicht wäre ich einmal eine Dame geworden, aber das Schicksal wollte es anders! Das Schicksal ist überhaupt nicht vornehm mit mir umgegangen, und mit Ihrem Jungen wohl auch nicht.«

Ich warf mich auf eines der übereinander stehenden Bettgestelle. Eine Decke hatte ich nicht, aber ich war viel zu müde, um zu frieren, und schlief sofort ein. Ich träumte von einer endlosen Zugfahrt. »Wohin, wohin fahren wir?«, fragte ich einen Schaffner mit gelben Augen. »Wer weiß das schon? Du musst nur rechtzeitig aussteigen. Aber gib Acht, dass du nicht auf die Schnauze fällst«, sagte er grinsend und löste sich in Luft auf. Ich wollte aussteigen, aber die anderen Menschen ließen mich nicht durch. Als ich schweißgebadet aufwachte, bemerkte ich, dass meine Mutter mich mit ihrem Mantel zugedeckt hatte. »Warum schreist du so? Komm«, rief sie, »es gibt etwas zu essen. Wann hast du überhaupt zum letzten Mal gegessen?«

»Ich glaube vor zwölf oder 14 Stunden, weiß nicht genau«, sagte ich immer noch etwas müde.

Das Essen, es war alles andere als gut. Aber wen störte das? Wir waren froh, dass es etwas gab. Der Geschmack war weniger wichtig. Es war reine Nahrungsaufnahme. Es gab sogar eine Art Nachtisch, einen bräunlichen Brei. »Sozusagen eine Art Nährschlamm«, sagte mein Vater trocken. Wir waren schließlich satt. Mehr wollten wir nicht.

Irgendetwas fehlte mir. Ich sah mich suchend um. Da fiel es mir ein. »Wo ist eigentlich unser Seppl?« Meine Mutter schrak richtig zusammen. »Ja, mein Junge, unser Seppl, dein Seppl. Als ob er es geahnt hätte, dass wir bald weg müssen! Er ist vor ein paar Tagen gestorben. Er bekam plötzlich schlecht Luft. Dann ging er mühselig die Treppe hoch, legte sich vor unsere Schlafzimmertür, sah uns noch einmal an und starb.« Sie strich mir über die Stirn. »Es war besser so. Wir hätten ihn zurücklassen müssen. Kein Tier durfte mitgenommen werden. Stell dir vor, unser Seppl in fremden Händen! Das wäre für uns alle noch schlimmer gewesen. Er wollte halt zu Hause sterben.«

Wir waren alle still.

Plötzlich verkündete meine Mutter stolz: »Ich habe mich schon erkundigt. Wir können morgen unsere Papiere abholen und dann fahren.«

»Ja, aber wo fahren wir hin?« Diese bittere Frage meines Vaters ging uns durch Mark und Bein. Natürlich, wohin? Wir sahen uns betroffen an. Hatten wir denn ein Ziel? Von einem »Zuhause« wagte keiner mehr zu sprechen. Das gab es jetzt nicht mehr. »Ja, Vogts haben euch für ein paar Tage eingeladen«, murmelte ich zögernd nach einer Weile.

»Vielen Dank«, kam es traurig zurück, »das ist sicher gut für eben ein paar Tage. Wir haben auch mit Gisela telefoniert. Ihre zukünftige Schwiegermutter hat uns ebenfalls für einige Tage eingeladen. Ja, ja, das ist alles gut, damit wir uns von der ganzen«, sie stockte kurz, »damit wir uns von der ganzen Sache erholen können. Aber dann ... Natürlich haben wir uns schon Gedanken über unser weiteres Leben gemacht. Wir müssen uns um eine neue Bleibe kümmern und uns eine neue Existenz aufbauen. Natürlich viel, viel bescheidener als früher«, fügte sie leise hinzu.

Mein Vater stand langsam auf, hielt sich mit einer Hand am Bettgestell fest, die andere legte er beruhigend auf die Schulter seiner Frau. Er sah über uns hinweg: »Ich habe den Kreisarzt in Zittau angerufen. Der hat mir gesagt, dass in Hainewalde im Kreis Zittau eine Arztpraxis frei geworden ist. Dort könnte ich, nein, könnten wir in ein hübsches, kleines Häuschen einziehen.« Ich sprang auf: »Prima, ein Häuschen für uns! Vielleicht auch mit Garten?«

Er zuckte mit den Schultern: »Ich traue der Sache allerdings nicht ganz. Es wäre ja zu schön, aber man hat mir gesagt, es sei die Praxis eines nationalsozialistischen Arztes. Sollte der etwa unseretwegen sein Haus verlassen müssen? Sollte er also unseretwegen aus seinem Haus vertrieben werden? Auf dem Unglück anderer unser neues Leben aufbauen? Nein, das könnten wir nicht machen!«

Wir schwiegen betroffen.

Mutter schlug schließlich energisch auf den Tisch und rief: »Also, wir werden sehen! Wir müssen ja auch einmal wieder Glück haben!« Mein Vater nickte: »Klar! Wir werden sehen. Auf jeden Fall gehen wir wenigstens für ein paar Wochen dahin. Ich muss schließlich etwas Geld verdienen! Hast du übrigens welches mitbringen können? Ich habe mir für die Telefongespräche etwas pumpen müssen.« Er sagte dies betont gleichgültig, doch ich wusste, dass dahinter unsagbare Bitterkeit steckte. Er hatte sich mit fast 60 Jahren Geld zum Telefonieren leihen müssen!

Ich hatte etwas Geld zur Verfügung, da es meinen Eltern vor einigen Wochen gelungen war, polnisches Geld, also Zloty, in die neu eingeführte Ost-Mark umzutauschen. Das war dann herübergeschmuggelt worden. Nicht viel natürlich, aber zum Telefonieren, für die Zugfahrt und für ein paar Tage reichte es. Außerdem, und damit wollte ich sie überraschen, außerdem hatte ich den bei meinem letzten Grenzübergang mitgebrachten Speck gut verkaufen können. Dieses Geld, zweihundert Mark, hatte ich als eiserne Reserve aufgehoben.

Ich gab meinem Vater das Geld. Er sah mich merkwürdig fremd an, als er es entgegennahm. Nun, früher hatte er seinem Jungen Geld gegeben. Jetzt war es umgekehrt. Dann lachte er aber plötzlich. »Weißt du noch, du hast mir schon einmal Geld gegeben?«, schmunzelte er. Ich schüttelte den Kopf. Er hatte sich wieder gefangen: »Du warst sieben Jahre alt. Ich hatte Geburtstag. Alle brachten mir irgendein Geschenk, aber du hattest nichts. Deine Schwestern sahen dich ein wenig missbilligend an. Da hast du plötzlich entschlossen in deiner Hosentasche gekramt und nacheinander fünf einzelne Zehnpfennigstücke zu Tage gefördert. Dann hast du mich erwartungsvoll angesehen, mir das Geld in die Hand gedrückt und stolz gesagt: ›Da hast du, Vati, von meinem Taschengeld, kauf dir etwas dafür!‹ Empört über das brüllende Gelächter deiner Schwestern hast du geschrien: ›Ihr blöden Ziegen, ihr habt ihm etwas geschenkt, was euch gefällt. Jetzt kann er sich etwas kaufen, was ihm gefällt!‹ Das hat mir damals sehr gefallen, mein Sohn.« Wir lachten zusammen. Ja, merkwürdig, wir lachten und freuten uns, dass wir wieder lachen konnten.

»Ich geh ein bisschen an die frische Luft, ich brauch das«, sagte mein Vater, zog sich seinen Mantel über und ging zur Tür. Da drehte er sich noch einmal um: »Weiß der Teufel, Kläre, mir kommt der Mantel einfach schwerer vor als früher! Na, das wird eben das Alter sein.« Er lachte: »Das Ding ist schwer, wie wenn Gold darin wäre! Wäre zu schön: Gold!«

Als er draußen war, lächelte meine Mutter spitzbübisch: »Wenn er wüsste, wie Recht er hat! Ich habe unsere Gold- und Silberstücke und etwas Schmuck heimlich in sein Mantelfutter eingenäht. Wir durften ja keine Wertsachen mitnehmen. Sollten wir alles den Polen lassen? Erst wollte ich alles zwischen die Wäsche im Koffer stecken. Aber Vati war dagegen. Er kann nicht schmuggeln. Ich schon! Also habe ich es eben so gemacht. Er wird sich noch wundern!« Das war wieder ein Grund zum Lachen. Herrlich!

Unsere Dame vom Nachbarbett hörte uns und rief: »Halt! Ich will mitlachen. Was habt ihr denn?« »Nein, nein, das bleibt unser Geheimnis«, sagte meine Mutter immer noch lachend, »ich habe meinen Mann nur etwas beschummelt.«

Die Dame, sie hieß übrigens Kurpan, wie wir inzwischen erfahren hatten, strahlte: »Recht haben Sie! Das sollten wir Frauen viel öfter tun! Die Männer wollen einfach ein bisschen beschummelt werden!«

Ich hatte keine Lust, mich an dieser Diskussion zu beteiligen und sagte: »Ich werde am besten Vogts anrufen, dass wir morgen kommen. Sie müssen sich schon ein wenig vorbereiten ...« Mit diesen Worten wollte ich hinausgehen. Doch das passte unserer Nachbarin gar nicht: »Mein Gott! Ist der junge Mann ernst! Er sah viel besser aus, als er gelacht hat! Mensch du junger Kerl! Wenn auch alles noch so beschissen ist, ein mieses Gesicht macht 's nich besser. Mach nich sone Falten auf deiner Stirn!« Sie wandte sich zu meiner Mutter: »Schade, dass ich nicht ein paar Jahre jünger bin! Ich würde ihn schon zum Lachen bringen!« Und sie blitzte mich mit ihren tiefblauen Augen kurz an. »Schade!«, dachte jetzt auch ich, »sie ist leider schon älter. Vielleicht schon dreißig ...«

Da kam mein Vater wieder herein. »Der guckt genauso griesgrämig wie sein Sohn! Was soll denn das?« Er schaute sie verblüfft an ob dieser kecken Bemerkung. Da zog meine Mutter aus ihrer tiefen Manteltasche ein mit Leder umhülltes Reisefläschchen, gefüllt mit irgendeinem Schnaps, und einen kleinen Silberbecher heraus. Das Fläschchen stammte aus der Zeit, in der die Eltern mit uns gewandert waren. Nun kreiste der Becher, und das Gespräch kreiste ebenfalls, und zwar um frühere und bessere Zeiten. Frau Kurpans Gedanken bewegten sich offensichtlich noch um andere Dinge; denn sie drückte mir zwar verstohlen, aber dafür wiederholt die Hand. Das empfand ich gar nicht so unangenehm trotz ihres »hohen« Alters von dreißig Jahren!

Nach dem dritten Gläschen begann sie noch fröhlicher zu werden, und schließlich sang sie:

»Ich möchte gerne wissen, ob die Fische küssen. Ja, über Wasser tun sie 's nicht, und unter Wasser sieht man 's nicht ...«

Dabei tänzelte sie die Hüften schwingend vor uns hin und her. Dann aber kippte ihre Stimmung plötzlich um, und sie erzählte uns, dass ihr Mann vermisst sei. Beide hätten sie nicht viel voneinander gehabt. Ein paar Urlaubstage – »und -nächte«, fügte sie bedeutungsvoll hinzu. Dann starrte sie vor sich hin und sprach mit leiser Stimme: »Meinen Vater haben die Russen einige Tage nach Kriegsende abgeholt. Lehrer war er, aber eben auch Parteigenosse und Luftschutzwart, kein Verbrecher. Er hat keinem was getan! Wahrscheinlich hat ihn irgendwer denunziert. Vielleicht einer, der sich mit den neuen Herren gut stellen wollte. Er hat mich zum Abschied in den Arm genommen: Lass die Mutter nicht allein! Allein wird sie nicht leben können. Er sollte Recht behalten. Ohne ihn konnte sie nicht leben. Er drehte sich an der Tür noch einmal um. Ich sah meinen Vater zum ersten Mal weinen. Er wollte mir noch etwas sagen. Doch die beiden Russen stießen ihn nach draußen. ›Dowei, dowei‹, haben sie gebrüllt Man hat ihn in eine Zelle der Polizeistation gesteckt, zusammen mit einigen anderen armen Schweinen.«

Sie murmelte stockend weiter: »Ich habe ihn nur einmal noch kurz durch den Türschlitz gesehen, als ich versuchte, ihm etwas zu essen zu bringen. Müde und krank und hoffnungslos sah er aus! Als er mich sah, rief er laut meinen Namen. Ein Polizist trat ihn gegen das Schienbein. Da wurde aus meinem Namen ein gequälter Schrei. Das ging mir durch Mark und Bein! Eines Tages wurden alle abtransportiert. Zur Aufbauarbeit, hieß es. Nach Sibirien, sagten andere. Wir haben nie mehr etwas von ihm gehört. Und er hatte noch so viel vor! Er wollte ein Buch schreiben über den Krieg und so … Wo mag er jetzt … Und wenn er doch zurückkommt, vielleicht auch mein Mann, wie sollen sie mich finden?« Sie schwieg eine Weile, und wir wussten auch nichts zu sagen. »Die Mutter hat das alles nicht verkraftet«, fuhr sie fort, »wer weiß, was sie hatte! Sie starb einfach ein Jahr später. Vielleicht vor Kummer?!«

Dann wollte mich ein Pole in sein Haus nehmen. Was sollte ich machen? Ich war ganz allein und Freiwild für die Männer. Er beschützte mich. Das tat gut.

Aber er schlug mich auch, wenn er besoffen war, der Dreckskerl! Und das war er oft. Da bin ich ausgerissen, als er wieder einmal einen Rausch ausschlief. Ich bin schnell aus dem Haus und einfach mit den Ausgewiesenen mitgegangen.«

Sie war wieder kurz still. Dann schaute sie uns an: »Warum erzähl ich euch das alles? Ihr habt ja selber genug zu schleppen.« Plötzlich schrie sie: »Aber ich hab ja niemand, dem ich was erzählen kann. Niemand!« Sie strich sich die Haare aus dem Gesicht und schloss für einen Moment die Augen. »Ach, ich will aber jetzt für alle Fälle einmal leben und werde daher nach dem Westen gehen. Man kann sich das ja auswählen, hab ich gehört.«

Sie stand plötzlich schnell auf: »Mensch«, rief sie laut und schlug sich dabei auf die Schenkel, »leben will ich! Verflucht noch einmal! Leben! Aber richtig! Was habe ich denn bisher gehabt? Schule oft in Uniform, dann in der Munitionsfabrik arbeiten, Arbeitsdienst, Panzersperren bauen, sich im Keller vor den Russen verstecken, hungern, einem Polen seinen Drecksstall aufräumen, die Heimat und alles Geld weg, Vater und Mutter und den Mann verlieren, hier in diesem Scheißlager herumsitzen, als ob man die Krätze hätte, und sich dabei nicht einmal duschen können! Ich will jetzt endlich auch einmal so chic und jung aussehen wie die Weiber im Westen!« Sie wischte sich ein paar Tränen ab. Sie schluchzte: »Die besten Jahre des Lebens gehen dahin, ohne dass man etwas davon hat! Ich mag nicht mehr! Ich mag nicht mehr!« Sie weinte laut.

Mutti strich ihr über die verklebten Haare: »Recht

haben Sie! Aber es kommt alles noch. Mein Gott, Sie sind doch noch so jung! Ihre besten Jahre gehen dahin, sagen Sie?! Na, die werden Sie doch erst noch erleben!« Frau Kurpan lächelte dankbar, sprang auf und rannte nach draußen.

Ja, sie wollte in den Westen. Meine Eltern hatten die Ostzone gewählt. Sie hofften im Innersten immer noch, dass sie bald, zumindest aber in absehbarer Zeit, in die Heimat zurückkehren würden. Sie dachten dabei auch daran, dass ich ein Jahr vor dem Abitur stand und dass daher ein Schulwechsel Probleme bereiten könnte. Außerdem hatte mein Vater inzwischen die Oberlausitzer gut kennen gelernt und glaubte daher, dass es ihm hier sicher leichter fallen würde, eine neue Praxis aufzubauen.

Am nächsten Tag konnten wir natürlich nicht fahren, da die Papiere nicht fertig waren.

Immerhin, am darauf folgenden Tag klappte es. Von Frau Kurpan konnten wir uns nicht verabschieden. Sie war mit einem weniger griesgrämigen, etwas älteren Herrn spazieren gegangen, der auch in den Westen wollte ... Na ja, sie wollte ja leben! Sollte sie es! Ob sie es geschafft hat?

Wir fuhren also los, aber eben nicht nach Hause. Es war keine schöne Fahrt. Sie war vor allem anstrengend und ermüdend mit Zwischenaufenthalten und verpassten Anschlüssen.

Wir kamen in Zittau an, eine Stadt von etwa 20 000 Einwohnern. Sie liegt nur 24 Kilometer entfernt von unserem Dorf. Früher war meine Mutter einmal in der Woche und gut gekleidet zum »Großeinkauf« hierher gefahren. Hier hatte sie auch, zumindest vor dem

Krieg, das gut sortierte Delikatessengeschäft und anschließend ein elegantes Café, das Café Zinn, besucht und dort eine Tasse Kaffee mit Kuchen genossen. Zittau hatte für uns einmal für die genüssliche Seite des Lebens gestanden. Jetzt gab es Zittau immer noch, aber von Lebensgenuss und Lebensfreude war keine Spur mehr. Zudem hing der Himmel voller Wolken, und es war feuchtkalt.

Vogts empfingen meine Eltern herzlich. Der Braumeister stellte sein bestes Bier auf den Tisch. Er pflegte für den Eigengebrauch den Flaschen vor dem Einschenken einen Schluck einer geheimnisvollen Flüssigkeit zuzusetzen. Ich habe nie erfahren, was es war. Auf jeden Fall schmeckte dieses Bier wesentlich besser als das, was man üblicherweise im Lokal vorgesetzt bekam. Und es tat meinen Eltern gut. Das Essen war freilich höchst einfach. Aber darüber sprach man nicht. Man sprach nur darüber, dass man überhaupt etwas zu essen hatte. Der Geschmack war nahezu unwichtig geworden.

Meine Eltern erzählten kurz von der Ausweisung, das heißt mein Vater überließ das überwiegend seiner gesprächigeren Frau.

Eines Morgens sei ein Soldat gekommen und habe gesagt: »Wenn Sie nicht für Polen optieren, müssen Sie in zwei Tagen unser Land verlassen.« Man brauche sie nicht mehr. »Unser Land«, hätte er gesagt. Aber sie sagten nichts mehr dazu. Warum auch? Die Zeit hatte sie müde gemacht. Nein, Polen wollten sie nicht werden. Also begannen sie zu packen.

Zwei Koffer waren erlaubt. Geld oder Wertsachen durften nicht mitgenommen werden! Immerhin hatte man Zeit zum Packen. Aber was kann man schon in zwei Koffern unterbringen!? Sie seien zum Platzen gefüllt gewesen und von zwei Lederriemen mühselig zusammen gehalten worden.

Dann, ja dann sei man noch einmal, das letzte Mal, durch das Haus gegangen. Dabei habe Mutter von unseren Ski noch schnell die Spitzen abgebrochen. »Die haben unseren Kindern so viel Freude gemacht! Damit soll niemand mehr fahren«, fügte sie jetzt immer noch grimmig hinzu. »Wir haben jeder noch einen Wodka getrunken und dann die Gläser an die Wand geworfen. Ich habe noch einige gute Gläser hinterhergeschmissen. Wir hatten daraus in glücklichen Tagen getrunken. Daraus soll jetzt niemand mehr trinken«, fuhr sie fort und wischte sich verstohlen eine Träne ab.

»Aber«, rief sie triumphierend und hielt dabei ihre Gabel senkrecht wie der griechische Gott Poseidon seinen Dreizack, »aber einen von unseren Römern habe ich mitgenommen und zwischen die Wäsche gesteckt. Einen blauen Römer! Er ist noch ganz! Ich habe nachgeschaut. Daraus werden wir zwei Alten zu Weihnachten trinken, wie früher! Das verspreche ich euch! Und wenn wir nicht mehr sind, werden unsere Kinder daraus trinken und an uns und ihre Heimat denken!«

Jetzt liefen auch Frau Vogt einige Tränen herunter. Meine Mutter machte eine kurze Handbewegung, als ob sie eine Fliege verscheuchen wollte, und erzählte weiter.

»Dann hat man uns und die Koffer auf ein Pferdefuhrwerk verladen und nach Görlitz gebracht. Hier hatten die Polen eine Sammelstelle eingerichtet, und da warteten schon viele Leidensgenossen. Man begrüßte sich, aber man weinte nicht, man war müde und hatte keine Lust, sich zu unterhalten. Von dort ging es mit dem Zug, der aber natürlich nicht direkt fuhr, nach Liegnitz. Dort lagerte man dann unter freiem Himmel auf einem zugeteilten Platz. Alle froren und gingen die ganze Nacht hin und her, um sich ein wenig warm zu machen. Das gelang aber nur schlecht. Am Tag gab es eine warme Suppe und sieben Zigaretten. Man wurde gleichgültig und mit militärischer Höflichkeit behandelt. Von der Kontrolle der Geldbeutel abgesehen gab es keine Belästigungen. Warum hatten die solche Angst, dass wir polnisches Geld mitnehmen könnten, so wertvoll ist es doch wirklich nicht, und hier hätten wir sowieso nichts damit anfangen können.«

Mutter trank genüsslich einen Schluck Bier. Dann fuhr sie fort: »Wir mussten noch einige Tage auf den Weitertransport warten. Ein polnischer Soldat hatte Mitleid und brachte uns ein paar Decken. In der dritten Nacht kamen wir in eine inzwischen frei gewordene Baracke. Da stank es fürchterlich. Aber nach kurzer Zeit merkten wir das nicht mehr; denn wir stanken allmählich selbst. Aber Gott sei Dank, es war nicht mehr so kalt! Trotzdem, uns war zum Sterben elend! Vati hat gesagt: ›Keine Angst, Mutti, wir sind noch nicht tot. Wir stinken nur so!‹ Ja, und dann ging es in einer Art Bummelzug weiter. Er hielt ziemlich oft. Plötzlich schrien einige: ›Da ist die Grenze! Wir sind in Deutschland. Ja, das ist Deutschland!‹

Wir rissen die Fenster auf und warfen unsere Armbinden nach draußen. Das war ein gespenstisches Bild: Lauter weiße Armbinden huschten an uns vorbei! Wir fühlten uns plötzlich frei: Wir waren in Deutschland!

Ja, ja! Wir hatten die Heimat verloren. Aber war das noch die Heimat gewesen? Sie war uns fremd geworden. Die Freude währte freilich nur kurz. Als wir nämlich in Wutha ankamen, hieß uns niemand willkommen. Im Gegenteil! Man empfing uns mürrisch. Wir wurden wie Aussätzige in Quarantäne gesteckt. Da hatten wir zum ersten Mal Heimweh!« Jetzt schwieg Mutti.

»Und nun sind wir hier und danken Ihnen, dass Sie uns zur Überbrückung aufgenommen haben«, sagte mein Vater. Der Braumeister machte eine abwehrende Bewegung: »Das ist nichts Besonderes. Bleiben Sie ruhig ein paar Tage!«

»Sie werden müde sein«, sagte Frau Vogt, »ich werde Ihnen Ihr Zimmer zeigen.« Eine Verwandte von Vogts, die gerade zu Besuch war, eine Schlesierin, flüsterte meiner Mutter beim Hinausgehen leise zu: »Ja, meine Liebe, jetzt geht das geliebte, schöne ›Dankeschönsagen‹ los. Aber man gewöhnt sich daran. Nicht traurig sein! Hat keinen Sinn! Das habe ich inzwischen gelernt. Wenn es aber einmal zu schwer wird, kommen Sie bei mir vorbei.«

Am übernächsten Tag fuhren meine Eltern nach Ostritz zu Giselas zukünftiger Schwiegermutter, Frau Merz. Sie hatte ein Hotel, den »Löwen«, und brachte meine Eltern in einem schönen Zimmer unter und verwöhnte sie geradezu, sodass sie sich nach einigen Tagen sichtlich erholt hatten.

Mein Vater hatte sich inzwischen erneut mit dem Kreisarzt in Verbindung gesetzt. Man wies ihm die Praxis und das voll möblierte Haus des besagten nationalsozialistischen Arztes in Hainewalde zu.

Dorthin zogen wir. Die Patienten kamen. Vater strahlte beim Abendessen: »Kinder, der Aufbau beginnt. Ich sehe Morgenrot!«

Aber wir erfuhren es bereits nach wenigen Tagen von einigen Patienten: Man hatte besagten Arzt eingesperrt und die Familie im Dorf untergebracht.

Wir waren alle betroffen. Was nun?

Die Frau dieses Arztes kam nach einer Woche zu uns und erzählte uns unter Tränen, wie man ihren Mann abgeführt hatte. Er sei doch nur ein Mitläufer gewesen. Er habe bestimmt niemandem etwas zu Leide getan! Ob sie nicht wenigstens ab und zu in ihrem Garten sitzen dürfe. Verflixt!

Meine Eltern hatten längst eine Entscheidung getroffen.

»Auf dem Unglück anderer, noch dazu auf dem Unglück sozusagen Ausgewiesener, wollen wir unsere Zukunft nicht aufbauen«, erklärten sie mir.

»Ich hatte diese Situation ja schon in Wutha geahnt. Ach, was soll 's! Wir werden es schon irgendwie schaffen! Aber so geht es halt nicht! Verlassen wir dieses Haus! Wir sind inzwischen das Verlassen gewöhnt!«, sagte mein Vater. »Das war eben ein Fehlstart, aber vielleicht ist das ein gutes Zeichen«, fügte meine Mutter hoffnungsvoll hinzu. Die Behörden waren von der Entscheidung meiner Eltern nicht begeistert und machten allerlei Einwände. Der andere sei ein Nazi gewesen. Er verdiene es schließlich nicht anders.

Dann wies man meinem Vater eine Praxis in Mittelherwigsdorf zu, einem Dorf in der Nähe von Zittau. Dort war die Wohnung wesentlich schlechter, aber wir zogen um. Der Aufwand war nicht so groß, da wir ja keine Möbel hatten. Das Problem war nur, dass in der neuen Wohnung keine Möbel vorhanden waren! Kein Bett, kein Tisch, kein Stuhl! Keine Praxismöbel! Wir verbrachten eine Nacht auf dem Fußboden.

Jetzt hatte meine Mutter ihren großen Auftritt. Sie trennte das Futter in dem Mantel ihres Mannes auf und holte ein oder zwei Goldmünzen heraus. Mein Vater sah ihr mit runden Augen zu: »Kläre, du bist unschlagbar! Aber was hätten die bloß mit uns gemacht, wenn sie das gefunden hätten?« »Haben sie aber nicht, haben sie aber nicht«, antwortete meine Mutter triumphierend. Für die Münzen gab es Betten, alte, knarrende Holzbetten, Bettwäsche und einen kleinen Tisch. Alte Kisten dienten zunächst als Sitzgelegenheit. Frau Merz spendierte einen alten Schreibtisch für das Sprechzimmer und ein paar Stühle für das Wartezimmer. Stethoskop, Reflexhammer, Blutdruckapparat und Füllfederhalter hatte mein Vater von daheim mitgenommen.

Das war es nun also: ein kleines Wohnzimmer, eine noch kleinere Küche, das Elternschlafzimmer, ein winziges Sprechzimmer und ein kaum größeres Wartezimmer. Ich hatte wieder ein Zimmerchen unter dem Dach mit schrägen Wänden – gewisse Ähnlichkeit mit meiner Mansarde zu Hause. Die Zukunft konnte beginnen.

Aber wir hatten Hunger! Nein, wir hungerten!

Meine Mutter trennte das Mantelfutter weiter auf. Für Gold und Silber gab es Brot, Butter, Eier und ein paar Kohlköpfe.

Allmählich besserte sich die Situation. Wenn ein Bauer in die Sprechstunde kam, war er vor meiner Mutter nicht sicher. Kaum hatte er das Sprechzimmer verlassen, ging sie ihn um etwas Essbares an. Meinem Vater war das peinlich: »Das geht doch nicht, Kläre! Das kannst du doch nicht machen! Du blamierst mich ja!«

Doch seine Kläre bemerkte dazu trocken. »Gewiss, du hast Recht, aber von deinem peinlichen Gefühl können wir nicht leben!« Allerdings hatte sie nicht immer Erfolg bei den Oberlausitzern, die bekannt dafür waren, dass sie kein Blatt vor den Mund nahmen. Als sie einmal einen Bauern zum wiederholten Male um ein Ei anging, es war gerade Winter, in dem die Hühner sowieso nicht viel Eier legen, da lachte er: »Ich muss es Ihnen nun einmal sagen, Frau Doktor, ich habe nichts mehr. Meinen Hühnern ist das Arschloch schon zugefroren.«

Ja, so war das.

Aber meine Mutter konnte eben ihre beiden Männer nicht hungern sehen und trennte das Mantelfutter immer weiter auf. Die letzten Goldstücke holte sie heraus, um meinem Vater ein Auto zu kaufen, damit er bequemer seine Krankenbesuche machen konnte. Bisher war er gelaufen oder hatte sich kurzfristig ein Fahrrad oder eine Art Mofa geliehen, das immer mühselig angetreten werden musste. Aber gerade das war ihm nicht immer gelungen!

Das Auto war ein Ding!

Heute würde man sagen, es war ein wertvoller Oldtimer. Aber damals war es ein klappriger, rostiger Dixie ohne Heizung und mit schlechten Reifen. Widerwillig und launisch war er wie ein alter Maulesel. Immer wieder wollte er sich nur fortbewegen, wenn man zuvor seine Zündkerzen sorgfältig reinigte. Das war dann meist meine Aufgabe, die ich nicht sonderlich liebte. Der Wagen wiederum schätzte auch das morgendliche Anschieben sehr. Manchmal bekam er jedoch davon nur eine Art Asthmaanfall und blieb dann wieder stehen! Sogar meine Mutter musste wiederholt anschieben! Einmal wollte sie danach mitfahren. Aber mein Vater traute sich nicht, gleich wieder anzuhalten, sodass meine Mutter laut schreiend etwa hundert Meter hinter ihm herrennen musste!

Das größte Problem waren in der Ostzone (die mittlerweile offiziell DDR hieß) natürlich die Ersatzteile. Und die brauchte er immer wieder. Die Autoschlosser mussten manchmal wahre Künstler sein!

Aber das Auto fuhr auch bisweilen! Das machte dann beiden sichtlich Spaß, meinem Vater und dem Wagen. Jedenfalls wurde das Leben für meinen Vater so viel leichter, und die allgemeine Stimmung damit viel besser. Mit seinem Auto begann für ihn geradezu ein neuer Lebensabschnitt. Dieser kleine Erfolg erschien ihm wie ein Symbol, dass ihn das Glück nicht ganz verlassen hatte.

Eines Abends kam er fröhlich von einem Patientenbesuch und zog eine Flasche Korn aus einer Manteltasche. Ein dankbarer Patient hatte sie ihm geschenkt. Für die damalige Zeit war das schon etwas!

Er schwenkte sie wie eine Trophäe und rief laut: »Hallo! Kläre, und auch du, mi fili (wenn er gut gelaunt war, sprach er mich gerne so an wie einst ein römischer Vater seinen Sohn), heute machen wir uns einen schönen Abend mit Spiegeleiern und Speck!«

Meine Mutter schaute ihn verdutzt an, woher sollte sie diese Köstlichkeit nehmen? Sie sah ihn an, als ob sie an seinem Verstand zweifelte. Er jedoch grinste wie ein Lausbub, der etwas ausgefressen hat, und zog aus seiner löchrigen Aktentasche (auch so ein Geschenk!) ganz behutsam ein Kästchen mit sechs Eiern und aus der Hosentasche ein Stück Speck heraus.

»Ja, die Frau Posselt (eine Bauersfrau) hat es mir gegeben. Sie kann ihren gebrochenen Arm jetzt, da ich ihr die Gipsschiene abgenommen habe, wieder gut bewegen. Sie konnte sogar mein Auto anschieben«, strahlte er.

Na, und wir strahlten auch. Mensch, Spiegeleier mit Speck! Das war sensationell!

Mein Vater lachte, wie ich ihn lange nicht mehr lachen gehört hatte: »Und dazu trinken wir vor dem Schnaps einen Schnaps und zu dem Schnaps einen Schnaps und nach dem Schnaps einen Schnaps! Wie viel Schnäpse sind das, mein Sohn?« Ich antwortete verblüfft: »Drei«. Und so geschah es.

Leider konnten wir uns für dieses Festmahl nicht elegant kleiden, denn wir hatten ja nichts. Aber das störte niemanden. Unser einziges Problem schien zunächst zu sein, dass wir keine Schnapsgläser hatten. Aber das war natürlich kein echtes Hindernis. Wir nahmen eben wieder einmal die Zahnputzgläser!

So saßen wir an unserem neu erworbenen Tisch. Als Sitzgelegenheit dienten zwei betagte Holzstühle und ein mindestens so betagter Sessel, in dem gewöhnlich mein Vater zu sitzen pflegte. »Heute«, sagte er, »sitzt Mutti im Sessel. Sie hat so viel geleistet und dabei nie den Mut verloren. Nein, sie hat uns immer sogar noch Mut gemacht.« Er wurde plötzlich ernst: »Ich danke dir, Kläre! Mit dir schaffen wir es! Den ersten Schnaps auf dein Wohl, auf deine Tüchtigkeit!« Er strahlte: »Mit dir auf deinen Lebensmut und unsere Zukunft!«

Ich war froh. »Zukunft« hatte er gesagt! Mein Vater war in der letzten Zeit häufig recht bedrückt, fast depressiv gewesen. Altersdepression? So ein Quatsch! In seiner Lage war eine Depression nahezu normal. Aber sie war lähmend und wirkte ansteckend! Jetzt war er endlich wieder positiv gestimmt und in der Lage, an die Zukunft glauben! Er war wieder der alte »Schwung«, das war sein Spitzname bei seiner Studentenverbindung gewesen.

Meine Mutter lächelte zufrieden, ich meine sogar, glücklich.

»Wenn wir auch ganz von vorn beginnen müssen, jetzt wollen wir uns unsere Zukunft bauen«, fuhr er mit seinen sechzig Jahren fort. »Wünschen wir uns, dass sie besser wird als die jüngste Vergangenheit. Darauf trinken wir das zweite Glas. Das dritte Glas trinken wir auf deine Zukunft, lieber Sohn, auf dein Abitur und dein Studium im nächsten Jahr! Hoffentlich erlebst du nie mehr so beschissene Zeiten! Aber wir haben sie gemeistert!«

Er konnte nicht wissen, wie schwierig alles in den nächsten Jahren noch werden würde. Ich wusste es ja auch nicht! Und das war besser so!

Wir stießen die Gläser aneinander und riefen laut: »Auf die Zukunft! Auf unsere Zukunft! Auf unsere bessere Zukunft!« Ich spürte tatsächlich mit einem Mal und mit jedem Pulsschlag die Freude auf die Zukunft, die Lust auf das Leben. »Ja, es beginnt wieder, morgen«, dachte ich. »Ja, morgen beginnt es sicher, das neue Leben, bestimmt ...«

Das Kaminfeuer ist erloschen, nur noch Asche, die große Kerze ist heruntergebrannt. Der übliche Wind hat eingesetzt. Er streicht wie immer um diese Zeit von den Haardt-Bergen milde und müde über die Terrasse. Hinter den Bäumen leuchtet der Mond hervor. Ich denke an Goethes Verse »An den Mond«:

»Füllest wieder Busch und Tal …
Ich besaß es doch einmal,
was so köstlich ist,
dass man doch zu seiner Qual
nimmer es vergisst …«

Nein, vergessen werde ich es nicht …

Aber war es eine Qual? Der Abend war ein Geschenk. Ich habe alles noch einmal durchlebt, mit Leid und Freud. Das habe ich gebraucht. Es war jetzt einfach an der Zeit, einmal meine Erinnerungen, die mich im Verborgenen wohl immer noch belasteten, meiner neuen Heimat zu erzählen, ihr all diese Dinge anzuvertrauen und aufzuladen. Und es hat gut getan.

Eine Qual war es also nicht. Ich habe ein Stück Leben erzählt, mit seinen Höhen und Tiefen. Mit sehr vielen Tiefen und wohl weniger Höhen! Aber hätte ich diese Höhen ohne jene Tiefen begreifen und genießen können?

Ich gehe in das Haus, in mein und unser Haus, in das Haus in meiner neuen Heimat, und lasse die Nacht draußen, die Nacht, die alles verbirgt, nur die Erinnerung nicht …

Hasst du die Polen? Diese Frage wurde mir später immer wieder gestellt. »Nein«, war meine Antwort in der ersten Zeit, »oder kaum.« Merkwürdig! Warum eigentlich nicht?

Erst Jahrzehnte später, da habe ich sie gehasst, als sie unser Haus, mein Elternhaus, das Haus meiner Kindheit, in die Luft sprengten und unser Dorf mit dem Abraum des nahen Braunkohlenbergwerks zuschütteten, die Heimat zuschütteten.

Man machte aus unserem Dorf eine Halde voll unnützer, missfarbener Erde, begrub es zusammen mit zwei Nachbardörfern unter Schlacke. Immerhin entstand auf diese Weise ein kleiner, aber doch weithin sichtbarer Berg, ein sicher nicht gewolltes Denkmal der Unbarmherzigkeit und Rücksichtslosigkeit! Wird man der Anhöhe einmal einen Namen geben? Man schüttete die schönen Fachwerkhäuser einfach zu und auch die ganz einzigartigen Umgebindehäuser, wie man sie nur in der Oberlausitz findet. Schön waren sie und heimelig, in den Nischen um die Fenster wurde das Brennholz aufgeschichtet. Jetzt hat man die diesseits der Neiße noch verbliebenen Häuser dieser Art unter Denkmalschutz gestellt. Damals aber gab es keinen Schutz, weder für Häuser noch für Menschen. Die Heimat wurde vernichtet, in vielen Schritten, am Schluss endgültig.

Von da an habe ich sie wirklich gehasst, die Polen, zutiefst gehasst. Und es hat lange gedauert, bis ich alt genug geworden war, um zu begreifen, dass der Hass ein Gebilde ist, das sich fast unendlich fortschreibt, das immer wieder neuen Hass und neue Vergeltung hervorbringt: Vergeltung für die Vergeltung für die Vergeltung! Damit gibt es nie Ruhe. Ich brauchte viel Zeit, bis ich begriff, dass es sich nicht lohnt, zu hassen. Hass kann weder Freude noch Befriedigung hervorbringen, und er ändert vor allem nichts zum Besseren. So habe ich damit aufgehört.

Ich könnte heute, Jahre nach der so genannten Wende, die Gegend ohne Weiteres wieder besuchen, aber da ist nur noch Schutt und Asche, nur nutzloser Abraum. Es gibt kein einziges Erinnerungsstück mehr, kein Grab der Heimat! Ein solches Grab hätte ich besucht. Ein paar Blumen darauf gelegt. Aber da ist ja nichts mehr! Nicht einmal die Andeutung eines Mauerstückes, wie es die Archäologen ehrfurchtsvoll ausgraben. Da ist kein längst verklungenes Lachen mehr in der Luft, wie man es sich manchmal in alten Ruinen einbildet zu hören. Da ist bloß noch Wüste, von der ein widerlicher Gestank aufsteigt.

Ich werde nie mehr an den Ort zurückkehren können, wo einst einmal meine Heimat gewesen war.

Trotzdem habe ich mit dem Hass aufgehört. Es sollten alle damit aufhören.